日露近代史
戦争と平和の百年

麻田雅文

講談社現代新書
2476

はじめに

「外交の大道」を外れて

戦前には外交官として、戦後は外相、首相として、生涯の大部分を外交に捧げた吉田茂《よしだしげる》は、晩年に日本外交のあるべき姿をこう記した。

日本外交の根本基調を対米親善に置くべき大原則は、今後も変らぬであろうし、変えるべきでもない。それは単に終戦後の一時的状態の惰性ではなく、明治以来の日本外交の大道を守ることになるのである（吉田『回想十年』〔上〕四〇頁）

この言葉は、現在までの日本外交の基軸をよく言い表している。それは、世界で覇権を握る国家との同盟である。ありていに言えば、米英との協調だ。イギリスとの日英同盟は、一九〇二年から二三年までつづいた。戦後は、日米同盟を強化しつづけてきたのは周知の通りだ。

吉田茂にはじまり、池田勇人《いけだはやと》、佐藤栄作《さとうえいさく》とつづく「保守本流」が、「対米親善」を国是とする一方で、それとは一線を画す政治家たちがいた。日ソ共同宣言（一九五六年）に署名してソ連との国交回復を成し遂げ、日ソ協会会長も務めた鳩山一郎《はとやまいちろう》は、その代表例である。

野党では、日本共産党がソ連と距離を置く一方で、社会党が接近した。なかでも松前重義《まつまえしげよし》は、福田赳夫《ふくだたけお》首相の密使として、アレクセイ・コスイギン首相と会談もしている。民間では、日ソ専門家会議を主宰し、「ミスター北方領土」の異名を取り、中曽根康弘《なかそねやすひろ》首相のブレーンも務めた末次一郎《すえつぐいちろう》は特記すべきだろう。

自民党でも、農林大臣などを歴任した赤城宗徳《あかぎむねのり》は、ソ連との漁業交渉に携わったのをきっかけに、日ソ親善協会会長を長く務めた。また、外相を務めた安倍晋太郎《あべしんたろう》は、その最晩年に、ミハイル・ゴルバチョフ大統領の訪日実現に心血を注ぐ。「安倍派四天王」の一人だった森喜朗《もりよしろう》元首相も、ウラジーミル・プーチン大統領と信頼関係を築いているのは有名だ。

安倍晋三《あべしんぞう》首相も、対露外交に積極的だ。二〇一六年一二月、プーチンが大統領として一一年ぶりに来日した。印象深かったのは、安倍首相が故郷、山口県での会談の直前に、SNSに投稿した一枚の写真である。それは、遅刻する大統領を待つあいだに、安倍晋太郎の墓を詣で、「晩年、平和条約締結に執念を燃やした父に報告」する姿だった。

じつは日本では、ロシアに対して積極的に外交を仕掛けたり、宥和的な態度で臨む政治家が、戦前から一つの潮流を形成していた。特に、長州（現在の山口県）出身の政治家には、そうした者は少なくない。伊藤博文《いとうひろぶみ》、山県有朋《やまがたありとも》、桂太郎《かつらたろう》、久原房之助《くはらふさのすけ》、松岡洋右《まつおかようすけ》は、いずれもロシアへ渡って、政治的な提携を模索した。

彼らは、ロシアに何を期待したのか。そして、期待した成果は得られたのか。何より、日本の針路へどのような影響を与えたのか。本書は、ロシアへ接近した戦前の政治家たちの外交を検証することで、幕末から、一九四五年の日ソ戦争に至るまでの日露関係をつづる試みである。

本書の狙い

二〇世紀、日本とロシアは衝突をくりかえした。

一九〇四年から翌年にかけての、日露戦争。

一九一八年から七年間の長きにわたる、シベリア出兵。

一九三九年のノモンハンを頂点とする、満洲での国境紛争の数々。

さらに、一九四五年の日ソ戦、九一年のソ連崩壊に至るまでの冷戦と、日露の衝突をあげれば、長いリストができる。

そのため、これまでの日露関係の通史では、対立の歴史が強調されてきた。とはいえ、両国はいつも干戈《かんか》を交えてきたわけではない。友好関係を築く努力は、つねになされてきた。それを担ったのが、本書で取り上げる政治家たちだ。ロシアとの戦争と平和は日本近代史の重要なテーマだが、本書が後者に重きを置くのも、そうした見落とされがちな努力を掘り下げたいからに他ならない。

ソ連と冷戦で敵対したせいか、国際政治史の研究で、このような視点に立つ分析はほとんどない。また、日本史、西洋史、東洋史に細分化される歴史学では、日露近代史は納まりが悪い。ロシア史研究は、西洋史学の一分野を成す。一方、近代日本の対露外交は、日本史で研究されてきた。しかも、日露外交の舞台は朝鮮半島や満洲といったアジア地域を含み、東洋史の範疇《はんちゅう》にも入る。日露近代史の研究はそうして分断されてきたうえに、近年は専門分化が進んでおり、通史を語ること自体、無謀だろう。

それでも、あえて火中の栗を拾うのは、日露近代史をふりかえれば、時代を問わない教訓があると考えるからだ。例えば、ロシア帝国もソ連も執着した太平洋へのアクセスは、現在のロシアにとっても「核心的利益」である。戦後の日露関係の焦点である北方領土も、ここが一八世紀から日露の交流と争いの場であった歴史を見落としては、双方を納得させる解答を導くのは難しいだろう。

過去を知れば現在がわかる

もっとも、一九四五年を境に、日露関係に断絶があるのは確かだ。だが戦前の対露外交に、もう学ぶべきものはないと言い切れるだろうか。例えば、つぎに掲げる後藤新平《ごとうしんぺい》の一九二八年の演説は、古びてはいないように思う。当時、数少ない共産主義国家だったソ連は世界から孤立し、欧米との関係を悪化させていた。後藤は、あえてそのソ連に乗り込み、帰国後にこう演説した。

今日の如き国際関係の複雑な世の中において、如何なる国と雖《いえど》も孤立に存することは出来ません。況《いわ》んや世界の六分ノ一を占めている所の偉大なる将来を持っているロシアの如き大国が、国際生活において演ずべき役儀というものは、多方面にあるのでありますす。それを未だにロシアが一種の封鎖状態に在って、そのことがなし得られないのは、遺憾な事であります。

この国と交通をなして実際の利益を得、又彼をして利益せしむることは、全く共存共栄のために必要なることであります。世界六分ノ一の領土を有していながら、世界に力を伸すことが出来ぬということは、彼のためにも不幸でありますが、同時に世界のためにも不幸であります。導いてもって世界のために、利益を挙げしむることが必要であります（後藤『ロシアより帰りて』四七頁）

後藤はロシアを国際社会から締め出すのではなく、互恵関係を築くべきだと主張している。当時の状況は、現代と似ていなくもない。ロシアは二〇一四年にクリミア半島を併合したことで、先進国首脳会議を追われ、各国から経済制裁を科された。その措置は、時代錯誤の、武力による領土拡張へ反対する、国際社会の痛烈なメッセージだった。

だが、その後もロシアは、世界で存在感を発揮しつづけている。アジアでも、北朝鮮の問題など、その影響力を感じさせる場面は少なくない。

日本も、隣国である以上、これからもロシアと無関係ではいられない。そのため、ロシアと話し合える政治家は、今後も必要とされるだろう。だが、彼らを活用できるかは、われわれ次第でもある。対露外交を考えるには、両国の橋渡しをする政治家についても見識を養い、彼らの外交を吟味できなくてはならない。戦前の日露近代史は、その考察の糧を提供するはずだ。

本書の登場人物と構成

本書は、対露外交に積極的だった代表的な政治家を、時代ごとに三人選んだ。

第一章は、日露戦争前後までの明治時代を扱う。明治政府のなかで、ロシアに対して宥和的だったのが、伊藤博文である。伊藤の背後には明治天皇が控え、皇室外交を通じてロシアと友好を深めていた。

第二章は、日露戦争後から大正時代である。日露戦争を経て、日本とロシアは四回にわたり日露協約を結ぶ。ロシアは敵国から同盟国に変わった。伊藤が暗殺されてから、その後継者を自任し、ロシアを訪問したのが桂太郎だ。そして、伊藤や桂を対露外交に担ぎ出したのは、後藤新平である。彼らが没してからは、後藤自身が対露外交の主役となる。

第三章は、満洲事変から日ソ中立条約までを取り上げる。満洲国の建国以降、孤立してゆく日本外交の活路を、独ソとの提携に見出したのが松岡洋右だ。その彼が、独ソが戦争になると、ソ連侵攻を唱える。矛盾する松岡の外交戦略に迫る。

終章では、「大日本帝国」終末期の対ソ外交を論じる。一九四五年の終戦に際して、なぜ日本は、ソ連に和平の仲介を依頼したのか。そこには、米英と対立すると、ロシアに期待する、幕末からつづく思考様式が見え隠れしている。

まず序章では、江戸時代までさかのぼり、両国の出会いをまとめよう。そして、ロシアへの接近と反発が、どのように生じたのかを探る。

凡例

一、出典は、(著者の姓『書名』[巻]頁数)で文中に示した。ただし文中では、書名の副題は省略する。史料集では、編者名も文中では省略する。出典に対応する参考文献一覧は、巻末に記す。『明治天皇紀』や日記など、年月日で示す方が、より引用箇所がわかりやすいものはそちらを優先した。未刊行史料は題目を文中で記し、詳細は参考文献一覧に付した。アジア歴史資料センターの史料は、文中で(JACAR: 所蔵番号)と記す。『アメリカ合衆国対外関係史料集』は(FRUS刊行年:頁数)で文中に示した。

二、読みやすさに配慮して、日本語引用文の原文カナは現代かな遣いに、旧漢字は新漢字に改め、適宜句読点を補い、必要に応じてルビを施した。引用文中の[ ]は筆者による補足である。

三、年号は西暦に統一した。段落の初出では一九一七年など四桁で表記し、それ以降は煩瑣を避けるため、世紀が明瞭である限り、下二桁で表記した。

四、人名の肩書は当時のものである。ロシア人などのミドルネーム(父称)は省略し、初出に限り、名前と姓の順番で記す。

五、地名は、二〇一七年現在と当時で異なる場合は、初出に限り、現在の地名をカッコ内に記した。沿海州など、表記は慣例化したものに従う。また現在の中国東北部は、日本人になじみのある「満洲」の表記を採用した。ただし、引用文などに「満州」と表記される場合は、そのままとしてある。

六、中東鉄道は、日本では東清鉄道、東支鉄道と呼ばれていたが、一九三二年に満洲国が北満鉄道に改めた。一方、清朝における正式名称は大清東省鉄路で、中華民国は中東鉄路とした。本書は、中東鉄道に表記を統一する。

七、一九一七年に誕生したロシアのボリシェヴィキ政権は、ソヴィエト政府と記す。二二年成立のソヴィエト社会主義共和国連邦は、ソ連と略記する。またソ連から各国に派遣された外交官の代表は、四一年まで全権代表と呼ばれた。大使館に相当するのは全権代表部である。本書では、読者になじみのある、大使と大使館に統一した。同様の理由で、労農赤軍もソ連軍と表記する。

八、引用文中に、今日では差別・偏見ととられる表現があるものの、歴史史料であることを考慮して、原文のまま引用した。

序章　未知の隣国への期待
――幕末

橋本左内（国立国会図書館蔵）

日露の邂逅

日本人とロシア人の出会いは、いつだったのか。それを特定するのは困難だ。記録に残されることのなかった、未だ知られていない交流もありえる。いまのところ、ロシアの古文書で確認できる最初の交流は、デンベエという漂流民の物語である。

ロシア人によるシベリア探検は一六世紀に始まったが、シベリアから太平洋に至るまでには長い時間を要し、一六九七年に、コサックのウラジーミル・アトラソフを隊長とする探検隊が、初めてカムチャツカ半島に進出した。彼らの求めていたのは、シベリアで狩る動物の毛皮だった。なかでも貂《てん》は、ヨーロッパで高く買い取られた。その毛皮のマントなどが、王侯貴族の権威の象徴だったからだ。

アトラソフは探検中、大坂の商人デンベエと名乗る日本人と出会う。デンベエは、一六九五年に、船で大坂から江戸に向かう途中に遭難し、カムチャツカに漂着した。アトラソフは、彼を首都サンクトペテルブルクへ連れていき、一七〇二年にはピョートル大帝が謁見した。デンベエの話を聞いて、ピョートル大帝は日本に関心を持ち、一七〇五年には、デンベエを教師に、サンクトペテルブルクで日本語学校を開校させている。

貿易を求めるロシア

このあとも、日本の漂流民がロシアに流れ着いた記録がいくつかある。日本とロシアの交流は、漂流民を介して始まった。しかし帰国できた者はなく、ロシアでは日本についての「生きた知識」が蓄えられても、日本では、主にオランダ経由の書物からしか情報が入らない。

そんな状況を変える事件が起こった。一七九二年に、ロシアの使節アダム・ラクスマンが、漂流民の大黒屋《だいこくや》光太夫《こうだゆう》らを連れて根室に来航し、通商を求めた。江戸湾入航を要求するラクスマンに対し、幕府は大黒屋光太夫たちを引き取り、長崎入港の許可証を与えて、退去させた。

一八〇四年には、ニコライ・レザノフが、ラクスマンの持ち帰った入港許可証を持って長崎に入港した。しかし幕府は冷淡な対応で追い返したため、ロシア船は樺太《カラフト》や択捉島《エトロフ》を攻撃した。外国との銃撃戦は江戸幕府はじまって以来のことで、幕府に大きな衝撃を与える。

以後、幕府はロシア船を打ち払うことを命じ、一八一一年には、ロシア船の船長を捕まえた。この緊張関係は、二年後に、商人の高田屋嘉兵衛《たかたやかへえ》の尽力で、船長が釈放されて終息する。嘉兵衛は、自らも国後島《クナシリ》沖でロシアへ拉致されながらも、必死で日露双方を口説いたのが、それ以上の衝突を防いだ。

こうして、ロシアからの要求はかわしつづけた幕府だが、その近海には、英米の船もしきりに姿を現すようになった。

佐久間象山の高評価

一九世紀半ばの国際情勢は、風雲急を告げていた。というのも、イギリスがアヘン戦争(一八四〇〜四二年)に勝利し、清朝をほしいままにしているという評判が、日本にも届いていたからだ。

そうしたなかで、ロシアとの提携が選択肢として浮上する。当時の知識人たちのロシアへの高い評価を伝えるのが、佐久間象山《さくましょうざん》の「海防に関する藩主宛上書」である。信州松代藩主が幕府の老中海防掛に就任したため、藩士の佐久間が一八四二年に提出した。

この意見書で佐久間は、ロシアでは「大船」が乏しかったが、ピョートル大帝がオランダから造船技術を学ぶために職人たちを招いたところ、文化が開花し、ロシアはヨーロッパでも「名誉の国」になったと説く。オランダと交易する日本も、オランダから顧問を招いて技術指導を受け、ロシアにつづくのを期待したのだった。そうすれば、開国せずともヨーロッパに追いつける。

佐久間の他にも、渡辺崋山《わたなべかざん》など、江戸時代にはピョートル大帝を好意的に紹介する知識人は少なくなかった。特に、ロシアの発展の基礎に、オランダとの交流があったことが、蘭学者たちへ自信を与えたのだろう。

最初の日露同盟論

仙台藩の儒学者、大槻磐渓《おおつきばんけい》もロシアと国交を開くよう説いた。一八四九年に、幕府老中の阿部正弘《あべまさひろ》へ提出した「献芹微衷《けんきんびちゅう》」がそれで、ロシアはむやみに戦争をしない、信義に富んだ大国であり、蝦夷《えぞ》地の松前を開き、清朝を侵すイギリスを排斥して、万一の場合はロシアに助けを求めるように訴えた（安岡『幕末維新の領土と外交』九四頁）。

磐渓の父は、一関藩（のち仙台藩）の藩医、大槻玄沢《げんたく》だ。玄沢は一七九五年一月一日に、蘭学者の新年の集まり「おらんだ正月」を開き、ゲストに大黒屋光太夫を招いた。さらに玄沢は、レザノフが日本に連れ帰った仙台藩の漂流民から聞き取りをして、『環海異聞《かんかいいぶん》』にまとめた。玄沢は、ロシアとの対立がイギリスの対日政策に影響していると考え、一八〇七年には幕府へ『捕影問答《ほえいもんどう》』を提出し、英露両国への注意を促す、先見の明の持ち主だった。

その玄沢の子である磐渓が、ロシアとの同盟を説いたのは不思議ではない。磐渓は、父の意見を一歩進め、英露の対立を利用してロシアと結び、日本の安全を確保しようとした。

ロシアの黒船

こうした議論がつづいていたころ、ラクスマン、レザノフにつづく、ロシアからの第三の使節が来日する。

一八五三年八月二二日、エフィム・プチャーチン海軍中将率いる使節団が来日した。前年に、アメリカがマシュー・ペリー率いる艦隊を派遣するのを知ったロシア政府は、日本との友好、そして国境の画定という任務を与えてプチャーチンを送り出した。プチャーチンは世界周航の経験もあり、日本と中国の事情通として抜擢された。

プチャーチンの来日は、ペリーに一ヵ月半遅れた。しかし、これは計算の上だ。アメリカは、必要ならば武力に訴えても日本を開国させるというのが、ロシア外務省の見立てだった。そこでロシア艦隊は、アメリカの遠征隊のつぎに日本へ姿を現せば、交渉がはかどる、と外務省はプチャーチンへの訓令で書いている（麓『開国と条約締結』五一頁）。

ペリー率いる艦隊が江戸湾に来航したのに対して、プチャーチンは幕府の法に従って長崎に入港したので、幕府の役人たちには、礼節を守る穏健な印象を与えた。幕府ではロシアとの貿易を許可することも検討されたが、水戸藩主、徳川斉昭《とくがわなりあき》の反対で立ち消えとなった。

もっとも、プチャーチンも単なる「平和の使者」ではない。彼は一八五三年一一月二三日に長崎を離れ、上海に滞在したが、そのあいだにペリーに書簡を送る。そして、協力して目的の達成を容易にしようではないか、と呼びかけた。ペリーが返信を書いたかは定かではないが、彼はアメリカ本国に、ロシアの要請を断固拒否すると書く。アメリカは外国とは同盟しない方針であり、ロシアと提携してもアメリカの利益にはならないと、その理由を記している（石井『日本開国史』一五六～一五七頁）。

こうして、幕府にとっては悪夢である、米露の連携は回避された。

ロシアへの期待広がる

一ヵ月後にプチャーチンは長崎にふたたび来航するが、交渉はうまくいかない。なぜ日本は交渉を先延ばしにするのかと問うロシア側に、幕府の役人、川路聖謨《かわじとしあきら》はこんな喩え話をした。

「交易は日本では未熟な、新規の事柄であって、何処《どこ》で、何を、如何《いか》に交易するかを考えねばならぬ。娘は成人すると嫁につかわすが」、「交易はまだ成人に達していないのです……」（ゴンチャロフ『日本渡航記』三二七頁）。

ちなみに大槻磐渓は、プチャーチン来航で、ふたたび上申書を幕府へ書く。ロシア船の来航は「我国の大幸」であり、島国で「四面皆敵」の日本としては、大国ロシアと同盟してアメリカへ断りを入れれば、穏便に済むという。そして、ロシアと貿易し、軍艦や大砲を買い入れ、軍事顧問を招けば、日本は「比類なき強盛の武国」になるとした。川路聖謨に送った書簡でも、ロシアと手を組めば、来春やってくるアメリカ艦隊がいくら多くても、日本へ手が出せないと記す。

プチャーチンと応対した長崎奉行所からも、ロシアとは交易するべきだという声が上がる。彼らから見ると、ロシアは「皇国の法則」を守る、礼儀正しい国だ。また、他国と違って金銀銅も豊かな国であり、その代わりに米を与えればよいと、貿易のうまみにも言及している（足立『近世日本国防論』［下］一〇〇～一〇八頁）。

吉田松陰、ロシアへの密航を計画

このころ、吉田松陰《よしだしょういん》がロシアに密航しようとしていたのは、あまり知られていない。

松陰は浦賀（現在は横須賀市内）でペリー艦隊を見て衝撃を受ける。さらに、久里浜でのアメリカからの国書受け取りも見ることができた。幕府に国書を受け取らせたペリー艦隊は、再来日を予告して、日本を去る。

やはりペリー艦隊をその眼で見た、松陰の師である佐久間象山はいった。自分はペリー来航に先立ち、軍艦の建造を幕府に説いた。しかし取り上げられなかった。いまとなっては、日本人の手で軍艦を造る他ない。そこで、才能のある者を海外に派遣して、軍艦や大砲を造る技術を学ぶ必要がある。

この呼びかけに松陰は応える。松陰も洋学を学ぶのに最良の手段は密航しかないと思いつめていたので、師弟は意見が一致した。しかし、すでにペリー艦隊は去っていたので、松陰は長崎のロシア艦に身を投じようとした。象山は喜ぶ。

「一見は百聞を超ゆ　智者は機に投ずるを貴ぶ」という漢詩を与えて、送り出した。

この時の松陰の日記『長崎紀行』では、象山にすすめられ、「深密の謀、遠大の略」を実現しようと旅に出た、とだけ記されている。松陰は真の目的を、桂小五郎《かつらこごろう》（のちの木戸孝允《きどたかよし》）など、わずかな友人や弟子たちだけに打ち明けた。

だが、松陰が長崎に着く四日前に、ロシア艦隊は出港していた。そのため、翌春にペリー艦隊が再来日すると、松陰はアメリカへの密航を企てる。

もっとも松陰は、米露どちらの国にも好意を寄せていたわけではない。むしろ両国とも、日本に「大害」をなす国だと見ていた。ロシアも、都は遠いが、その東の領土は日本と海を隔てるだけで、兵艦が足りれば、来襲する恐れもあると象山に書いている。だからこそ学びに行かなければならないというのが、松陰の考えだった（安岡『幕末維新の領土と外交』一〇一頁）。

もしも松陰が海外へ行ったなら

アメリカ渡航に失敗した吉田松陰は、自ら奉行所に名乗り出て、長州に強制送還された。もし、松陰がアメリカに渡航していたら、というフィクションを書いたのが、長州藩士の家に生まれたジャーナリスト、大庭柯公《おおばかこう》である。大正時代を代表するロシア通で、ロシア革命の取材中に命を落とした。彼は、ロシア革命を明治維新になぞらえ、松陰を、ロシア帝国の崩壊後に臨時政府を率いたアレクサンドル・ケレンスキーに比した。ケレンスキーを「愛国者」ないし「愛民家」と信じていたためだ。ちなみに、ウラジーミル・レーニンは高杉晋作《たかすぎしんさく》だという（田中『吉田松陰』六五〜七四頁）。その比較はともかく、松陰が海外に渡っていたらと考えるのは、長州人の大庭には魅力的な空想だったのだろう。

実際に、プチャーチンの艦隊に身を投じて、ロシアへ渡った日本人がいる。掛川藩の浪人、橘耕斎《たちばなこうさい》である。大坂の適塾で学んだということ以外、その前半生は謎に包まれている。プチャーチンの艦隊が伊豆の下田に寄港していた時に、艦隊に乗船していた外務省官吏、ヨシフ・ゴシケーヴィチと言葉を教えあっていたのは確かなようだ。
一八五五年二月七日に、日露は史上はじめての条約を結ぶ。筒井《つつい》政憲《まさのり》、川路聖謨とプチャーチンが調印した、日魯通好条約（日露和親条約）だ。千島列島（ロシア名はクリル列島）は、択捉島から南は日本領、得撫《ウルップ》島から北はロシア領となる。一方、樺太は「混住の地」とされた（第二条）。またロシア船のために、箱館（現在の函館）、下田、長崎が開かれることになった（第三条）。ロシアは、箱館か下田に領事を置くこともできるようになった（第六条）。

任務を終えたロシア人たちは帰国するが、その船に橘が潜りこむ。ロシア人と親しかったために、幕府の役人たちに捕まりそうになったので、彼は密航を図った。

橘は、ロシア帝国の首都サンクトペテルブルクに送られ、外務省アジア局に勤務した。ウラジーミル・ヤマートフ（大和夫）と名乗った彼は、のちにロシアを訪問した岩倉《いわくら》具視《ともみ》に、帰国を勧められる。一八七四年九月に帰国すると、ロシアから支給される年金で暮らす彼のもとへ、人びとはロシアの話を聞きに集まったという（中村『ロシアの空の下』一四一～一七二頁）。

ちなみに、幕府が最初にロシアへ留学生を送り出したのは、一八六五年七月のことだ。

ロシア・清朝・日本の境界（岡本隆司編『宗主権の世界史』名古屋大学出版会をもとに作成）

橋本左内の日露同盟論

話を幕末に戻そう。

ロシアとの国交樹立で、日本とロシアの同盟まで進もうと考えた幕末の志士がいる。福井藩主、松平春嶽《まつだいらしゅんがく》の知恵袋であった橋本左内《はしもとさない》だ。一八五七年一一月、同じく福井藩士の村田氏寿《むらたうじひさ》に宛てた手紙で、まず彼は、日本は同盟国なしでは独立を維持できないと記す。現代語訳を左に掲げる。

今の国際情勢をみると、近い将来においては、五大洲では一つの同盟国が形成され、そのなかから盟主が起ち、戦乱がまったく止むようになるだろう。その盟主になるのは、イギリスかロシアだと思う。イギリスは荒っぽくて欲深く、ロシアは落ち着いて威厳がある。いずれは、ロシアに衆望が帰するようになるだろう。

日本はといえば、とても一ヵ国では独立できない。もし独立しようとすれば、山丹［シベリア］、満洲、朝鮮を併合し、アメリカやインドに領土を持たなくては不可能で、いまはとても難しい。というのも、インドは西洋が、山丹はロシアがもう領土としつつあり、いまの日本では国力も不足である。とうてい西洋諸国の兵と敵対して、毎年戦争を続けることなどできない。むしろ、いまの内に同盟国になったほうが良い

（佐藤ほか編『日本思想大系』［五五］五六七〜五六八頁）

左内は、イギリスとロシアが覇権を争っていると、当時の国際情勢を見抜いていた。現代の我々は、イギリスが一九世紀に覇権を確立したのを知っている（パクス・ブリタニカ）。しかし左内が期待を寄せたのは、ロシアであった。

私はロシアと同盟したいと思う。なぜならロシアは信義もあり、かつ隣国で、密接な関係のある国だからだ。我が国がロシアに従えば、ロシアは喜んで受け入れるだろう。そうすると、イギリスは怒って我が国を討伐しに来る。これはかえって願うところで、日本単独では西洋の同盟諸国に敵対できないが、ロシアの後援があれば、たとえ敗れても、滅亡することはあるまい（同前五六八頁）

左内の日露同盟論には、後年にも見られる論調が先取りされている。それは、世界の覇権国家（当時はイギリス）に対抗するには、カウンターパートナーとしてロシアが必要だ、という点だ。

攘夷の嵐のなかで

左内の進言を松平春嶽は取り入れ、幕府に説く。幕府にも、ロシアとの提携を考える者がいなかったわけではない。伊豆の韮山《にらやま》に作った反射炉で、大砲を鋳造したことで知られる江川英龍《えがわひでたつ》もその一人だ。米露両国を相手には戦えないので、ロシアと結んでアメリカと戦うべきだと、水戸の藤田東湖《ふじたとうこ》に語る。さらに、一八六一年に、ロシア軍艦が数ヵ月のあいだ対馬を占拠した事件で、解決に奔走した小栗忠順《おぐりただまさ》も、いっそのこと対馬をロシアに貸して、英仏に対抗するのはどうかと語っていたという（上垣外『勝海舟と幕末外交』二二一～二二二頁）。

ただ、ロシアへの好意的な意見も、外国人たちを等しく敵とみなす攘夷熱が高まると、受け入れられる余地はなくなる。

攘夷の最初の犠牲者も、ロシア人だった。

一八五九年に横浜が開港すると、ロシア帝国の東シベリア総督、ニコライ・ムラヴィヨフが、日露間の国境画定の交渉のため来航する。八月二五日、この艦隊の乗組員三人が侍に襲われた。うち二名が殺され、一名は重傷を負って、現金箱も奪われた。幕末に起きた、初めての外国人殺傷事件である。それから六年後、敦賀に幽閉されていた水戸天狗党の一員、小林幸八《こばやしこうはち》が犯行を自供した。彼は横浜に送られて、死罪に処されている。

ロシアではなくイギリスを

ロシア人が攘夷の標的となった年、ロシアとの同盟を考えた橋本左内が幕府によって処刑された。将軍の後継者争いで運動したのをにらまれた。

左内の死と前後して、松平春嶽の政治顧問となったのが、横井小楠《よこいしょうなん》である。横井も、ロシアを高く評価していた一人だ。彼は一八五六年末に、村田氏寿に書く。ロシアではピョートル大帝以来、二百余年にわたり内政がうまくゆき、衆論が一致しなければ、国王も官僚も政治をおこなうことができない。年貢は収穫の一〇分の一で、それ以外はまったく徴収しないため、民は栄えている、と（佐藤ほか編『日本思想大系』［五五］四七九～四八〇頁）。それは現実とはかけ離れていたが、横井はロシアに理想郷を見ていた。

ただ横井は、左内と同じく、グレートゲームと呼ばれた英露の覇権争いにも敏感だった。イギリスがしきりに来航して条約を求めてきたのは、ロシアの動きを恐れたからである。「日本 幷《ならびに》 蝦夷地は魯英の争地」、つまり日本と北海道は、英露が争う土地だと見る（三上「幕末の大野・越前両藩の蝦夷地観」八一頁）。

そして、「二国必日本を争うべければ、日本の危険 尤《もっとも》 甚しというべし」と考える横井は、ロシアも危険視している（三上「横井小楠・佐久間象山の海防論」五一頁）。

さらに、ロシアの南下を目の当たりにして、警戒心は一段と高まる。一八五八年の愛琿《アイグン》条約と天津条約、さらに一八六〇年に結ばれた北京条約で、ロシアは沿海州を確保した。一八六〇年夏には、日本海に面した金角湾で港を建設する。このウラジオストク港が、ロシア太平洋艦隊の基地となる（チェルニャフスキー「ロシアによる沿海州獲得とウラジオストク港の建設」二二九〜二三〇頁）。

この一八六〇年に福井藩へ提出した意見書で、横井はむしろイギリスを模範とするよう説いた。

「日本と英国とは国勢相似たれば、強兵を務むるも英に則り、仮に英国の常用に擬して、四百二十号の軍艦礮［＝砲］一万五千位を備え［後略］」（安岡『幕末維新の領土と外交』一一九頁）。

日本とイギリスは島国で似ている。だからイギリスを見習って、日本も海軍に力を入れるよう進言したのだった。

福沢諭吉のロシア批判

さらにロシアを直接見て、見聞を広めた日本人も、辛口な評価を広める。特に批判が集まったのは、農民の貧しさと、皇帝の専制政治だった。

ロシアでは、多くの農民が領主に隷属する「農奴制」が中世からつづいていた。一八六一年、皇帝アレクサンドル二世によって農奴解放令が出されたが、農民には長期にわたる賦役義務と賠償金支払いを課したため、農民の苦しい生活はその後もつづいた。

一八六二年にロシアを訪れた福沢諭吉《ふくざわゆきち》も、帰国後は批判に転じる。だいぶあとだが、福沢は農奴解放令の失敗をこう評した。

領主たちは数百年つづいてきた伝統が突然変わって、不便が生じた。解放された農民も、籠から出された鳥のように、どこへ行っていいかわからない。籠から出された自由は、籠を奪われた「難渋」を償うほどのものではなかった（福沢『民情一新』九一～九二頁）。つまり、領主も農民も、農奴制の解体で、かえって生活が苦しくなったというのが、福沢の観察だ。

福沢はピョートル大帝の改革を高く評価していたが、イギリス人の著作の影響を受けて、ロシアの専制政治には厳しい評価を下すようになる。

「他の欧羅巴《ヨーロッパ》諸国と違い立君独裁という政事《せいじ》の立方《たてかた》にて、国帝一人《いちにん》の思い通り勝手に事を捌《さば》く風なり。故に、下々の情合《じょうあい》、上《かみ》に通ぜずして、国中に不平を抱く者多し」（福沢『世界国尽』［三］三〇～三一頁）。

一八六六年、後に文部大臣となる森有礼《もりありのり》も、薩摩（現在の鹿児島県）からイギリスへ留学中の夏休みにロシアを訪れた。そして、「一切帝《みかど》より出づ」るロシアでは、皇帝が賢いか愚かなのかで政治が決まると、嫌悪を隠さない。「帝明なれば治国、暗なれば国乱、皆其国人《そのこくじん》帝を以て神とす、何ぞ愚且《かつ》不義の甚だしきや」

対照的に、森が高く評価したのは、立憲君主制のイギリスだった（外川「若き森有礼のロシア観をめぐって」七六頁）。

さらに、維新の原動力となった薩長両藩はイギリス、幕府はフランスと交流を深めたことで、ロシアへの関心は薄れてゆく。幕末の友好論は影を潜め、明治維新の前後には、「ロシア離れ」が進んでいた。

第一章　樺太と朝鮮での覇権争い

——明治時代

伊藤博文と韓国皇太子の李垠《イウン》
（アメリカ議会図書館蔵）

1　国境画定から深まった友好関係

岸信介の証言

一八六八年、明治政府は幕府にとって代わる。ロシアとの外交も仕切り直しとなった。明治政府で、ロシアとの友好を維持するのに腐心したのが、伊藤博文である。本章では、彼を中心に、明治時代の対露外交を見てゆくことにしよう。

伊藤は、幕末に留学したイギリスや、明治憲法（大日本帝国憲法）の制定で「模範国」とした、ドイツやオーストリアとの関わりが深いイメージがある。しかし、伊藤ほどロシア皇室と親しかった明治政府の政治家も少ない。伊藤は、岩倉使節団の一員として、アレクサンドル二世に謁見した。彼が一八八一年に暗殺されると、新皇帝アレクサンドル三世の戴冠式に列席し、明治天皇の親書を捧呈《ほうてい》している。一八九一年の大津事件の際にはニコライ皇太子を見舞い、その一〇年後には皇帝となった彼と再会する。伊藤は、ロマノフ朝の最後を飾る三人のロシア皇帝に会った、珍しい日本人だ。

ただ、伊藤と同じ山口県出身の総理大臣、岸信介《きしのぶすけ》はこう語っている。

「私は子供の時から、特に山口県あたりに育ったものとして、北からの脅威というものに敏感なのですよ。〔中略〕伊藤（博文）公にしても日露戦争などによって、常に意識的ではないにしても、ロシアに対しては一種の恐露、あるいは反露感情があった」（岸ほか『岸信介の回想』二四頁）

岸が語る通り、明治の初めから、伊藤はロシアに警戒心を抱いていた。それが日露戦争前には、ロシアと何とか協商をまとめて、戦争を避けようと奔走している。この変貌はなぜか。

まずは、明治初めの日露関係を眺めつつ、伊藤がロシアと関係を深めてゆくのを記す。

樺太という難問

明治初めに、日露間で、抜き差しならない問題だったのが、樺太問題である。

樺太は、ロシアではサハリン島と呼ばれる。北海道とは宗谷岬をへだてた島で、一八〇九年、間宮林蔵《まみやりんぞう》が探検して、はじめて島であることを確認した。

一八五五年に結ばれた日魯通好条約で、日露両国が島の主権を持つようになった。だが、同じ土地を二つの国家が治めることで、島ではロシア人と日本人の紛争が頻発する。領有権が揺さぶられ、日本人にも被害が出る樺太問題は、対露関係で最大の懸案となる。

江戸幕府は、一八六一年に派遣された遣欧使節団には、北緯五〇度で島を南北に分割するよう、ロシア側に提案するように命じた。しかし、翌年にサンクトペテルブルクで開かれた交渉では、ロシア側が北緯四八度での妥協を提案したため、幕命に背くとした日本側は、調印に踏み切れない。

そこで、一八六七年にサンクトペテルブルクで結ばれた「樺太島仮規則」（ロシア名は「サハリン共有に関する臨時協定」）は、樺太をやはり日露の共有地として、日露両国民の通行と居住権を認め合った。

明治政府の積極策

明治政府に代替わりすると、箱館裁判所の権判事《ごんのはんじ》、岡本監輔《おかもとかんすけ》（韋庵《いあん》）が樺太の行政を委ねられた。岡本は、樺太の専門家といっていい。一八六三年から六五年に現地調査をしたうえで、樺太でロシアに対抗すべきだと考え、土佐（現在の高知県）の後藤象二郎《ごとうしょうじろう》や坂本龍馬《さかもとりょうま》に協力を依頼したこともある（有馬「岡本韋庵覚書」一四頁）。

岡本は一八六八年二月に、公家の清水谷公考《しみずだにきんなる》らを説き、蝦夷地経営を急務とする意見書を朝廷に提出させた。この意見書は容れられて、清水谷は一八六八年四月に、「蝦夷全島政務一切」を任され、箱館府知事に任命される。清水谷は箱館へ、岡本は樺太へ派遣された。

岡本は、樺太の久春古丹《クシュンコタン》（現在のコルサコフ）に、部下八十余名と、移民の男女二百余人を率いて上陸する。移民は箱館で集めた人びとで、土地や漁場を与えて、生活の面倒を見るうえに、税金も取らない、という触れ込みだった（秋月『日露関係とサハリン島』一八九頁、福家『樺太とはどんな処か』一六〇～一六四頁）。

実際には、移住者たちは慣れない環境で病気になり、帰国する者があいついだが、岡本の積極的な政策に、ロシア側は警戒を強めた。

ロシアの反発

ロシアのエフゲニー・ビューツォフ箱館領事は、本国の外務省に、樺太で日本が軍備を増強中と伝えて、危機感をあおった。岡本が樺太に渡るときにチャーターしたのがイギリス商船だったこともあり、領事は、日本の活発な動きの背後に、イギリスの助けがあると疑っていた。

東シベリア総督のミハイル・コルサコフも、日露はサハリン島で一触即発だと考え、一八六八年末から翌年初めに、サハリン島のロシア軍を増強し、新しい哨所《しょうしょ》を増やすよう命じた。六九年春には、沿海州武官知事自らが二中隊を率いて、南樺太に上陸した。日本側の重要な拠点だった久春古丹も占領された（*Елизарьев.* От «Временного соглашения... С. 110）。

ロシアはサハリン島へ、移民の代わりに囚人を送り込む。政府が正式にその植民政策を決めたのは一八六八年五月で、翌年四月に、八〇〇人の囚人がサハリンに護送された。「流刑地」としてのサハリン島の歴史が、ここから始まる（天野「サハリン流刑植民地のイメージと実態」一二〇〜一二二頁）。

だが明治政府は、それどころではない。一八六八年秋から、榎本武揚《えのもとたけあき》率いる幕府の残党が、箱館を占拠したためだ。最後は五稜郭に立てこもった榎本らが降伏したのが、翌年五月である。この終戦直後に上京した岡本は、ロシア人の南下を防ぐため、樺太への出兵を訴える。

樺太放棄を主張した伊藤

ここで、伊藤博文が登場する。彼は一八六九年八月に、樺太がロシアの領有なるのは「必然」なので、北海道を保持するのに努力したほうが良い、という意見書を、大隈重信《おおくましげのぶ》とともに政府に提出した（安岡『幕末維新の領土と外交』八二頁）。

同月には、長州の先輩、木戸孝允に宛てて、ロシアが北海道の併合を決めたようだから警戒するべきだ、と書き送っている。これは、イギリス船の船長がもたらした情報だったが、信頼できると伊藤は思っていた。さらに伊藤は、樺太への派兵を主張していた鍋島直正《なべしまなおまさ》に代えて、新たな開拓長官に、樺太放棄に賛成の東久世通禧《ひがしくぜみちとみ》を就けるよう、木戸や大久保に訴える（麓「維新政府の北方政策」一八～一九頁）。折しも、イギリスの駐日公使ハリー・パークスも、一八六九年九月に、明治政府の面々へ樺太放棄をすすめていた。

伊藤や大隈らは、北海道開拓御用掛に任命された。そして、外務大臣に当たる沢宣嘉《さわのぶよし》外務卿とともに、伊藤を箱館に派遣することも決まる（『明治天皇紀』一八六九年八月一六日条）。公家出身の沢を助け、伊藤が樺太問題を解決することが求められた人事と見てよいだろう。

これが伊藤のロシア外交へのデヴューと言いたいところだが、実際には彼は出張していない。代わって箱館へ向かったのは、二代目の開拓長官に任命された東久世だった。

同じころ、樺太へ出張を命じられたのが、外務大丞《だいじょう》の丸山作楽《まるやまさくら》たちだ。丸山たちには、もし「和親増進」に役立つなら、条約へ向けて交渉をしてもよいという、柔軟な訓令が沢外務卿から与えられている（外務省政務局第三課編『日露交渉史』［上］一一七頁）。

なぜ伊藤の派遣が取りやめになったのか。おそらく、箱館よりも、樺太で交渉するのが望ましいと考えられたのだろう。結果からすると、これは失敗した。ロシア人との争いごとは増えるばかりで、明治政府は苦慮することになる。

伊藤は、なおも解決のために奔走する。一八七〇年二月には、大隈や寺島宗則《てらしまむねのり》といった、この問題での同志とともに、アメリカ弁理公使デ・ロングに会い、アメリカ政府の調停を頼んでいる。この時の条件は、北緯五〇度での島の分割だ。デ・ロングは引き受けたが、結局、ロシアとの直接交渉を望む日本側が、翌年に調停を断っている（秋月『日露関係とサハリン島』一九八～二〇〇頁）。

岩倉使節団とロシア

伊藤がロシアの地をはじめて踏んだのは、岩倉使節団の一員としてだ。この使節団は、岩倉具視や大久保利通《おおくぼとしみち》、木戸孝允といった新政府の重要メンバーが参加した、大規模な外交団である。伊藤も特命全権副使として、アメリカやヨーロッパを視察した。

兵部大丞だった黒田清隆《くろだきよたか》は、彼らの出発する一年以上前の一八七〇年春に、興味深い意見書を書いている。そのなかで黒田は、ロシアのピョートル大帝は即位すると、船大工と偽って、自らオランダや各国で「苦学」し、「今日の大業」をなし遂げたと書く。そして、明治天皇にも、海外渡航をすすめた。

「今上［明治天皇］も大臣納言等両三人」を率いて、「海外全盛の国勢」を見てくれば、日本の「隆盛は海外諸邦に比せん」（「海陸軍の事件御下問に付愚意を条陳す」）。

明治天皇の海外視察は実現しなかったが、まだピョートル大帝が理想の君主像とされていたことが目を引く。

岩倉使節団に加わっていた大蔵卿の大久保利通も、イギリス、アメリカ、フランスは進みすぎているので、プロイセンとロシアは「必ず標準たるべきこと多からん」、つまり日本にとって学ぶべきことが多いと、両国に注目していた。そこで、ロシアで会う前に、その中央と地方の政治制度を調べておくよう、ロシアに留学している元薩摩藩士、西徳二郎《にしとくじろう》へパリから手紙を書く（『大久保利通文書』〔四〕四八四頁）。

さて、伊藤たち一行がサンクトペテルブルクに降り立ったのは、一八七三年三月三〇日の夜だ。運河の張り巡らされたこの街は、ピョートル大帝が築き、一七一二年からモスクワに代わるロシア帝国の首都となっていた。

到着の翌日、迎えの馬車に乗って、一行は冬宮に参内し、アレクサンドル二世の接見に臨んだ。四月九日にも、皇帝から宮中での昼食会に招かれている。

岩倉使節団は四月一四日にサンクトペテル

岩倉具視（アメリカ議会図書館蔵）

冬宮、現在のエルミタージュ国立博物館（2009年、筆者撮影）

ブルクを発つ。ロシア滞在は一六日間である。これはイギリス、フランス、ドイツにくらべると、かなり短い。使節団の記録『米欧回覧実記』でも、ロシアに割かれたページ数は約五パーセントにすぎない。すでにアメリカや西ヨーロッパをまわっていた使節団には、ロシアで目新しいものを見出せなかったのもあるだろう。

樺太の緊急事態

ところで、岩倉使節団は、樺太問題をロシアで取り上げなかった。その理由は、伊藤がアメリカから山県有朋と井上馨《いのうえかおる》に送った、一八七二年初めの手紙が手がかりになる。ソルトレークシティで、豪雪のため足止めされるなか、伊藤はこう記す。樺太は、ロシアとの関係を「速《すみやか》に処分」してから交渉し、両国の境界を明確にし、各国に通知するのが急がれる。

だが、「使節発程前の議論にては、魯使の来るを待て之を論決すべしとの廟議なるを以て、此使節は之を論議するの権なき」、つまり、ロシアからの使節を待つと決まっているので、使節団としては外交の権利がない（春畝公追頌会『伊藤博文伝』［上］六三三頁）。

そのロシアからの使節である、ビューツォフ駐日公使は一八七二年六月に着任する。しかしビューツォフは、外務卿の副島種臣《そえじまたねおみ》に、台湾で沖縄の漁民が殺された問題に注意をうながし、日本の目を南に向けさせようとした。それでも副島は樺太にこだわる。そこでビューツォフは、交渉の引き延ばしこそ有利だと、一八七三年二月に本国に書いた。

「樺太における流刑囚の活発な活動と大規模な流刑が、私の意見としては、日本人たちを譲歩に追い込むことができる」（麓「明治政府の対外政策」一七五頁）

この提言を受けて、ロシア政府も、問題の先送りが良いと判断したのだろう。伊藤たち岩倉使節団が訪れても、樺太を話題にしなかった。

岩倉使節団がロシアを離れてまもなく、久春古丹に隣り合う函泊《ハコドマリ》の漁場で、日本の家屋が何者かに焼かれた。駆けつけた日本人の消火活動を、ロシア兵は妨害する。この件が東京に伝わると、樺太問題は、一刻の猶予もならないと受け止められた。

外務卿の副島は、ビューツォフ駐日公使に、樺太全島を日本が買収することを提案し、ロシア側がそれを受け入れられないなら、島を南北に分割してはどうか、とも提案した。

一方、北海道の開拓をより重視する開拓次官の黒田清隆は、いっそのこと樺太を放棄するよう主張した。ところが一八七三年秋になると、黒田は樺太への出兵を主張する。この知らせに西郷隆盛《さいごうたかもり》は喜び、樺太で戦争がはじまれば朝鮮どころではない、自分も先頭に立って働くつもりだと、黒田に書き送った（勝田『大久保利通と東アジア』三四〜三五頁）。

黒田が意見を一変させたのは、西郷の注意を樺太問題にひきつけ、征韓論を諦めさせるためだった、という見方もある。薩摩出身の黒田は西郷を慕い、長年彼の下で働いてきたが、征韓論には賛成できずに苦しんでいた。

強硬派の西郷

明治政府が分裂するきっかけが征韓論だったのは、よく知られている。日本は隣国の朝鮮を開国させようと、明治維新以来、手を尽くしてきた。しかし、朝鮮は清朝に服属しており、容易に応じない。そこで西郷が、自ら朝鮮へ使節として乗り込もうとする。もし西郷に危害が加えられれば、朝鮮との戦争になりかねない。そこで、大久保や伊藤が止めに入る。

しかし、西郷と大久保が決裂したのには、樺太問題も影を落としていた。

西郷は征韓論以前に、ロシアの南下への危機感を強めていた。すでに一八七一年には、西郷は北海道に鎮台を置こうとしている。鎮台とは、明治初めの陸軍の編制上の最大の単位である。西郷は、桐野利秋《きりのとしあき》陸軍少将を北海道へ視察に送り出す。しかし、桐野が戻ってきたときには、駐屯させるべき京都の部隊が解体されており、財政上の問題もあって、結局、鎮台は置かれなかった。西郷は自ら北海道の鎮台でトップを務めることすら考えたが、翌年にこの話は流れた（麓「明治初期における国際情勢と北海道政策」五七〜六〇頁）。

ロシアに強い警戒心を抱く西郷は、一八七三年七月に、参議の板垣退助《いたがきたいすけ》へ宛てて書く。樺太はロシアが兵隊によって保護し、たびたび「暴挙」もあったので、「朝鮮よりは先に、保護の兵を御繰込可相成と相考申候」。つまり、朝鮮よりも先に、樺太への派兵を考えていた。しかし、樺太へ派兵したら、将来差し障りが出るかもしれない。そこで、まずは朝鮮への使節に自分を派遣してほしい、と（『西郷南洲書簡集』一七八頁）。

穏健派の大久保

一方、樺太問題を外交で解決したい大久保は、岩倉使節団に加わる前に、自ら樺太に赴くことを太政大臣の三条実美《さんじょうさねとみ》に願い出たこともある。これは許されなかったが、帰国後も樺太問題は待ったなしだと考えていた。

大久保は、征韓論で追い込まれる三条太政大臣の求めに応じて、岩倉たちよりも一足先に帰国する。大久保は、帰国する無念さをにじませる手紙を西へ書いて、「取分《とりわけ》て有益」なロシアに行くのを楽しみにしていたとも書いている（坂本『男爵西徳二郎伝』六二頁）。もし大久保がロシアをその眼で見ていたら、どんな感想を残しただろうか。

帰国後に、大久保は征韓論に反対する理由を七ヵ条にまとめているが、そのなかでロシアについても触れている。もし朝鮮との戦争になった場合、警戒すべきはロシアとイギリスである。ロシアは北方にあって、樺太に兵隊を派遣し、「一挙して南征するの勢いあり」。今ですら、関係は良好ではない。もし朝鮮と戦争になったならば、ロシアは漁夫の利を得ようとするだろう。だからこそ、朝鮮との戦争を起こしてはならない。

また、日本は外債の多くをイギリスに頼っている。もし「不慮の禍難」が生じて、その負債を返還できなくなれば、イギリスは必ずそれを口実にして、内政に干渉してくる。それゆえ、いま日本は国内の産業を興し、輸出を増やして、「富強の道」に進み、負債を返還するのが急務だ。だから、朝鮮と戦争をすべきではないと大久保は説いた（『大久保利通文書』［五］五八〜六〇頁）。

征韓論敗れる

一八七三年一〇月一四日の廟議で、大久保と西郷は対決する。大久保も岩倉も、樺太問題とロシアの脅威がより深刻なことを理由に、朝鮮への使節派遣に反対した。西郷は、それなら、まずは自分をロシアへの使者にしてほしいと反論する（多田『岩倉公実記』［下］一一一四頁）。

結局、一〇月一五日の廟議で、西郷の朝鮮派遣が決まったものの、大久保や岩倉、伊藤らの工作で派遣は延期された。西郷らは下野する。

このあと、政権を握ったのは大久保だった。彼が最優先で取り組んだのが、ロシアとの国境交渉だ。大久保は、ロシア兵の暴行問題の解決から、ロシアとの国境線の画定に進むという、二段階での交渉方針を練る（安岡『明治前期大陸政策史の研究』四五頁）。

大久保が交渉を急いだ理由は他にもある。ロシアの脅威や樺太問題を理由に征韓論をしりぞけた以上、ロシアとの交渉に早く取り組まなければ、「信義」が立たず、「旧参議」に申し訳ないと、彼は岩倉に書いている（勝田『大久保利通と東アジア』五二頁）。ロシアとの交渉を先送りしないのは、旧友の西郷へ筋を通すことでもあった。

西郷も副島も下野したので、政府内では樺太放棄論が主流となった。民間でも、いっそのことロシアに樺太を売って、その売却金で札幌に遷都せよ、と説く者すら現れる。国防と開拓が一気に進む、というのがその理由だ（佐田『樺太評論』一〇〜一六頁）。

榎本武揚（国立国会図書館蔵）

榎本武揚の派遣

問題は、交渉のため、誰をロシアに派遣するかだ。元外務卿の沢宣嘉が駐露公使に内定したが、一八七三年九月に急死する。大久保の右腕となっていた伊藤は、ロシアとのあいだで抱える問題はいずれも「難論の極」なので、誰を派遣するかで悩む胸の内を、同年一一月に木戸孝允に打ち明けている（『木戸孝允関係文書』［二］二五四頁）。

大久保は一八七四年一月、黒田清隆に、彼の部下である榎本武揚の他に、見込みのある人物はいないと書いて、説得を依頼した。榎本は、五稜郭に立てこもって、最後まで明治政府に抵抗した前歴がある。攻め手の黒田に命を助けられたが、最近まで獄につながれていた旧幕臣だ。

だが大久保は、今回の交渉は「平凡の人物」には任せられない、と黒田に書く。たしかに榎本は、幕末にオランダに留学して、国際法に通じ、英仏蘭語に通じた非凡な人物だ。さらに榎本が「北地之事は自任」、すなわち北方に関してよく知っていることを、大久保は理由にあげている（『大久保利通文書』［五］二八四〜二八五頁）。

こうして、榎本は初代駐露公使に任命された。箔をつけるため、海軍中将の位も授けられる。これに難色を示したのが、木戸である。彼は一八七一年八月にも、榎本の赦免や樺太のロシアへの譲渡は反対だと黒田に話して、榎本の釈放に賛成する大久保らと対立していた（毛利『明治維新政治外交史研究』一〇六頁）。

今回も木戸は、榎本の派遣には反対しないが、海軍中将にするのは影響が大きすぎる、海軍からも不満が出ていると文句をいう。三条太政大臣に木戸の説得を任された伊藤は、榎本は幕末に海軍創設で功績があったからと、ようやく説き伏せた（春畝公追頌会『伊藤博文伝』［上］八二八頁）。

樺太千島交換条約

一八七四年三月、榎本がロシアへ赴任する。三条太政大臣は榎本に、樺太の雑居を廃止して、国境を定めるよう命じた。そして、島をロシアの領土とするならば、代償として、「釣合うべき地」を日本に割譲させるように指示している（『大日本外交文書』［七］四二〇頁）。

サンクトペテルブルクを舞台に、榎本はロシア外務省アジア局長の、ピョートル・スツレモーホフと交渉を進めた。焦点は、樺太を放棄して、日本が何を得られるかだ。

一八七五年五月七日、両国はサンクトペテルブルク条約に調印する。これで、樺太の全島はロシアの領有となった。代わりに、それまで得撫島と択捉島のあいだに国境線が引かれていた千島列島は、すべて日本領となった。そのため日本では、この条約を樺太千島交換条約と呼ぶ。ロシア側は千島全島を譲る気はなかったのだが、榎本の巧みな駆け引きで、最後は交換に応じた。

樺太千島交換条約の締結は、ロシアで好意的に受け止められた。ロシア外務省も、サハリン島が「ロシアの豊かな地方の一つ」となったのだから、成功だと皇帝に上奏している（醍醐「明治新政府と日露関係」八一頁）。

日本国内では反発する新聞もあったが、大きな反対運動は起こらなかった。この条約から、日露の国境は安定する。ロシア側から譲歩を引き出した榎本も見事だが、西郷や木戸などの国内の強硬派を抑え込んだ、大久保の手腕と伊藤の才覚もなければ、条約を結ぶのは難しかっただろう。その大久保は、一八七八年五月に暗殺され、内務卿には伊藤が就く。

もっとも、国境線の画定は、先住民であるアイヌの人びとには犠牲を強いた。明治政府により対雁村《ついしかり》（北海道江別市）に移住させられた樺太アイヌや、色丹島《シコタン》に集められた千島アイヌたちは、一家や一族が離散したうえに、漁業など伝統的な稼業も失う。慣れない土地で伝染病にかかるなど、移住先でも苦しい生活を送らされた（川上「日露関係のなかのアイヌ」二八七〜二九二頁）。

「マリア・ルス」号事件

領土問題の解決は、別の外交案件で、日本に有利に働く。「マリア・ルス」号事件である。

ペルー船籍の汽船「マリア・ルス」号は、マカオから労働者をペルーに運ぼうとしていた。当時、清朝から南米への労働者の送り出しが盛んだったが、その待遇は奴隷のようなものだった。一八七二年七月に横浜に寄港中、彼らの一人が逃げ出して、船内での虐待を訴えた。神奈川県令代理（のち権令《ごんれい》）の大江卓《おおえたく》は臨時法廷を県庁で開き、清国人二三一名全員を解放する判決を下す。彼らのうち、二二九名が帰国した。これに憤激したペルー政府が、日本へ謝罪と損害賠償を求めたのが事件のあらましだ。

日本とペルーの申し立てで、事件の仲裁がロシアに委ねられたのは一八七三年六月である。なぜ、ロシアが仲裁国に選ばれたのか。当時、外務卿だった副島種臣は、日露の火種だった樺太の問題解決に、この事件の仲裁を利用しようとした。仲裁を頼まれたロシアは

「名誉」と感じるので、ロシアの「歓心を得る」ことができるはずだという、「政略」に基づいていたという（副島「明治初年外交実歴談」三八二頁）。

仲裁を引き受けたアレクサンドル二世は、一八七五年六月一三日に、日本は賠償の必要はないと、日本勝訴の判決を下す。このように、樺太千島交換条約の締結と、その一ヵ月後の「マリア・ルス」号事件の仲裁は表裏一体の関係にある。それぞれが相乗効果を生んで、日露の友好を深めた。

不愉快なのは、ロシアと対立するイギリスである。パークス駐日公使は、日露は何か密約でも結んだのではないかと疑いの目を向けた（醍醐「明治新政府と日露関係」一一七〜一一八頁）。

勲章外交

「マリア・ルス」号の判決から二ヵ月後の八月に、明治天皇は「良友大兄」のアレクサンドル二世に、感謝の言葉を贈った。私は仲裁に陛下を煩わせるのを望まなかったが、「陛下の高断明決を信ぜるを以て」、あえて陛下にお願いした。「公平正明の道」と万国公法により、自分の希望にかなう判決が出たのは、「実に感謝の至《いたり》に堪えず」（JACAR: A01100101500）。

樺太千島交換条約の締結と「マリア・ルス」号事件の解決により、日本はキリル・ストルーヴェ駐日ロシア公使などに、当時、最高位だった勲一等勲章を大盤振る舞いした。そのため、事件の解決にもっとも尽力してくれたロシア皇帝に、その臣下と同じ勲一等を贈ることができなくなり、急いでそれよりも上位の勲章が作られることになった。こうして明治天皇は、一八七七年一〇月に、外国の君主へは第一号となる、大勲位《だいくんい》菊花《きつか》大綬章《だいじゆしよう》をアレクサンドル二世に贈る（『明治天皇紀』一八七七年四月二七日条）。返礼として、ロシアからは最高位の勲章であるアンドレイ・ペルヴォズヴァンヌイ勲章が、二年後に明治天皇へ贈られた（ソコロフ「日本の皇族と政府高官に対するロシアの叙勲」一三五頁）。

ロシアといえば榎本

一触即発だった樺太問題を解決し、「マリア・ルス」号事件でも有利な仲裁を勝ち取った榎本は、駐露公使として、四年余りをロシアで過ごした。

榎本は任を解かれて帰国する際、あえてシベリアを横断する。ロシアから帰国する日本人が、西ヨーロッパに戻って乗船し、海路をとる通例を破った。その理由を、榎本は姉に宛てた手紙でこう説明している。日本人はロシア人を大いに恐れ、今にも彼らが北海道を襲うようなことをいうが、それは「箸《はし》にも棒にも掛《かか》らぬ当推量」である。そこで、「ロシアの領地を旅行して日本人の臆病を覚」すため、「実地を経《へ》て一部の書」を書きたいという（講談社編『榎本武揚　シベリア日記』三三七頁）。その旅行記は「西比利亜《シベリア》日記」としてまとめられたが、刊行は、はるか後年の一九三九年になった。

帰国後の榎本は、ロシアについての知恵袋として重きをなす。トルキスタン総督として、中央アジアの一部を治めたミハイル・チェルニャエフ将軍が、一八八五年に来日した時のことだ。榎本は彼の略歴を井上馨外務卿に教え、明治天皇が会見で尋ねるべきことや、与える勅語についても助言している（『伊藤博文関係文書』〔三〕一七九頁）。

後でも触れるが、榎本は一八九一年の大津事件では謝罪使に選ばれ、事件直後に外相となると、幕引きに奔走した。一九〇二年には、日露協会の初代会頭に迎えられている。

ロシア皇族を大歓迎

明治天皇その人も、ロシアに対して友好的だった。

若き明治天皇は、各国の君主のなかでも、ドイツ皇帝ヴィルヘルム一世と並んで、ロシアのアレクサンドル二世に、ことのほか思い入れがあったようだ。両皇帝とも、英仏という「先進国」に追いつき追い越せと、「発展途上国」の近代化に努めた君主である。明治時代の日本もまた、「富国強兵」と「殖産興業」を旗印に、その後を追っていた。明治天皇は、二人に自らを重ね合わせるところがあったのかもしれない。

明治天皇はアレクサンドル二世と面識はない。しかし、一八七二年一〇月には、皇帝の四男、アレクセイ・アレクサンドロヴィチ親王を宮中に迎えて歓待した。大公と食事をともにした明治天皇は、自ら乾杯の音頭をとり、肖像写真を大公に送った。さらに、横浜に停泊していた大公のロシア軍艦も訪問した。天皇が外国船に乗るのは、前代未聞の出来事だった。

明治天皇（1873年）

外国人を天皇に会わせるのに、まだ宮中では抵抗の強かった時代である。真偽は不確かだが、この三年前に来日したヴィクトリア女王の次男は、神官が御幣《ごへい》でお祓《はら》いをしたうえで、天皇との謁見を許された。あたかも不浄を祓うかのようだったので、「エジンバラ公の清《きよ》め」と揶揄《やゆ》され、福沢諭吉なども批判する。それだけに、ロシアの皇子への破格の厚意は、諸外国でニュースとなった（中山『ミカドの外交儀礼』一二四〜一二五頁）。

外務省の編んだ『日露交渉史』でも、この時の歓待は、「日露両国の友好関係を緊密ならしむるに資する所頗《すこぶ》る大なり」と記されている。

ロシア皇帝の暗殺

一八八一年三月一三日、アレクサンドル二世がサンクトペテルブルクで暗殺された。社会主義者のなかでも急進的なグループ「人民の意志」による爆弾テロだった。

それまでにも、皇帝は何度も暗殺されかけていた。一八七九年一二月一日にも、旅行中に列車が爆破される。この時は、随員の乗った車両が爆破され、皇帝一家は無事だった。明治天皇は同年一二月六日に、「朕《ちん》が親友なる」アレクサンドル二世へ、「陛下の貴躰《きたい》に対し殺虐を謀《はか》りし者ありとの事を聞き憤懣《ふんまん》に堪えず」と見舞いの電報を送っている(JACAR: B13080067500)。

三月一四日、明治天皇と美子《はるこ》皇后は、日本を訪れた、はじめての国家元首である、ハワイのデイヴィッド・カラカウア王のため、昼餐会を催していた。しかし、暗殺の一報が入ったため、カラカウア王は宮中を辞去する。カラカウアは、帰国に際して、ロシア皇帝の「凶報」があったからと、見送りの軍楽隊の演奏や礼砲も遠慮した。

明治天皇は、二回にわたりロシア公使館に勅使を遣わす。新皇帝のアレクサンドル三世へは弔電を送った。

「朕此《この》凶変を惹《ひ》き起したる逆罪に対して、深く憤怒すると朕が悲傷の極りなきとを陛下に記し、茲《ここ》に朕が弔詞を陛下に呈す」(JACAR: B13080065300)

明治天皇の怒りは露わだ。さらに明治天皇は、駐日ロシア公使が弔意に謝意を示すため参内すると、こう語りかける。

「凶報を聞き、憤懣の至に堪えず。朕平素先帝を尊敬親愛したりしに、兇徒《きょうと》のために忽《たちま》ち此の良友を失い憾《うら》み限りなし。［中略］今や已《すで》に喪を解くと雖《いえど》も、猶《なお》此の遺憾の情は永く滅せざるべし」(『明治天皇紀』一八八一年四月六日条)

明治天皇は、駐露公使の柳原前光《やなぎわらさきみつ》を葬儀に参列させ、宮中も政府の役人たちも、二一日間の喪に服させた。日本の宮中が外国の皇族のために喪に服すのは初めてのことで、その儀礼もこのときに定められた(『明治天皇紀』一八八一年三月一四日、三月二五日条。『昭憲皇太后実録』三月一九日条)。

アレクサンドル2世(アメリカ議会図書館蔵)

反面教師の暗殺事件

当時、ロシアに駐在していた柳原公使

には、暗殺事件は反面教師と映った。柳原は、すでに大正天皇となる皇太子を儲《もう》けていた、明治天皇の側室、柳原愛子《やなぎわらなるこ》の兄である。枢密院（国務に関する天皇の最高諮詢機関）で副議長を務める佐々木高行《ささきたかゆき》へ、柳原は事件の背景を解説する手紙を送った。

今回の犯人たちが出てきたのは、各国と肩を並べようと、アレクサンドル二世が学問を盛んにしたものの、学生たちは卒業後に就職先に恵まれなかったことが背景にある。ロシアでは、貴族が重要な官職を得る。民間は「不開化」で、仕事での成功が望めない。そのため、学生あがりの犯人たちは、皇帝を倒して政体を変更しようとした。日本でも、十数年後には社会が大きく変わる。そのときに、中学校以上の卒業生たちに力をふるう場所がなければ、過激な政治思想が生まれるかもしれない。いま日本では、主君への「忠孝」を説く孔子や孟子の教えが「陳腐視」されているが、決して捨てるべき学問ではない（『保古《ほご》飛呂比《ひろい》』一八八一年四月一日条）。

ロシアでは、一九世紀半ばに、国が法律学校などを設け、卒業生に任用や昇進の優先権を保証した。そのため、政府機関の中堅官僚の質は急速に改善されたが、卒業生の受け皿となるポストには限りがあったし、採用も貴族が優先された。結果的に、学生たちの不満は、皇室と貴族が支配する政治体制に向かった。

このような事件の背景を知る柳原は、高学歴の若者の不満が、天皇制へ向かうのを怖れた。そこで、君主への忠孝を説く儒教を、やはり大切にするように書き送ったのだった。

自由民権運動への影響

同じころ日本では、一八八一年三月に参議の大隈重信が、高まる国会開設要求のもと、イギリス流の政党内閣制を基礎とする憲法をただちに制定し、国会を開設せよとする意見書を提出した。しかし六月に伊藤は、大隈の意見は君権の放棄を主張するに等しいとして、右大臣の岩倉具視と結び、天皇の大権を中心とする国家をめざすことを決意した。結局、大隈は政府から追放された（明治一四年の政変）。

ロシア皇帝暗殺のニュースは、この政変に影響を与えたと唱える歴史家もいる。しかしその立証には、伊藤にせよ大隈にせよ、彼らが事件に言及している史料を提示する必要があるだろう。

ただ、アレクサンドル二世を暗殺したロシアの社会主義者たちが、日本で自由民権運動の活動家に注目されていたのは確かだ。彼らは「暴政」に反対する「志士」だと思われていた。自由民権運動の活動家には、ロシア皇帝暗殺に刺激され、武装闘争を志す者も出てくる。

強いていえば、急進化する自由民権運動を抑え、ロシアで起きたようなテロを防ぐのに、日本では憲法制定が一つの手段になりえた、とはいえるかもしれない。一八九〇年を期して国会を開くという、明治天皇の詔書が発布されたのは、ロシア皇帝暗殺から半年後の、一八八一年一〇月一二日だった。

アレクサンドル三世の戴冠式に出席

憲法制定の中心人物となったのが、伊藤博文である。伊藤は海外で憲法を調査するため、ヨーロッパに留学する。この間に、二度目のロシア訪問を果たした。

モスクワのクレムリンでは、アレクサンドル三世の戴冠式が一八八三年五月二七日に挙行された。首都が移っても、古都モスクワで戴冠するのが、ロマノフ朝のしきたりである。ロシア帝国の戴冠式は、皇帝を「現世の神」として演出する重要な儀式だ。

正使の有栖川宮熾仁《ありすがわのみやたるひと》親王は、その前年に、ロシアでアレクサンドル三世に祝意を伝えたものの、戴冠式の急な延期で、参列はかなわなかった（高松宮家編『熾仁親王行実』［下］一四二頁）。

そのため、伊藤が特命全権大使に任命され、戴冠式に臨む。駐露公使には花房義質《はなぶさよしもと》がいたのだが、新任の二等官である彼へこの役目を命じるのは、「軽重不釣合《けいちょうふつりあい》」という理由で、ヨーロッパ滞在中の伊藤が選ばれた（JACAR: A15110449500）。明治政府の重鎮として、列席するのは伊藤がふさわしいと考えられたのである。

伊藤にとっては帰国の寄り道だが、戴冠式への出席で、伊藤はロシアと特別な絆を築く。ロシア側は伊藤の参列を歓迎した。五月二二日には、アレクサンドル三世が特使派遣に謝意を示す手紙を、明治天皇に送る（JACAR: B13080049200）。

さらに伊藤には、新皇帝から白鷲大綬勲章が贈られた。一八九五年には、アレクサンドル・ネフスキー勲章も贈られる。これは、ロシアでは上から四番目の勲章で、皇族以外の日本人では、もっとも早い授与だ。

憲法を持たない専制君主の戴冠式に、立憲君主制を模索していた伊藤が出席するのは、場にそぐわない。それでも、伊藤にはロシアをないがしろにできない事情があった。朝鮮である。

朝鮮をめぐるロシアの動向

一八八二年七月二三日に、朝鮮でクーデターが勃発した（壬午軍乱《イモグルラン》）。親日的な政権の軍制改革に不満を募らせて、朝鮮の旧式軍隊が、朝鮮国王、高宗《コジョン》の父である興宣大院君《フンソンデウォングン》を担ぎ出した。日本人の軍事教官は殺され、日本公使館も焼かれる。日本は漢城《ハンソン》（現ソウル）に軍隊を派遣した。清朝も出兵して、興宣大院君を拘束し、日清間の緊張が高まる。

憲法調査でウィーンにいた伊藤は、事件の背後にロシアがいるかもしれないと疑った。ロシアと清朝の「孰《いず》れが朝鮮の事件に手出しせしか」を、ウィーンの日本公使館に伝えるよう、同年八月に本国に命じている（JACAR: A03023639500）。

さらに伊藤は情報を集めようと、熾仁親王とともに戴冠式に出席する、西徳二郎をロシアへ先発させる。この事件について、ロシア側の考えを知るためだ。西はロシアへの留学が長く、その任務にはうってつけだった（千葉「西徳二郎と近代日本」一六九頁）。

熾仁親王は、伊藤の要請は理由が明らかでないとして「躊躇」したが、ロシア政府の「動静探偵」のためなら仕方がないと、西に出発を命じた（『伊藤博文関係文書』〔二〕一〇九頁）。

このように、伊藤はヨーロッパに留学中も、ロシアの動きに目を配っていた。このクーデターにロシアは関与していなかったが、やがてロシアも朝鮮をめぐる覇権争いに加わる。

一八八四年には露朝修好通商条約が結ばれ、正式にロシアと朝鮮の国交が樹立された。翌年には、朝鮮政府のドイツ人顧問が、ロシアから軍事教官を呼ぼうとしたことが発覚する。これは、その顧問を送り込んでいた清朝によって未然に阻止された（第一次露朝秘密協定問題）。朝鮮をめぐる日清露の争いは、本章第三節でふたたび論じよう。

ロシアの「蝶々夫人」

伊藤とロシアの縁はつづく。

一八八七年七月に、伊藤は宮内大臣として、アレクサンドル・ミハイロヴィッチ大公を迎えた。巡洋艦「ルインダ」に乗って来日した海軍士官の大公は、皇帝アレクサンドル三世の従弟にあたる。大公の回想録によると、明治天皇と伊藤は貴賓列車を用意して横浜で待っていた。

七月五日に宮中の晩餐会に招かれた大公は、同席していた明治天皇の妻、美子皇后に得意の日本語で話しかけ、日本をほめる。だが大公の日本語は、ひどくなまっていた。皇后は食事の手を止め、涙を流して笑う。自分の日本語はまずかったかと、動揺した大公は、隣席の親王（名前は不明）に尋ねた。親王も笑いながら、とても流暢ですが、方言の強いアクセントですねと英語で答える。そして、長崎、特に稲佐のあたりに長くいらっしゃったのではございませんか、と言い当てた。

稲佐とは、長崎近郊の地名である。ロシア艦隊は、ウラジオストク港が凍るあいだは、長崎などで越冬した。稲佐に、ロシア海軍の病院と、ロシア人水兵専用の遊郭である魯西亜《ロシア》マタロス休息所が置かれたのは、江戸時代末の一八六〇年にさかのぼる。ここで

アレクサンドル・ミハイロヴィッチ大公（アメリカ議会図書館蔵）

は、日本人女性とロシア人士官の「結婚」が日常化しており、大公も、ロシア人士官を客とする料亭の女将の世話で、「妻」を得た。「妻」がカッコ付きなのは、彼らの「結婚」がロシア艦隊の寄港中に限定されていたためだ。要するに、「現地妻」である。そのため、大公が「妻」から習った日本語は、長崎の方言だったのだが、本人はそれを知らなかった。

同席していた伊藤も、大公のなまりに察しがついた。そこで、大公との別れ際に尋ねる。

「その女性のお名前は何というのか、ぜひうかがいたいものです。〔中略〕稲佐の方言をとても上手に教えたことに、政府の名において、私からその方へ深く感謝したいと存じます。閣下はその方から、どのくらい日本語の授業を受けられたのですか」（*Великий князь Александр Михайлович.* Книга воспоминаний. С. 90-91）

ロシア人の「夫」たちは知る由もなかったが、稲佐の女性たちは、日露戦争がはじまると、ロシアのスパイ（露探）などと陰口をたたかれ、苦しい人生を歩む。だが、それはまだ先の話だ。

2 日露関係の試練、大津事件

ロシア皇太子の来日

こうして深まる日露の絆が、試される時が来た。訪日中のロシアの皇太子が斬りつけられた、大津事件である。

ロシア皇太子の一行は、一八九〇年一一月にサンクトペテルブルクを出発する。皇帝アレクサンドル三世の配慮による、地球一周の帝王教育だった。ヨーロッパの貴族には、修学を終えると世界を旅する伝統がある。皇太子の旅もそれだが、けた違いの世界周遊であった。一行はエジプト、インド、中国などをめぐって、一八九一年四月二七日に長崎に入港した。西日本をまわってから、東京に行き、仙台、盛岡と日本を縦断して、五月三一日に青森港から帰国する予定だった。皇帝からは、帰路のウラジオストクで、シベリア鉄道の起工式に名代として出席するよう命じられている。

皇太子の一行は、日本各地で大歓迎を受けた。私的な訪問であったが、明治天皇は国賓

皇太子時代のニコライ（アメリカ議会図書館蔵）

の待遇で迎えるように指示し、有栖川宮威仁《たけひと》親王に接待役を命じた。

　有栖川家はロシアと縁が深い。威仁親王は、アレクサンドル三世の戴冠式に派遣された熾仁親王の弟である。威仁親王自身も、この二年前にロシアの宮廷に招かれている。ニコライの東京での滞在先にも、霞ヶ関にあった熾仁親王の宮邸が予定されており、一家はその住まいを空けてニコライを待っていた（高松宮家編『熾仁親王行実』［下］三〇一頁）。

　もう一人、接待役を命じられたのが、万里小路《までのこうじ》正秀《なおひで》である。彼は明治天皇に幼少のときから仕え、一〇年間、ロシアに留学した。留学中にロシア人女性を妻とし、ロシア正教へ改宗している。帰国後は、祭典などを取り仕切る宮内省式部官などを務め、宮中のロシア通として重きをなした。そして今回も、皇太子の一行に通訳として加わる（中村『ロシアの空の下』一七三〜一九七頁）。

　ニコライの一行は、鹿児島、神戸、京都を観光する。つぎに立ち寄った大津は、東海道の通る宿場街として栄え、滋賀県の県庁が置かれている。ここでの目的は、「湖山の勝《しょう》を観賞」することで、つまり琵琶湖での遊びだ（『明治天皇紀』一八九一年五月一一日条）。

　悠々とした皇太子一行とは対照的に、大津では警察や軍隊が厳戒態勢をしいていた。大津警察署の署長は、部下へも緊張感みなぎる訓示を与える。皇太子ニコライは「空前絶後の大賓」である。だが「不敬を為《な》さんと陰謀する者」、すなわち皇太子に危害を加えようとする者の噂があるので、「十二分」の警戒を命じた（森「大津事件と滋賀県」六頁）。

有栖川宮威仁親王（1913年、フランス国立図書館蔵）

皇太子、斬りつけられる

　一八九一年五月一一日午後一時三〇分、皇太子と威仁親王の一行は、京都に戻ろうと人力車で大津の街を駆けていた。その途中で起きた事件を、被害者の皇太子に語ってもらおう。ニコライは晩年まで日記をつけており、この時のことも克明に記している。

大津事件の現場、大津市京町二丁目。碑には「此附近露国皇太子遭難之地」とある（2017年、筆者撮影）

人力車で同じ道を通って帰途につき、道の両側に群衆が並んでいた狭い道路を左折した。そのとき、私は右の顳顬《こめかみ》に強い衝撃を感じた。振り返ると、胸の悪くなるような醜い顔をした巡査が、両手でサーベルを握って再び切りつけてきた。

とっさに「貴様、何をするのか」と怒鳴りながら人力車から舗装道路に飛び降りた。変質者は私を追いかけた。だれもこの男を阻止しようとしないので、私は出血している傷口を手で押さえながら一目散に逃げ出した（保田『最後のロシア皇帝ニコライ二世の日記』一一頁）。

頭部を二度斬りつけられたニコライは、同行していたギリシャ皇太子ゲオルギオスや、人力車を引いていた車夫たちの機転で、危難をようやく脱した。ゲオルギオスはドイツの新聞に、犯人を倒した時の様子を語った。

「私は警察官に追いつき、彼の背後に立った。彼がサーベルをあげてもう一度大公［ニコライ］の頭を殴ろうとしたとき、私は杖で彼の頭に普通なら耐えられないような一撃を加えた。すると警察官は私の方に向かってきたが、その瞬間意識を失い地面に倒れた」（『外国新聞に見る日本』［二］四四六頁）

ニコライを救った車夫（ロシア大統領図書館蔵）

ニコライは駆けつけた威仁親王にこう語ったと、皇太子一行のロシア人首席随員は皇帝に報告している。

「この出来事によって、私が日本の各地で受けた心からの歓迎、日本国民のもてなしに対する私の感謝の気持ちが変化することはない。そうした心配は決してなさらないように」（サルキソフ『もうひとつの日露戦争』二八頁）

厳戒態勢のなかで事件を起こした犯人は、津田《つだ》三《さん》蔵《ぞう》、滋賀県巡査だった。

明治天皇と伊藤の驚き

　ここからは、明治天皇と伊藤を中心に、日本側の対応をふりかえろう。

　五月一一日午後一時五〇分、威仁親王が事件の一報を明治天皇に知らせた。「皇太子を暗殺せんとする者あり、頭部に重傷を受く」として、陸軍の軍医派遣を求める内容だった。

　驚いた明治天皇は松方正義《まつかたまさよし》首相らと相談し、陸海軍や宮中の医者だけでなく、北白川宮《きたしらかわのみや》能久《よしひさ》親王をすぐに京都へ派遣する。また自らも、翌朝六時半の汽車で京都に向かうことにした。出発するまでにも、明治天皇は皇太子ニコライとアレクサンドル三世に見舞いの電報を送っている。美子皇后も、皇太子の母親であるマリア皇后に状況を知らせる。明治天皇は事件を無事に収拾するよう、松方首相に勅語まで下した。さらに明治天皇は、伊藤の別荘のある小田原に勅使を差し向け、すぐに参内するよう伊藤に命じた（『明治天皇紀』一八九一年五月一一日条）。

　事件当日、伊藤は箱根でくつろいでいた。松方首相から事件の一報が入ると、夕食もそのままに東京へ向かう。新橋駅に着いたのは、一二日午前一時である。真夜中にもかかわらず伊藤は参内して、明治天皇に謁見した（『秘書類纂』外交篇［下］五六七～五六八頁）。

　残念ながら、その会話は記録されていないが、夜更けの寝室での謁見そのものが、緊迫した状況を物語っている。

戒厳令を求める伊藤

翌朝、新橋から京都に向かった天皇を見送ってから、伊藤は松方首相ら閣僚たちと対策を協議した。問題は、犯人の処罰である。

ロシア皇太子の来日前に、日露間では、皇太子への不敬な振る舞いには、日本の皇族に関する刑法規定を準用することが、秘密裏に取り決められていた。それに従えば、津田には刑法一一六条が適用される。この法律は「大逆罪」として知られ、「天皇・三后・皇太子に対し危害を加え、または加えんとしたる者は死刑に処す」と定めている。この法律で津田を死刑にすべきだというのが、内閣の考えだった。

だが、一部の裁判官たちが反対する。「大逆罪」で想定される被害者は日本の皇族に限られ、ロシアの皇太子ニコライには適用できない。通常の「謀殺未遂罪」で裁くべきだとした。この意見に従えば、津田は死刑を免れる。

事件翌日の五月一二日に松方首相は、現在の最高裁長官にあたる大審院長の児島惟謙《こじまいけん》へ、津田に大逆罪を適用するよう迫った。「国家より法律の重き言われはなかるべし」という首相に対し、児島は、津田を「普通人」として裁くという意見を変えなかった（児島

『大津事件手記』一〇～一一頁)。

そもそも、こうした問題を作ってしまったのは伊藤だと、法学者の穂積陳重《ほづみのぶしげ》は記している。一八七七年に刑法の草案を作った時に、刑法草案審査局の総裁だった伊藤が、「外国人に関する条規は総べてこれを削除すること」を決めた。そのため、外国人に危害を加えた者も、一般人に適用する法律で罰するしかなかった。だから津田も「無期徒刑に処するの外はなかった」という(穂積『法窓夜話』三三一～三四頁)。

しかし、裁判官たちの反対について報告が入ると、刑は重い方が良いとしたうえで、伊藤は過激な意見を述べた。

「万一異説百出にし、処罰に困難なるに際せば、不得止《やむをえず》戒厳令を発するも可なり」(『秘書類纂』外交篇[下]五七〇頁)。

戒厳令下では、憲法が停止される。そのことで、津田を「超法規的措置」で死刑にできる。伊藤が苦心して編んだ明治憲法は、二年前に発布されたばかりだ。けれども、事態を打開するためなら、その憲法も停止して構わないとさえ伊藤は考えた。

伊藤は天皇を追って京都へ旅立つ。別れ際に、後藤象二郎逓信相と陸奥宗光《むつむねみつ》農商相が、裁判が難しくなるようなら、金で雇った刺客に津田を殺させ、病死と公表すればどうだろうか、と持ちかけている。伊藤は、さすがにこの案は「無法の処置」だとして、取り合わなかった（『秘書類纂』外交篇［下］五七一〜五七二頁）。

明治天皇の約束

東京で議論がつづいていたころ、明治天皇は五月一二日夜に京都に到着した。その足で皇太子を見舞おうとしたが、夜中の見舞いはかえって傷にさわるからと、ロシアのドミトリー・シェーヴィッチ駐日公使に断られた。

翌日、皇太子が泊まる常盤《ときわ》ホテル（現在は京都ホテル）を明治天皇は訪れた。「格別重態にあらざる」皇太子の様子に一安心したが、犯人を「国法に拠《よ》りて之を厳罰すべき」と、明治天皇は約束した。

この会見では、陸軍参謀総長である有栖川熾仁親王も、皇族総代として慰問を述べている。責任を痛感する有栖川の兄弟もまた、アレクサンドル三世へ慰問の電報を送り、皇帝からは五月一四日付で返信が届く。その文面は、兄弟の慰問に「甚だ満悦」するものだった（『熾仁親王日記』一八九一年五月一五日条）。

皇太子は、神戸に停泊中のロシア船に戻る。明治天皇は伊藤らを従えて、汽車で皇太子を神戸まで送った。この汽車のなかで明治天皇は威仁親王へ、ロシアへ行き、皇帝に事件を報告して慰問するように告げた。翌日にはこの件が正式に決まり、榎本武揚も「特別随行」することになった。そのため榎本は、五月一四日に、明治天皇のたっての願いで、東京から呼び寄せられた。だが慰問団の派遣は、アレクサンドル三世が辞退したため、中止となる（「露国皇太子遭難事件関係資料雑纂」）。

「露国は先進文明国」

傷が治れば、皇太子は予定通り東京に来るものと、明治天皇は思っていた。そのため、皇太子に帰国をとどまるよう、西徳二郎駐露公使からロシアのニコライ・ギールス外相に直談判させている。また明治天皇は、伊藤にもシェーヴィッチ駐日公使を説得するよう命じた。

伊藤と会談したシェーヴィッチ駐日公使は、皇太子の帰国は本国からの命令で、皇后が心配しているからだと説明した。その代わりシェーヴィッチは、明治天皇が神戸のロシア船を訪れてくれるように要請する。

明治政府の面々は、天皇がロシア船で連れ去られることを心配した。しかし明治天皇は、「泰然として」こう言った。

「朕応《まさ》に行くべし、露国は先進文明国なり、豈《あに》敢《あ》えて爾等《なんじら》の憂慮するが如き蛮行を為さんや」（『明治天皇紀』一八九一年五月一九日条）

この発言は、脚色されているかもしれない。当時、侍従武官だった一戸兵衛《いちのへひょうえ》によると、伊藤や黒田清隆が再考を促し、侍従たちも引き留めたが、明治天皇は静かに、「行こう」とだけいって、理由は説明しなかったという（『「明治天皇紀」談話記録集成』〔四〕九六〜九七頁）。

明治天皇は、ごくわずかな供を従え、皇太子の待つロシア艦へ向かう。警戒心も露わに、大勢の軍人を引き連れて行くのを好まなかったのだろう。

日本への好印象は変わらず

五月一九日の訪問は、船上でロシア側が大いに歓待し、明治天皇も、快くもてなしを受けた。

明治天皇はこのときのことを、アレクサンドル三世に宛てた書簡で、つぎのように書いている。

「殿下の軍艦を訪《おとな》い、共に午餐《ごさん》するの欣栄《きんえい》を得《え》、親しく殿下の温雅なる清容に対接し、快活談笑して、互に胸襟を開くを得たるは、実に大津事変の後、朕が最前最後の悦喜《えつき》なりし」（「露国皇太子遭難事件関係資料雑纂」）

明治天皇は、皇太子との食事を、事件が起きてからもっとも喜ばしいことだったと伝えている。社交辞令なのは否定しないが、シェーヴィッチ公使も、明治天皇がこのように高い声で談笑されているのを拝見したことがないと語った（『明治天皇紀』一八九一年五月一九日条）。

ニコライはこの日の日記に、明治天皇の印象を記している。

「陛下は前回よりは陽気かつ元気に歩かれており、両足が進んで陛下のいうことをきくようになった」（保田『最後のロシア皇帝ニコライ二世の日記』四六頁）

ニコライは明治天皇を見送ると、この日の夕方に、ウラジオストクへ向けて出航した。彼は、同じ日の日記にこうも書く。

「この興味深い国を去るのは非常に悲しいというのは不思議だ。この国のすべてが最初から私の気に入り、四月二九日の事件でさえも悲哀や不快感を残していない」

帰国後も、彼は日本へ温かい気持ちを示した。事件の翌年に、皇室から記念品を受け取ると、彼は「おおきに有難う」と、日本語で礼を述べる。また「一人の所為《しよい》の為《ため》に日本人民一般の厚情は毀《こわ》れざるなり」と述べて、恨みはないとアピールした（外務省政務局第三課編『日露交渉史』〔上〕一六三頁）。ただし、それからも時折、日記に「大津」と書いているように、トラウマは残っている。

犯人は無期懲役

事件の後始末に話を戻そう。最大の問題は、犯人を死刑にするかどうかだった。この難問を解決しようと、榎本が伊藤に頼まれて、犯人は無期徒刑にする他ないとシェーヴィッチ公使に告げて探りを入れた。公使は激怒し、死刑を求めた。報告を受けた神戸の伊藤は、ロシア側がこの点にだけは強いこだわりがあることを、松方首相に手紙で知らせている（春畝公追頌会『伊藤博文伝』〔中〕七六二～七六七頁）。

伊藤は死刑に賛成だ。榎本も、京都の会議で死刑を求めた。一八五九年にロシア人が横浜で暗殺された時、ロシア側が犯人の処刑と地方官を罰することを求めたので、先手を打って、こうした措置をとればどうかと提案する（林『後は昔の記』一九八～一九九頁）。

伊藤とは幕末からの親友である、元老の井上馨も、五月二五日に伊藤へ書簡を送る。法曹界や、枢密顧問官の井上毅《いのうえこわし》が死刑に反対しているが、もし死刑にできなかったならば、「国家の危難が生じる」ので、明治天皇が聖断を下すほかないと、井上は訴えた（井上馨侯伝記編纂会『世外井上公伝』〔四〕一六八頁）。

政府の意見は死刑でまとまっていた。しかし、五月二七日に開かれた大審院の裁判で、津田には無期懲役が宣告された。伊藤や松方内閣、そしておそらく明治天皇にとっても、予想外の判決であった。

ロシアで奔走していた西徳二郎公使も、「予想外の処分」に驚き、「一時は不快」であったと榎本に書いている。そして、皇太子ではなく皇帝が負傷していたら、同じ判決になっただろうか、と不満を記した（坂本『男爵西徳二郎伝』一四七頁）。

ロシアをなだめる

明治政府にとって恐ろしいのは、ロシア側の反応である。

判決の直後に責任を感じて辞職した青木周蔵《あおきしゅうぞう》外相に代わり、松方首相は陸奥農商相を外相に移そうとした。だが明治天皇が「怡《よろこ》びたまわず」、榎本が選ばれた（『明治天皇紀』一八九一年五月二九日条）。

明治天皇はこの難局に、ロシアをよく知る榎本の手腕を欲した。榎本は、松方首相に外相就任を求められると、井上馨や副島種臣が適任だと断る。しかし、明治天皇の「再度の勅命」により、「御辞退すべき時にあらずと決心」したと、黒田へ書いている（合田『古文書にみる榎本武揚』二七二頁）。

明治天皇の努力はつづく。六月四日には、シェーヴィッチ公使が、事件に際して「日露両国の親交を保持せんことに尽力」したということで、明治天皇と皇后から、公使夫妻とその娘に、さまざまな下賜品が与えられたうえ、天皇は昼食をともにしている。皇后は前月から風邪をこじらせて寝込んでいたが、無理をおして同席した（『明治天皇紀』、『昭憲皇太后実録』一八九一年六月四日条）。

明治天皇夫妻は、強硬派の公使をなだめるためなら、体調不良もいとわなかったのである。

大津事件の幸運

六月三日に西駐露公使と会談したギールス外相は、津田には死刑の判決が下り、ロシア側が赦免を請うのが「好都合」だったと語っている。来日した皇太子を、平民と同じ扱いにした判決に、外相は不満であった。しかし、「之を以て満足するの外《ほか》なき」と引き下がる。

榎本外相と会見したシェーヴィッチ駐日公使も、判決は「日本政府の軟弱なる一徴候」であるとしたが、皇帝アレクサンドル三世が死刑を求めるつもりがないため、追及を控えた（『日本外交文書』〈以下、『日外』と略記〉［二四］一八七頁）。

滞日中のニコライの扱いを日本の皇族並みにするという覚書は、シェーヴィッチが離任してから、ロシアの代理公使の好意で林《はやし》　董《ただす》外務次官に返却され、なかったことにされたという（林『後は昔の記』二〇二頁）。

事件が一段落した六月一一日に、判決について説明しに来た大審院長の児島へ、伊藤は「戯《たわむ》れて」こう声をかけた。

「随分裁判官は無鉄砲をやるものなり。併《しか》し今度は僥倖《ぎょうこう》にも大当たりなり」（児島『大津事件手記』一三九頁）。

大津事件はまさに「僥倖」、つまり運が良かった。仮に、ロシアが大津事件を口実に開戦していても、当時は不思議ではない。第一次世界大戦も、セルビア人によってハプスブルク家の皇位継承者が暗殺された事件が発端なのを思い起こせば十分だろう。

ただし、運だけで事件が収束したわけではない。ロシア皇室と皇太子の気持ちを和らげたのは、明治天皇夫妻の必死の皇室外交である。その明治天皇が頼りとしたのが、伊藤や榎本、有栖川宮家の兄弟といった、ロシアとつながりの深い人びとだった。彼らの奔走がなければ、大津事件はまた違う結末を迎えていただろう。

大津事件をきっかけに、ロシアとの戦争は起きなかった。しかし、父の急死により、皇太子がニコライ二世として即位した一八九四年から、日露関係は、にわかにきな臭くなる。

3　三国干渉の衝撃

シベリア鉄道という脅威

大津事件は、日本に充満しつつあった、ロシアへの恐怖心の裏返しでもあった。新聞などで、ロシアの極東進出が盛んに書き立てられたのも、ちょうどこのころだ。

そのきっかけが、シベリア鉄道の敷設だった。一八九一年、皇帝アレクサンドル三世はシベリア鉄道の敷設を決定した。財政への負担を理由に反対する大蔵大臣を押し切ったのが、当時は交通省鉄道局長のセルゲイ・ウィッテであった。北米ではすでに一八六九年にアメリカが、カナダでは一八八五年に大陸横断鉄道を完成させている。これらに刺激を受けたウィッテは、アジアとの通商拡大、農村の余剰人口の移出、重工業への刺激を目論んで、シベリア鉄道の計画を推し進める。ウィッテはまもなく交通大臣、大蔵大臣と出世して、ロシア帝国を切り盛りすることになる。

ロシア軍を大量に、かつ迅速に極東へ運ぶシベリア鉄道は、日本には脅威だ。山県有朋陸軍大将は、一八八八年の「軍事意見書」で、「露国の志《こころざし》」は「侵略」にあると記した。ロシアは、シベリア鉄道が竣工すれば、必ず朝鮮かインドへ勢力をのばしてくる。鉄道竣工の日は、「則《すなわ》〔即〕ち露国が朝鮮に向て侵略を始むるの日」だと警告した（『山県有朋意見書』一八〇頁）。

では、なぜシベリア鉄道の完成で朝鮮半島が危うくなるのか。山県によれば、ロシアはシベリア鉄道を竣工させたら、ウラジオストク港を活用する。しかし、その港は冬には凍りつく。そこでロシアは、「他の良港を得て、以て西伯利《シベリア》鉄道の利益を十分」にすると予想した。具体的には、朝鮮半島の不凍港が狙われるという（同前）。

山県のこうした見方は、一八九〇年の「外交政略論」、九三年の「軍備意見書」でも、表現を変え、くりかえし説かれている。「主権線」である日本本土の防衛に、「利益線」の朝鮮半島が不可欠と見る山県からすれば、朝鮮に手を伸ばすロシアは敵でしかない。

現地視察

なお、伊藤は一八八八年九月に、ウラジオストクに五日間滞在している。シベリア鉄道の着工が近いという噂があるなか、朝鮮をまわったうえでの視察だった。伊藤は現地を見て、今後に備えたかったのだろう。

伊藤は日本海軍の船で、このロシア極東最大の港町に上陸した。同行したのは、西郷隆盛の弟、西郷従道《じゅうどう》海相だ。彼はこの前年に、サンクトペテルブルクを訪れ、ロシア海軍に歓待されている。ウラジオストクでは、伊藤と西郷はアレクサンドル・ミハイロヴィッチ大公に昼食へ招かれた。あの稲佐なまりの日本語を話すロシア皇族だ。

この訪問はかなり唐突だったようで、入港の事前通告は数日前だった。大隈重信外相は、シェーヴィッチ駐日公使への弁明に追われる。西郷海相のウラジオストク訪問に伊藤が同行したのはまったくの偶然だ。両国の友好関係を温める他に、どんな政治的な意図もない。日本海軍が朝鮮半島の東岸を航行したのも、朝鮮問題とは関係ないと、大隈は弁解した（*Строева*, Россия и Япония. С. 16）。

ただ、伊藤の視察は、ロシアと朝鮮が関係を深めているタイミングでおこなわれ、偶然とも思えない。伊藤来訪の直前に、露朝陸路通商章程が結ばれ、朝鮮はロシアとの交易のため、沿海州と隣り合う慶興《キョンフン》を開いていた（李成市ほか編『朝鮮史』［二］三一頁）。

帰国した伊藤は、シェーヴィッチに、ウラジオストクではロシア太平洋艦隊や税関の長官たちから歓迎されたと感謝を述べた。しかし、枢密院議長の伊藤と、ロシアでは薩摩閥のリーダーとみなされていた西郷の視察に、ロシア側は疑いの目を向け、シェーヴィッチはこう本国へ報告した。

「日本の高官たちの視察は、もしロシアが朝鮮半島で、日本海への新しい出口を開くならば、その可能性のありそうな場所を確認するのが目的だった、と確信しています」(*Строева*,Россия и Япония. С. 16)

朝鮮をめぐる、日露の疑心暗鬼がはじまっていた。

朝鮮半島をめぐる争い

一九世紀末に日露関係が悪化するのは、朝鮮半島の支配権をめぐってだ。征韓論もそうだが、隣国の朝鮮との関係は、明治の初めから難題だった。ようやく日朝の国交が開かれたのは、一八七六年である。

朝鮮の開国後、日本はこの国から清朝の影響力を排除し、自らの下に置こうと試みてきた。朝鮮をめぐる日清両国の争いは、ついに戦争となる。一八九四年に朝鮮半島で、農民に浸透していた新興宗教「東学《トンハク》」が、政府の改革を求めて反乱を起こす。まず、朝鮮政府の要請を受けて、清朝が鎮圧のため出兵した。日本も、六月二日の臨時閣議で出兵を決める。

日清両国の出兵となり、あわてた朝鮮政府は、東学党と和解した。乱の鎮圧が必要なくなったとして、朝鮮は両軍に撤兵を要請する。しかし、両軍は朝鮮でにらみあいをつづけた。双方とも、朝鮮にいる自国民の保護を掲げてはいたが、特に日本側は、この一戦に朝鮮半島の支配権を賭けていた。

ロシアは清朝の実力者、李鴻章《リイホンチヤン》の依頼で、調停に乗り出す。一八九四年六月三〇日には、ミハイル・ヒトロヴォ駐日ロシア公使が、清と日本が同時に撤兵する案を出す。ヒトロヴォは陸奥外相との会談後に、ギールス外相にこう書き送った。

「自分の意見に酔った日本人を正気にもどす教訓は清国から不可避的に与えられるほかない。彼らは一時の成功は得られるかもしれないが、最後に勝つのは清国軍だ」（和田『日露戦争』［上］一一七頁）

やぶ蛇だったロシアの調停

陸奥外相からロシア公使の提案を黙って見せられると、しばらく考えたあとで、首相の伊藤博文はこういった。

「吾人は今に及び、如何にして露国の指数に応じ、我軍隊を朝鮮より撤去し得うべきや、と確信せり」（陸奥『蹇蹇録《けんけんろく》』五九頁）

伊藤はそれまで、清朝が兵を引き上げれば、日本も撤兵する方針だった。しかし、ロシアの言いなりになって撤兵はしない、と決意を固める。申し入れのあった翌日の七月一日に、伊藤は首相官邸に重臣たちを招いて、ロシアが提起した日清両軍の同時撤退という案

陸奥宗光（アメリカ議会図書館蔵）

は、時機ではないと回答すると決めた（春畝公追頌会『伊藤博文公年譜』二二八頁）。ロシアは、かえって火に油を注いだようなものだ。

伊藤は、ロシアとは犬猿の仲のイギリスの力を借りて、戦争に備える。ロシアから撤兵を要求された六月三〇日に、頼りとすべきはイギリスであると、伊藤は陸奥外相へ書く。翌日にも、横浜に停泊するイギリス艦隊に、なるべく朝鮮の近海を航行するか、横浜にとどまるように依頼するよう、陸奥に指示した。ただ、イギリス外相は、ロシアと同じく、日清両軍を同時に撤兵させることを日本政府に申し込む。日本もイギリスの申し出は断れず、清朝との交渉をつづけることになった（伊藤『伊藤博文』三七一頁、大谷『日清戦争』五三頁）。

ロシアも、調停のため日清露の三ヵ国で委員会を作ろうと、駐清ロシア公使のアルトゥール・カッシニが計画する。だが、ギールス外相は日清の争いに巻き込まれるのを嫌い、七月七日に不干渉を命じた。七月一〇日には、駐露公使の西徳二郎から外務省へ、ロシアの武力干渉はないとの情報が入る。

それでも伊藤は、開戦に慎重だ。七月一二日には、「開戦の理由尚充分なら」ずと、開戦を迫る松方元首相と言い争う。伊藤の背後には、戦争を望まない明治天皇がいた（瀧井『明治国家をつくった人びと』三〇九〜三一〇頁）。

しかし、李鴻章が援軍と武器を朝鮮に送るという情報が入って、日本政府は七月一九日に開戦を決定した。七月二三日には、日本軍が朝鮮の王宮を占領する。これが、日清戦争、中国では甲午戦争《ジアウチャンチョン》と呼ばれる戦争の始まりとされる。日清両軍は、七月二五日の豊島《プンド》沖海戦から直接戦火を交えた。

なお、明治天皇は伊藤の要請を受けて、やむなく八月一日に宣戦の詔を発したが、「今回の戦争は朕素《もと》より不本意なり」と不満をもらした（『明治天皇紀』一八九四年八月一一日条）。

ロシア皇帝の崩御

朝鮮の「現状維持」を望むロシアにすれば、日清戦争はどちらにも勝ってほしくない、悩ましい戦争だった。一八九四年八月二一日の大臣会議では、つぎのように決める。ロシアは中立を宣言しないが、この戦争には参加しない。両国が停戦して、和平協定を結ぶように働きかける。そして、和平協定は朝鮮の「現状維持」を基礎に置くこととする。

戦争は日本の優位で進む。一〇月二四日には日本軍が鴨緑江《アムノッカン》を越え、清朝の領土に攻め込んだ。一一月二一日は、日本軍が遼東半島の要塞、旅順《リュイシュン》を占領する。

日本が快進撃をつづけていたころ、ロシアでは一大事が起きていた。一八九四年一一月一日に、皇帝アレクサンドル三世が腎臓病で世を去ったのだ。明治天皇は、やはり二一日間の服喪を命じているが、今回は戦時中ということで宮中のみ、軍人や官吏は免除される。

この前日に、伊藤は井上馨への手紙で、皇帝が危篤なので、ロシア政府はしばらく日清戦争に手出しはしないだろう、と書いている。イギリスも「泣寝入」しているうちに、あと二ヵ月くらいで戦争に片をつけたいというのが、伊藤の希望だった(「『井上馨関係文書』所収伊藤博文書翰翻刻(続)」三四頁)。

三国干渉を主導したロシア

しかし、日本の勝利の見通しと、新皇帝の即位により、中立を守ってきたロシアの方針が変わる。新皇帝は、大津事件を経験した皇太子、すなわちニコライ二世である。

一八九五年二月一日に開かれた大臣会議の結論は、やはり中立だったが、日本がロシアの国益を損なう要求を講和条件にしたら、イギリス、フランスなどと協調して、日本に圧力をかけるとも決まった。

日清戦争への不介入政策に不満のヒトロヴォ駐日ロシア公使は、一八九五年三月に本国へ進言した。

遼東半島付近図（『日本外交史 別巻4 地図』鹿島研究所出版会をもとに作成）

「ロシアにとって最も有利なのは、日清戦争前の極東における現状維持を守ることである」

そして、朝鮮において日本が清朝に代わるのを防ぐのが、今やロシアの任務だと主張した。この報告書にニコライ二世は、「非常に要をえた分かりやすい報告」と書き込んだ（保田「明治時代の日露関係」四二頁）。

一八九五年四月一日、日本の講和条件が下関で李鴻章に示される。清朝からその条件を伝えられたロシアは、干渉に踏み出す。四月一一日の大臣会議は、日本が遼東半島の割譲を要求したことに、大臣たちはそろって危機感を表明した。日本が満洲に手をかけるのに、特にウィッテ蔵相が懸念を示す。会議は干渉でまとまった。

ロシアによる干渉への呼びかけにフランス、ドイツが応え、三ヵ国の駐日公使が四月二三日に日本政府へ勧告した。ロシア公使が渡した勧告文にはこうある。

ロシア政府は講和条約を点検し、遼東半島を日本が所有するのは、清朝の都、北京を危くするだけでなく、朝鮮の独立も「有名無実」にし、「極東永久の平和」の障害になると判断した。「誠実なる友誼」として、遼東半島を放棄するよう勧告する、と（『日本外交年表並《ならびに》主要文書』［上］一六九～一七〇頁）。

予想外だった露仏独の連携

じつは、伊藤は前々から、ロシアが講和に口を出してくるのを予想していた。四月一五日には、井上馨へ書く。ロシアは「大陸分割には内心不同意」なのは明白だ。朝鮮については、ロシアは必ず何か提案してくるにちがいない。けれども、まだその時は到来していないようだ、と（『井上馨関係文書』所収伊藤博文書翰翻刻」［続］三六頁）。

伊藤が予想を外したのは、そのロシアに、フランスとドイツが加勢したことだ。遼東半島も、朝鮮も、この二ヵ国と利害関係は直接ない。それなのにロシアに加勢したのは、ヨーロッパの政局との関連からだろう、と伊藤は分析した。そのうえで伊藤は、三つの対案を練る。①勧告を拒絶。②遼東半島については国際会議で決める。③勧告を全面的に受諾（『伊藤博文公遺墨集』記録三四）。

勧告の翌日に、伊藤も出席した御前会議で、この三案が検討された。激しい議論になったが、結論は②となる（春畝公追頌会『伊藤博文伝』〔下〕二一五頁）。②は支持者が多い。伊東《いとう》巳代治《みよじ》内閣書記官長は、露仏独の公使と、東京か京都で協議することを提案する（『伊藤博文関係文書』〔二〕三二二頁）。榎本も、ロシアを招いて国際会議を開き、朝鮮を「永世中立国」にした方が良い、と伊藤に手紙を書いた（同前〔三〕一八四頁）。

しかし、伊藤は反論する。

会議を開くとイギリスを招かざるをえず、そうすると台湾まで議題に上がるかもしれない。さらに、ロシアは必ず会議を承諾せず、回答を要求してくるのはまちがいない。たとえ露仏独の三ヵ国が会議開催をめぐって意見が分かれても、ロシアの決意は固く、独仏が日本に味方しないならば、「何の益もなし」（「資料紹介『伊東巳代治関係文書』所収伊藤博文書翰翻刻」〔上〕一八頁）。

伊藤は、黒幕のロシアが要求を引き下げないかぎり、会議を開いても無駄だと考えた。

こうして日本政府は、一八九五年四月三〇日に、遼東半島の一部を除いて返還すると、露仏独に通告する。しかし、条件付きの受諾に不満なロシアは、この通告を拒否。結局、日本政府は遼東半島をすべて返還し、代わりに清朝は日本へ還付金を支払う条約が、一一月八日に結ばれた。

冷めたドイツ熱

干渉の最後の段階で、もっとも強硬な姿勢を示したのは、ドイツの駐日公使である。ドイツでは、皇帝ヴィルヘルム二世が、台湾の領有に野心を燃やしていた。これも伊藤には予想外だった。ドイツ人の医師トク・ベルツは、伊藤がつぎのように語ったと回想している。

「われわれの態度になんの罪科もないドイツのこの敵対行為は、われわれにとって実にひどい、全く挑戦的な侮辱であり、われわれ独自の事件への不当極まる干渉であるとしか見えなかったのです」(『ベルツの日記』[上] 三一九〜三二〇頁)

もともと伊藤は、ドイツびいきだった。一八八五年三月には、ドイツのビスマルク首相を賛美し、ドイツとの友好を重視する発言をして、イギリスの駐日公使にたしなめられている(小林『一九世紀イギリス外交と東アジア』二二四頁)。

また伊藤は「日本のビスマルク」と呼ばれたが、ベルツによると、「そう呼ばれるのに、まんざらでもない様子だった」（『ベルツの日記』〔下〕四一五～四一六頁）。

しかし、三国干渉でドイツに煮え湯をのまされ、伊藤のドイツ熱は冷める。三国干渉の翌年、『ニューヨーク・タイムズ』のインタヴューではこう語っている。

「われわれは列強のわが国に対する態度と列強相互の態度を研究する重要性を悟りました。ドイツはロシアやフランスと一緒にならないとわれわれは思っていたのですが、間違っていました」（『外国新聞に見る日本』〔三―上〕四五頁）

その一方、朝鮮半島についてはロシアと交渉するのが重要だと、三国干渉は伊藤に教訓を残した。

「われわれが望むのは、わが国にとって脅威になりそうな海外列強を朝鮮から遠ざけておくことだけです」（同前）

朝鮮に接近するロシア

三国干渉により、やむなく遼東半島を返還した日本は、その後はロシアへの「臥薪嘗《がしんしょう》胆《たん》」を誓い、一〇年後に雪辱を果たした。教科書でも見られるそうした記述は、根拠がないわけではない。だが伊藤、井上、山県という長州の三人の元老からすれば、むしろロシアとの宥和に期待し、裏切られつづけた、「失われた一〇年」だったといえよう。

三国干渉後、最初にロシアへの接近を唱えたのは、朝鮮公使だった井上である。日清戦争後、朝鮮は清朝に代わってロシアに頼る。この状況を憂えた井上は、一八九五年五月三日に政府へ書簡を送った。アジアで孤立したまま「国益を計画するは非常に難件」なので、「魯と提携するの方針」をひそかに立ててはどうか、という内容だ（井上馨侯伝記編纂会『世外井上公伝』［四］五三五頁）。

しかし、日本の壮士らは王宮に侵入し、ロシア寄りの王妃、閔妃《ミンピ》（明成皇后《ミョンソンファンフ》）を殺害する。事件の一報を受けて、首相の伊藤が心配したのが、ロシアの反応だ。事件翌日の一〇月九日に、西園寺公望《さいおんじきんもち》外相へあてた手紙では、ロシアとの外交に「先鞭を着け」て、すぐにロシアの駐日公使と面会し、西駐露公使へも今日中に電報を送るよう依頼した。そして、その電報案ができたら、自分のもとに届けるよう記す。事件への関与が疑われる駐韓公使の三浦梧楼《みうらごろう》は、懲戒免職にして、帰国を命じるほかないとも書く。いかに伊藤がロシアを気にかけていたかがわかる（『元勲・近代諸家書簡集成』二五頁）。

王妃殺害は逆効果にしかならず、朝鮮政府ではクーデターが起きて、親日派の政権が倒された。ついには、ロシアの水兵が護衛するなか、国王と皇太子も王宮からロシア公使館へ移る。宮廷も政権もロシアの影響下に入り、日本の力は後退した（露館播遷《ろかんはせん》）。

三浦につづく朝鮮公使の小村寿太郎《こむらじゅたろう》は、ロシアとの協議が急がれるという電報を、一八九六年二月一六日付で送っている。首相の伊藤も、今後のために、ロシアと朝鮮問題で合意しようと動く。

戴冠式へ行きたい

折よく一八九六年に、ニコライ二世の戴冠式がモスクワで挙行されることになった。北白川宮能久親王は、出征先の台湾から、派遣を熱望する手紙を伊藤首相に送っている。即位式に出てロシアとの親交を厚くし、諸外国をまわって軍事研究もしたいと記す（『伊藤博文関係文書』〔四〕三二六〜三二七頁）。

しかし、この手紙を書いてから一ヵ月後に、北白川宮は台湾で病死した。そこで、戴冠式には伏見宮貞愛《ふしみのみやさだなる》親王が派遣される。伊藤博文の養子である伊藤博邦《ひろくに》も、宮内省式部官として伏見宮に随行した。

伊藤博文も自ら戴冠式に出席して、ロシア政府の高官たちと会見しようとする。しかし閣僚たちは、首相の渡航は、内外で問題を抱えているときに、いかがなものかと反対した。結局、山県有朋の派遣が一八九六年二月二一日に決まった。伊藤は山県が行くのを嫌がっていると耳にして、やはり自分が行くと息巻いたが、明治天皇の意向もあり、思いとどまる（『明治天皇紀』一八九六年三月一日条）。

じつは山県の派遣は、駐露公使の西徳二郎が迷惑していた。伏見宮の派遣が決まっているのに、さらに山県を派遣するのはどういうことかと不満だ。伊藤ならば「唯《た》だ外国賓客の資格」で来られた。しかし、山県に大使として来られては、公使である自分の面目がつぶれると抗議している（『秘書類纂』〔雑纂二〕三二六～三二九頁）。

だが、伊藤を差し置いても、山県はロシアへ行く。そこには、山県なりの覚悟があった。

外交に賭けた山県

戴冠式参列は、山県にとって二度目のロシア訪問である。彼はヨーロッパを視察していた一八七〇年春に、サンクトペテルブルクとモスクワを訪れたことがあった。

だが、山県のロシアに対する見方は終始厳しいものだ。山県は帰国から一年して兵部大輔に就任し、明治政府の軍政を預かる身となる。そして「兵部省意見書」を一八七一年一二月に提出して、軍備拡充を訴えた。この意見書では、「北門の強敵」ロシアが南進する危険性が切々と訴えられている（『山県有朋意見書』四三～四六頁）。

しかし、日清戦争中に山県は、むしろ、ロシアと組むべきという考えに変わっていた。三国干渉直前の一八九五年四月に、山県は陸奥外相に書簡を送って、つぎのように説いている。

日本の講和条件が世界に伝われば、世界の強国が反対する。ならばいっそのことロシアと提携して、「利益を交換するの外《ほか》策なかるべし」。清朝はイギリスと仲が良い。だから組むべきはロシアである、と山県は陸奥外相に説き、伊藤首相にも伝えるように書いた（『明治天皇紀』一八九五年四月五日条）。

ニコライ2世の戴冠式での山県有朋（前列中央、ロシアの『1896年戴冠式記念写真帳』より）

山県の日露同盟案は、三国干渉のために日の目を見なかった。そこで彼は、別の策を考える。山県の秘策は、日露で朝鮮半島の勢力圏を分割することだ。この案は、駐日武官のコンスタンチン・ヴォーガク陸軍少将からの提案だと、山県は陸奥に明かしている。陸奥は交渉に乗り気ではなかったが、日露両国の軍隊の衝突を避けるため、軍隊を派遣する場所を分ける交渉をするよう、ロシアへ行く山県への訓令に付け加えた（長岡「山県有朋の露国派遣と日露協定」一七頁）。

山県に協力したロシア人

山県の背後では、日露の衝突を避けようと、ロシアの外交官も動いていた。西園寺外相に提出した報告書によれば、ヒトロヴォ前駐日公使が、山県より先にロシアへ帰国して、朝鮮問題や日本の事情について、アレクセイ・ロバノフ外相に詳しく説明するなど、話し合いがうまくいくように根回しをしていた（「露国皇帝戴冠式参列山県（有朋）特命全権大使復命書」）。

ちなみに、ヒトロヴォは東京を離れる前に、山県の派遣は、日本で「われわれとの直接的な、全面的な協定が必要だという意見が勝利したことを証明している」と、本国へ書いている（和田『日露戦争』［上］二二二頁）。

また、おそらくヴォーガクを通じて、ロシアのアレクセイ・シペイエル駐韓代理公使も山県の意見を知っていた。山県の派遣が決まると、つぎのように本国に書く。

「わが国との協定の確信ある支持者である山県元帥が特使に任命されるということは重大な意義がある」（同前二二〇頁）

だが陸奥外相には、山県の張り切りは苦々しい。日清戦争後、陸奥は、朝鮮半島への不干渉を方針としていたからだ。陸奥はこのころ、朝鮮をめぐってロシアと戦うのか、それとも朝鮮を放棄するのかと閣議案で問う。陸奥が勧めるのは後者だ。朝鮮に深入りすれば、ロシアと対立する。しかし、ロシアと戦争しても勝てない。そこで陸奥は、ロシアが朝鮮半島に勢力をのばしても、日本は自重するべきだと主張した（佐々木『帝国日本の外交』五九頁）。

だが陸奥の意見は重んじられず、山県がロシアとの交渉へ行く。結局、山県が帰国する前に、陸奥は辞職した。

山県＝ロバノフ協定

山県は日露双方の期待を背負って出発した。慎重な彼は、まずはロシアの同盟国であるフランスに滞在して友好を温め、ロシアとの外交がうまくいくように根回しする。

ロシアでの交渉は一応、成功した。山県はロバノフ外相と一八九六年六月九日に四ヵ条からなる協定を結ぶ。重要なのは、公表されなかった秘密条項である。そこでは、朝鮮の治安が乱れて両国が出兵した場合、衝突を予防するため、両国は非占領地帯を設けることが決まった。また朝鮮内に日露同数の兵力を置くことも定める。明確にどこで線を引くかまでは決められなかったが、日露は朝鮮半島で等しい力を持つことを認め合った。山県は、協定には満足ではないとイギリスの駐露大使に語っている。だが帰国後には、「日露協商を成就」したと明治天皇に労《ねぎら》われた（『明治天皇紀』一八九六年七月二八日条）。

首相の伊藤は、この協定に満足しているかとイギリスの駐日公使に聞かれて、答えた。

日本は朝鮮の独立を望んでおり、ロシアも朝鮮を占領するような意図は一切ないと言明しているので、その点で両者の考えは一致している。もちろん日本政府が要望しているのは、たんに多数の日本人居住者を保護したいということである。両者の協定はそれ以上のことには及んでおらず、双方が衝突する危険は避けられるだろう（『アーネスト・サトウ公使日記』一八九六年七月一三日条）

伊藤は、協定は大成功とはいえないが、ロシアとの争いは避けられたという。翌年にも、カナダの新聞の取材で伊藤は、「日本とロシアは朝鮮の独立を認めることに合意し、中国もこれに従わされたので、この半島をめぐるロシアと日本の対立はもはやあり得ないと断言した」（『外国新聞に見る日本』〔三―上〕一〇三頁）

しかし、朝鮮をめぐる両国の鞘当ては、まだはじまったばかりだった。

ロシアが旅順と大連を租借

ロシアは戴冠式のさなか、清朝と同盟を結び、満洲を横断する鉄道を敷く権利を得た。これが中東鉄道である。清朝との同盟を推進したのは、大蔵大臣のウィッテだった。彼はシベリア鉄道も管轄下に置いており、安価なうえに工期も短い、満洲をショートカットする路線の計画にひかれていた。何より、この路線があれば、いつでもロシア軍を満洲に迅速に展開できる。

さらにロシアは、一八九八年三月に、日本が三国干渉によって清朝に返還した、遼東半島の一部を租借する。租借とは、他国の領土を、条約によって借りることだ。ドイツが膠《チアオ》州湾《チヨウ》を租借したのに便乗した。遼東半島の旅順《ポルト・アルトウール》は太平洋艦隊の軍港に、大連《ダーリニー》は商港となる。のちに両港は、中東鉄道を経由してシベリア鉄道と接続する。ロシアが清朝から寄せられていた信頼を裏切ったことで、露清同盟には終止符が打たれた。

ロシアは清朝との提携より、不凍港の獲得を選んだ。その背景として、以前からニコライ二世が、東アジアでの不凍港に執着していたのは無視できない。一八九五年四月六日の外相の上奏文に、皇帝はこう注記している。

「ロシアにとり、一年中出入自由の開かれた港が絶対に必要である。この港は、大陸（朝鮮の南東）にあって、我々の従来からの領土と地続きでなければならない」（佐々木『一九世紀末におけるロシアと中国』五六頁）

それだけに、旅順の獲得をニコライ二世はことのほか喜んだ。一八九八年三月二八日の日記に、彼はこう記す。

「昨日久しく望まれた事件が成就した。ロシアは太平洋岸に旅順という不凍港とシベリア鉄道の自然な出口を獲得したのだ」（和田『日露戦争』［上］二七七頁）

西＝ローゼン協定

こうして、ロシアは中国に新しい地歩を築いた。ロシアの南下は、日本を刺激せずにはおかない。しかし首相の伊藤は、一八九八年一月一〇日の御前会議で、現在の日本にはロシアに対抗する武力も財政もないとして、イギリスも威海衛《ウエイハイウエイ》を中国から租借しつつあるなかでも、日本は領土の租借を求めない方針を決める。ただし同年四月には、植民地である台湾の対岸にある福建省を、各国に譲らないことを清朝に約束させた。

旅順の租借と時を同じくして、ロマン・ローゼン駐日ロシア公使から西徳二郎外相に、新しい協定を締結したいという申し込みがあった。

ローゼンは、アジアにおけるロシアの敵は、過去も将来もイギリスであって、日本がイギリスと手を組まないようにするため、日本と協定を結ぶべきだと、一八九七年四月に本国へ訴えた。彼は日本海軍の力をとりわけ重く見ており、大陸国家であるロシアは、海洋国家である日本との提携で、極東ではイギリスを封じ込められると考えた（*Симанский. События на Дальнем* Востоке... Ч. 1. С. 237-238）。

一八九七年一〇月、「朝鮮《チョソン》」は国号を「大韓《テハン》」と改め、高宗は皇帝に即位した。本書では、この大韓帝国を韓国と略記する。そのころから韓国では、影響力を拡大していたロシアへの反発が大きくなる。ロシアの軍事や財政の顧問たちが退去を求められた。しかしロシアとしては、顧問たちが引き揚げたあと、韓国で日本の動きを封じるためにも、日本と協定を結ぶ必要がある。このローゼン公使の意見が、ミハイル・ムラヴィヨフ外相に認められた。

一八九八年四月二五日、東京において、西徳二郎外相とローゼン公使のあいだで議定書が調印された。いわゆる西＝ローゼン協定である。この協定でロシアは、朝鮮半島での商工業などにおける、日本の優越を認めた。日本は引き替えに、ロシアの旅順と大連占領を黙認した。協定締結後、ロシア人顧問は、韓国から一斉に引き揚げた。

ムラヴィヨフ外相は皇帝に、日本との協定のメリットを上奏した。

「日本が朝鮮の独立を認め、朝鮮に過度に干渉し始めないのであれば、今我々に必要なことはこれで満たされます」（ルコヤノフ「世紀転換期のロシアと日本」一一七頁）

韓国を狙うロシア海軍

だがロシアでは、野心を捨て切れない海軍が不満を募らせる。パーヴェル・トゥイルトフ海相をはじめ、海軍の軍人たちは、旅順を取ってからも、朝鮮半島の港に未練があった。

ロシア海軍が目をつけていたのは、朝鮮半島南東部である。ここならば、旅順とウラジオストクの中間地点のうえに、対馬海峡で日本の艦隊に阻まれることなく、太平洋へと出られる。「最も簡単な解決法は我々が釜山《プサン》を占拠することである」と、海軍ではささやかれていた(ソボレフ「一九世紀末朝鮮における露日両国の帝国権益対立の歴史」一七八頁)。

トゥイルトフ海相も、釜山から遠くない馬山浦《マサンポ》(現在の昌原《チャンウォン》)に港が必要だと、ムラヴィヨフ外相に提案する。しかし外相は、そんなことをすれば、「平和的に終わることはあり得ない」と、一八九八年六月に冷たくあしらった(同前一八〇頁)。

それでも、ロシア海軍は諦めない。旅順の租借から一年後、東京の神田にあるロシア正教会を、フョードル・ドゥバーソフ提督が訪れた。彼は一八九六年から翌年にかけて太平洋艦隊の副司令官を、一八九七年から一九〇一年には司令官を務めた。ドゥバーソフ提督はニコライ大主教に、日本との戦争が避けられないと語る。ニコライがその理由を尋ねると、提督は答えた。

「朝鮮です。われわれには朝鮮が必要です。朝鮮を取り、われわれの領土とせねばならない。ところが日本は朝鮮にあまりにも多くの利権を持っており、そのためロシアに対し宣戦布告せざるをえない」

「なぜロシアに朝鮮が必要なのですか」

「太平洋への出口を持つためです」

「しかしそのために、もう旅順を取ったではありませんか」

「旅順では、太平洋へ直接出るには遠すぎる」

「しかし、一つの国家の独立をそんなに簡単に奪っていいものでしょうか。その国は何世紀も存続しており、一四〇〇万もの人口を持っているのです」

「朝鮮は、政治的関係において何の意味も持っていない。凍死した民族だ。われわれでなければ、日本が領有する。しかし、われわれは日本にそれを許すわけにはいかない。日本を大陸へ進出させてはならん。日本のとるべき道は南進だ。ただ、そのことを日本自身がわかっていない。野心に駆られてロシアと戦争しようとしている」

(『ニコライの日記』一八九九年三月二一日〔西暦四月二日〕条)

不信感を募らせる山県

韓国の港を狙うロシア海軍に、チャンスが舞い込む。

一八九九年五月一日、韓国政府が馬山浦の開港を発表する。港は世界各国が利用できるようになった。アレクサンドル・パブロフ駐韓代理公使は、すぐさま韓国政府に、馬山浦での土地買収を申し出た。太平洋艦隊も、ドゥバーソフ司令官が自ら馬山浦に乗り込み、買収予定地の測量をする。そこで日本の参謀本部が資金を提供して、日本人の商人に土地を買収させると、ロシアは別の土地を買収して、日露の緊張が高まる（馬山浦事件）。

さらに朝鮮半島北部では、一八九八年秋から、退役近衛軍人アレクサンドル・ベゾブラーゾフのグループが林業の調査をくりかえしていた。ベゾブラーゾフは、ウラジオストクの商人から鴨緑江沿岸の森林伐採権を譲り受けると、ニコライ二世からは資金を引き出す。ロシア側への利権譲渡に、林権助《はやしごんすけ》駐韓公使は韓国政府へ抗議した。しかし事業はつづき、日本側は不信感をかき立てられる。

韓国で利権を獲得しようとするロシアの動きは他にもあり、いくら妥協を重ねても、韓国でロシアと対立するのは避けられない、という見方が日本で強まる。山県首相もその一人だ。山県は、一八九九年一〇月に「対韓政策意見書」でつぎのように記した。

これまで日露協商を方針としてきたが、ロシアが朝鮮半島の南東部に港を得ようとしているため、その変更を余儀なくされた。ロシアとの開戦は、軍事的にも経済的にも準備していないから、避けなければならない。もしロシアが日本の「忠告」を聞かないのならば、天皇臨席のもとで「帝国の重要政策」を決める必要がある。つまり、ロシアに屈して韓国を放棄するか決めるべきだという、切羽詰まった意見だ。

この意見書をめぐって、伊藤らと意見が一致しなかったため、御前会議で決めるほかないと閣議決定したと、山県は書き添えている（『山県有朋意見書』二五五頁）。結局、この御前会議は開かれなかった。しかし山県には、ロシアとの交渉による解決に、確信が持てなくなる。一方、伊藤はまだ日露協商に希望を抱いていた。

4　日露戦争を回避せよ

ロシアによる満洲占領

ここまでは、朝鮮半島における日露の勢力均衡をめざしていた伊藤だが、一九〇〇年以降になると、満洲問題という新たな要素が加わり、日露交渉は複雑化する。

中国では、排外主義の民衆運動である義和団が力を広げ、とうとう清朝の宮廷にまでその影響力が及んだ。清朝はこの運動を利用する方向へ舵を切り、六月二一日に列強へ宣戦布告する。

ロシアは、敷設中だった中東鉄道と、そのロシア人従業員も襲撃の対象となったことで、保護のため出兵した。同じく日本も、六月一五日に北京の日本公使館救出のため、出兵を閣議決定した。各国の連合軍によって義和団は鎮圧されたが、問題は、その後もロシア軍が満洲に留まったことである。この点については後述しよう。

義和団の鎮圧がつづいていた一九〇〇年七月一五日に、ロシアのウラジーミル・ラムスドルフ外相事務取扱（外相代理にあたる）は、ロシア軍の派兵に備えて、韓国国内に「相互に独立した行動圏を設定」するため、日本と交渉するよう、東京とソウルの公使へ指示した（和田『日露戦争』［上］三五〇頁）。

この指示を受けて、パブロフ駐韓ロシア公使が日本の林駐韓公使に、東京ではアレクサンドル・イズヴォリスキー駐日公使が青木周蔵外相に、韓国内における日露の勢力範囲について協定を結ぶ提案をした。

小村寿太郎駐露公使は、ロシアの提案に反対で、日本が韓国で、ロシアが満洲で自由に行動するための協定を結ぶよう、七月二二日に意見書を提出した。これに青木外相も賛同する（片山『小村寿太郎』八三頁）。のちに小村が外相になって推し進める、「満韓交換論」の登場である。

しかし、小村の提案は、一九〇〇年一〇月二日にロシア側に拒否される。ウィッテ蔵相は、韓国で騒乱が起きれば日露が共同出兵すればいいことで、韓国の独立を脅かすようなことはできないと述べる。韓国をすべて日本に委ねるほど、ロシア側は譲歩するつもりはないというメッセージだった。ロシア軍が満洲を占領したことで、地域の軍事バランスが有利に展開していたことが、ロシアを強気にさせていた。

井上馨の計略

当時の首相の山県有朋は、ロシアとの外交に消極的になっていた。ロシアは満洲を占領したものの、中国北部で動乱が収まらず、満洲の「処分」も決定していないので、ロシアが「満韓交換論」に乗ってくることはないと、一九〇〇年八月の意見書「北清事変善後策」に書く（『山県有朋意見書』二六一頁）。

一方、ロシアの外交官たちは、満洲を占領して、ロシア帝国が東アジアで優位にあるあいだに、日本と韓国問題も有利に解決したかった。いまこそ交渉のときだと見ていたのが、イズヴォリスキー駐日公使である。ロシアが「朝鮮の隣りに強力で戦略的に有利な軍事的地位を占めている間に」、日本政府と積極的に交渉するべきだと本国に訴える。外相に就任したばかりのラムスドルフも、中国とロシアの和平交渉の結果次第では、「日本は朝鮮を自らに対する報償とすることを目指す」ので、「日本による占領から半島を守るため」、急いで日本と交渉する必要があると考えていた(ソボレフ「一九世紀末朝鮮における露日両国の帝国権益対立の歴史」一八一〜一八二頁)。

一九〇一年一月七日に、イズヴォリスキー駐日公使は、本国からの訓令として、列国の共同保証のもと、韓国を中立化させてはどうか、と加藤高明《かとうたかあき》外相に提議した。けれども加藤外相は、西＝ローゼン協定はまだ有効だと、交渉に応じない。加藤はロシアを追い込んだうえで韓国問題を解決するのが望ましいと、あえて強気に徹したのだった(千葉『旧外交の形成』八二〜八三頁)。

ロシアとの話し合いに前向きな井上馨は、イズヴォリスキーを、加藤外相よりも先に、伊藤首相に会わせようとしていた。そこで井上は、娘婿の都筑馨六《つづきけいろく》元外務次官をロシア公使館員に接触させていたが、一足違いで公使は先に加藤外相と会ってしまう。結果は右の通りで、井上の計略は空振りに終わった(井上馨侯伝記編纂会『世外井上公伝』[五]三〜六頁)。

こうして、韓国内での勢力分割案、「満韓交換論」につづいて、韓国の中立化構想も失敗した。両国の政治家たちには、手詰まりの空気が漂っていた。しかし、国際情勢の変化は、日本の指導者たちに猶予を与えない。

三度目のロシアへ

ロシアの満洲占領は、英独の危機感もあおっていた。そこで、一九〇〇年一〇月に、中国の領土保全などを定めた英独協商が結ばれる。さらに翌年四月に、ヘルマン・エッカルトシュタイン駐英ドイツ臨時代理公使が、極東における勢力均衡を維持しようと、日英独による三国同盟案を林董駐英公使に持ちこむ。

山県は三国同盟の締結に賛成だ。四月二四日には、伊藤首相へ「東洋同盟論」を送る。近いうちにロシアと衝突するのは目に見えている。この際、イギリスと同盟を結ぶ必要がある。ただし韓国については、日露協商を結ぶ自由が与えられるのならば「尤《もっと》も幸なり」。山県も日露協商を諦めるのではなく、日英同盟の力でそれを成し遂げようと、伊藤に呼びかけた（『伊藤博文関係文書』［八］一三九〜一四〇頁）。

しかし伊藤は日英同盟より、日露協商を優先したい。その理由について、一九〇一年一二月にベルリンでこう述べている。イギリスは韓国に何の利益も持たない。「朝鮮は一《いつ》に日本と露国との利害問題の関する処」である。したがって、韓国については、ロシアと協商を結ぶのが「得策」であり、「本道」だ。ロシアとの交渉でこちらの希望が容れられるうちは、イギリスとの提携は「早計」である、と（外務省編『小村外交史』［上］二八一～二八二頁）。

一九〇一年五月に、伊藤内閣は総辞職する。伊藤はこの機会に、自らロシアへ行くことを決意した。

一方、井上や山県、首相の桂太郎は、同盟へのイギリスの態度がはっきりしていなかったので、伊藤がロシアと「意見交換」するのを認めた。

譲れぬ韓国問題

伊藤は、まず太平洋を渡る。彼はアメリカの新聞記者に、「ロシアは公平で自由な姿勢を見せており、友好的な日露関係が急速に固められてきている」と述べた（小川原「伊藤博文への博士号授与と日米外交」六頁）。現実と逆を述べたのは、ロシアでの会談に向けての雰囲気づくりだろうか。

フランスとドイツを経て、伊藤の一行は一一月二五日にロシアへ入国した。ラムスドルフ外相の指示で、伊藤は国賓の待遇で迎えられた。

一一月二八日に、伊藤はサンクトペテルブルク郊外の離宮、ツァールスコエ・セロー（「皇帝の村」の意）に招かれた。ニコライ二世は、「あなたは、ロシアに対し、一貫して友好的感情を持ち続けている政治家として私の耳に聞こえている」と、ドイツ語で語りかけた。皇帝は、伊藤のわかる英語に切り替えて、大津事件の思い出を語る。さらに皇帝のつぎの言葉は、伊藤を感激させた。

露日間の協商は十分に可能であり、その協商関係は単に両国にとって、さらには極東の平和にとって、有益であるばかりでなく、この協商関係を活かして、さらに大きな目的を達成するためにも役立つものと私は確信する。〔中略〕私が今、口にしたことは美辞麗句ではない。私の心からの確信である。それどころか、ロシア全国民の思いである（サルキソフ「伊藤博文のペテルブルグ訪問」八一頁）

気をよくした伊藤は、この日、ロシアには協商を結ぶ気があると井上馨に打電し、桂首相と協議して、その結果を知らせて欲しいと頼んだ。

しかし、ニコライ二世は、伊藤に会う直前に、従兄であるドイツ皇帝ヴィルヘルム二世の弟へこう語っていた。

「私自身は韓国を欲しくない。けれども、日本人がそこに足を踏み入れるのも黙認できない。もし彼らがそうするのなら、ロシアにとっては開戦の原因となる。日本人が韓国にいることは、東アジアにおいて新たなボスポラスのようになるだろう。ロシアは断じて容認できない」(Oye, *Toward the Rising Sun*, p. 184)

ニコライ二世は、ロシアが黒海から地中海へ南下するのを妨げる、トルコのボスポラス海峡に韓国をたとえた。彼は、日本が韓国を手に入れることで、ロシアが太平洋へ出る航路がふさがれるのを恐れていた。

伊藤の協商案

そうとも知らずに伊藤は、一二月二日にラムスドルフ外相、翌日にはウィッテ蔵相と会談して協商締結に自信を深めた。そこで伊藤は、ロシアを去る一二月四日に協定案を手渡している。以下は、その主な内容である。

①韓国の独立を日露両国が保障する。
②韓国の領土のどこであっても、日露両国は、お互いに軍事的な目的のために使用しないことを保障する。
③朝鮮海峡での自由な航行を危うくするような、一切の軍事的準備を韓国沿岸に作らないことを相互に保障する。

④ロシアは、韓国の政治・工業・商業で日本が自由に活動するのを認める。また、日本が韓国に助言と助力をして、韓国を助ける排他的権利も認める。この中には、反乱や日韓両国の平和を損なう類似の事例を鎮圧するためならば、軍事的な助力を与えることも含まれる（外務省政務局第三課編『日露交渉史』［上］三五七頁）

伊藤の案は、突き詰めると韓国を日本の支配下に置くことになるが、ロシアへの十分な見返りが提示されていない。伊藤はラムスドルフ外相との一二月二日の会談で、満洲におけるロシアの「自由行動」を認める発言をしただけだ（サルキソフ「伊藤博文のペテルブルグ訪問」八六頁）。

桂首相や山県に勝手な交渉を禁じられていた伊藤には、これが精一杯の見返りだったのだろうか。

注目すべきは、一二月六日に桂首相へ宛てた手紙だ。もし日本政府がロシアと「協調」を試みるなら、ロシアの外相、蔵相と私が個人的に手紙のやり取りをして、ロシア側が要求するものが何なのか、正確に把握したい、と書いている（『日外』［三四］六三頁）。つまり伊藤は、交渉をつづけるなかで、ロシア側の求める見返りを探るつもりだった。

ロシアの閣僚たちの反応

ラムスドルフ外相は失望した。しかし、伊藤の提案は合意の材料になると預かった。そして、伊藤案に修正を施した対案を、まず皇帝に見せた。すなわち、③の朝鮮海峡の自由航行についての相互義務は、両国ではなく、日本の義務とする。また④の韓国における日本の排他的権利（専権）は、「優先」という字に変えて、その語句の意味を弱めた。さらに、この条文に事前協議が必要なことを挿入して、骨抜きにする。そのうえ、満洲におけるロシアの行動の自由と優先権も書き加える。

この修正案に、ロシアの閣僚たちの意見は割れた。

ウィッテ蔵相は、日本と韓国についての協定が必要なことを長々と記して返したが、それに必要な条件は付さなかった。日本へ譲歩したと見られるのを恐れたと考えられる。アレクセイ・クロパトキン陸相は、外相の草案をほぼ受け入れたが、日本へ韓国を譲渡するのではなく、ロシア軍が満洲から撤兵すれば、日本は開戦の口実を奪われると主張した。しかし、この意見は無視された。

強硬派のトゥイルトフ海相は、日本に甘すぎると反発した。朝鮮海峡、もしくはその近辺には港が必要だ。しかし日本は、韓国を保護国にしようとしている。ロシアも加わったうえで、韓国の「保護国化」が進められるべきだという意見だ。

閣僚たちの意見はさまざまだ。しかし皇帝は、ラムスドルフの修正案に賛同する。

日英同盟を選んだ日本

伊藤は正式な日露協商の交渉に入ることを求めたが、出発前と話が違うと、日本では山県や桂首相が不安を覚えていた。桂は、伊藤の出発前にはロシアとの協商も視野に入れていたが、ドイツが脱落し、イギリスのみとの交渉が進むにつれ、そちらに気が向く。明治天皇は、イギリスとの交渉を進める桂に、外遊中の伊藤の意見も聞いて、元老と審議するように命じた（『明治天皇紀』一九〇一年一一月二八日条）。元老とは、首相の任免や宮中に関する事柄について、天皇の顧問として発言する国家の実力者である。

結論から言えば、伊藤の意見は尊重されなかった。一二月七日の元老会議で、イギリスの修正案を受け入れて、日英同盟を結ぶことが決まる。この会議を主導したのが、新任の小村寿太郎外相である。彼は、韓国問題でロシアに要求をのませるには、「強国」すなわちイギリスと手を結ぶしかないと、元老会議に意見書を提出している。

山県も、日露協商への未練を断ち切った。一二月九日に、桂首相宛の書簡で日英同盟を選択するよう指示する。「他面に向て協商を試みんとすれば、断然一面を停止するの外手段無」という。要するに、二股はできないということだ（井上『山県有朋と明治国家』一二五頁)。

伊藤は一二月七日の元老会議の結果を、井上馨から知らされる。伊藤も日英同盟には反対しなかったが、日露協商にも未練がある。一二月一二日にも桂首相に、将来、ロシアと協商をするための「独立に行動するの自由」は特別に留保しておくよう、「切望」した(『日外』[三四] 七六頁)。しかしその二日後、ロシア側の返答が伊藤へ返送されてきて、伊藤の希望は挫《くじ》かれる。伊藤が何より求める、朝鮮半島における日本の優位が認められていなかった。

悔やむロシア人たち

日露戦争後になってロシア人たちは、伊藤のロシア訪問こそが戦争を避ける最後のチャンスだったと悔やんでいる。当時、駐日公使だったイズヴォリスキーは、出発前の伊藤と綿密な打ち合わせをしており、伊藤の訪露は、自分の働きかけの成果だと回想録で誇っている。そして、こうつづける。

彼[伊藤]の使命がもしうまくいっていたなら、流れを変えたろうし、戦争も防ぐことができただろう。しかし、サンクトペテルブルクの日本公使館のまずい対応と、ロシア政府からの回答が遅かったのが原因で、不幸にも完全な失敗に終わってしまった。その一方で、狡猾《こうかつ》なロンドンの日本公使［林董］は、英日同盟を急いで締結する機会をつかんだのだった（Izvolsky, *Recollections of a Foreign Minister*, p. 5）

伊藤とサンクトペテルブルクで会談したウィッテ蔵相も、こう悔やんでいる。

残念ながら、私たちは鈍感だった。伊藤が提案した協定案に、私たちは、はっきりとした回答を与えなかったのだ。［中略］ようやく対案を出したものの、それは日本がもっとも望む肝心な点で協議を拒んでいた。この対案をベルリンにいる伊藤に送ったが、なぜか伊藤は返事を全く寄越さなかった。寄越せなかった、と言った方がいいだろう。なぜなら、彼の友好的な協定案がペテルブルクでどんな目にあったのかを知った伊藤は、将来の紛争においてイギリスが日本の保護者となる日英同盟に、反対するのをやめてしまったからだ。これが、私たちを日本との悲劇的な戦争へ追い込んだ

(*Витте*. Воспоминания. С. 514-515)

ウィッテの回想は、正確ではない。伊藤は、一九〇一年一二月二三日にラムスドルフ外

相に返信を送っている。韓国における日本の「排他的権利」が、合意へと至る「こころからの理解の唯一の可能な基礎である」と主張する伊藤は、ラムスドルフ案が、その肝心な部分を骨抜きにしたと反発した（和田『日露戦争』［上］四二二頁）。

この伊藤の返信に、皇帝は鉛筆でこう記した。

「言い換えれば、伊藤は恥知らずにも、朝鮮における日本の行動について完全な自由を要求している」（サルキソフ「伊藤博文のペテルブルグ訪問」一〇八頁）

一方、東京ではロシアとの交渉に見切りをつけていた。山県の後押しを受け、桂と小村はイギリスとの交渉を急ぐ。こうして一九〇二年一月三〇日に、日英同盟が結ばれた。結局のところ、伊藤の日露交渉は、日本でもロシアでも理解を得られずに終わった。

日露協商へのこだわり

それでも伊藤は、何とか日露協商が結べないかと、帰国後も画策している。一九〇二年四月には、ロシアへも連れていった都筑を、イズヴォリスキー駐日公使に会わせた。そして、自分は日英同盟の目的に共鳴せず、協力もしなかったし、ラムスドルフ外相やウィッテ蔵相との信頼関係を大切にしていると、ウィッテへ伝言を託した。イズヴォリスキー公使も協力的で、本国へこう報告した。

「伊藤の言明に疑う根拠はない。現在伊藤は、桂内閣の若くて元気な閣僚の前で影が薄くなっているが、元老政治家であり、近い将来に指導的地位に復帰し、極東問題で日露の友好的協定を支持するであろう」（保田「明治時代の日露関係」四五頁）

ロシアも日英同盟の圧力は無視できず、一九〇二年四月八日に、清朝とようやく撤兵協定を結んだ。協定では、三段階に分けて、六ヵ月ごとにロシア軍は満洲から兵を引きあげると決まる。ロシアの軟化に希望を見出した伊藤は、何度も桂首相に日露協商を成立させるように求める。

一九〇三年初冬のことだ。イズヴォリスキー公使が、離任の挨拶に伊藤を訪れた。以下は公使の本国への報告。

「伊藤はこの席で、一九〇一年一一月にペテルブルクでラムズドルフ《ママ》外相と協議した極東問題に関する真に友好的な日露協定が成立しなかったことに深い遺憾の意を表明した。伊藤はこういう協定の締結は今でも可能で、ごく近い将来に日露両国がそのために決定的な歩み寄りをするものと期待しているといった」（同前五二〜五三頁）

ロシアへの猜疑強まる

日露協商を諦めない伊藤は、桂首相には邪魔である。そこで桂は、一九〇三年七月に、伊藤を天皇の顧問である枢密院議長に推薦する。伊藤は明治天皇の頼みを断れず、立憲政友会という自らが創立した政党での総裁職をなげうち、宮中で仕えることになった。

その前から、立憲政友会の幹部だった原敬《はらたかし》は、どうせロシアとの交渉で骨を折ったところで、功績は桂内閣に持っていかれるし、「日露協商は功なくして悪名を負うのみ」だから、交渉に深入りしないように、伊藤に説いていた（『原敬日記』一九〇三年六月一二日条）。こうして伊藤は、日露交渉から遠のかざるをえなくなる。

一方、ロシアは、一九〇三年四月におこなわれるべき満洲からの第二期撤兵を無視した。ロシアが撤兵しないことを知って、小村外相は秘書官につぶやいた。

「ロシヤッポは撤兵しない方が可《い》いネー、そうすれば内も外も大掃除だ」

これを聞いた秘書官の本多熊太郎《ほんだくまたろう》は、小村が開戦まで持ってゆこうとしているのを直感したという（本多『先人を語る』一九四頁）。

ロシアの強硬な姿勢は、強まるばかりだった。一九〇三年五月の特別審議会では、鴨緑江の森林利権へ投じる国費を無制限とする、満洲では撤兵せず、逆に兵力を増強することが決まった。ウィッテらの反対を、ニコライ二世は却下する。皇帝との意見の対立が重なったウィッテは、ニコライ二世によって、この年の八月に閑職へ追いやられた。

会議の結果を受けて、七月二〇日に、ロシアの森林会社は韓国の森林監督官と、韓国領内の土地租借契約を結ぶ。韓国皇帝は違法な租借なので認めていないと日本側に弁明したが、ロシア側は租借地での建設作業を強行した（龍巌浦《ヨンアムポ》事件）。さらに一〇月八日には、一度は撤兵した奉天城（現在の中国遼寧省瀋陽《シエンヤン》）を、ロシア軍は再占領した。

ロシアの満洲占領が長引き、韓国にもその影響が広がるのは、もはや時間の問題と見えた。そこで、桂首相や小村外相は、一九〇三年夏に「満韓交換論」をロシアに提案して、妥協を図る。満洲をロシアに、韓国を日本にという、勢力範囲を分割する提案だ。しかし、ロシア側は交渉に積極的とは言えなかった。ロシアから満足できる回答を引き出せずに、日本側のいら立ちは深まる。

ロシア人たちの反省

ロシアでは、日露戦争後に、なぜ戦争を防げなかったのか、弁明する者があいついだ。例えば、陸相だったクロパトキンは、こう記す。

皇帝も私も、戦争をする気はなかった。それではなぜ戦争になったかというと、日本が自分の主張を貫くのに、戦争までするとは知らなかったからだ。それどころか、日露の争点について、ロシアは戦争をする価値を認めていなかった。おまけに、戦争か平和かを決めるのは、ロシア側だと思いこんでいた。こうした思い上がりから、交渉でロシアが頑

クロパトキン陸相（アメリカ議会図書館蔵）

強な態度をとったのが、開戦の原因だと記す（クロパトキン『日露新戦史』〔一〕四〇～四一頁）。

一方、皇帝の側近だったベゾブラーゾフは、日本を妥協に導くよう、もっと軍事力で威嚇すべきだったと悔やんでいる。

戦争に先立ち、日本と交渉で合意に達することのできた唯一の方法は、単に口先だけでなく、この地域で自国の国益を支え、防衛するのにも十分な軍事力がロシアにあると、日本に了解させるしかなかった。けれども、南満洲から占領軍を撤兵させていたために、一九〇三年の我々はもう弱っていたのだ。旅順会議〔一九〇三年七月、クロパトキンやベゾブラーゾフらが旅順に集まり、満洲や韓国での方針を話し合った〕のあとになって、ようやく我々はこの過ちを正そうとした。もしもこの時、戦争を予期して準備をはじめ、極東に十分な兵力を集結させていたなら、日本との戦争は起こるはずは全くなかった。仮に戦争になっていたとしても、もっと名誉ある終戦を迎えられただろう（РГИА,Ф. 1622. Оп. 1. Д. 703, Л. 119.）

日本に譲歩すべきだったのか、より強い姿勢に出るべきだったのか。二人の考えは真逆だ。

交渉の当事者だった、ロシアの駐日公使ロマン・ローゼンは、「ロシア政府の優柔不断と言行不一致」が問題だと考えていた。彼は開戦の直前に、こうもらす。

「ペテルブルクには指導力を発揮する頭脳がありません。もしアレクサンドル三世が存命なら、このような混乱はなかったでしょうに」（『宣教師ニコライの全日記』一九〇三年一二月二六日〔西暦一九〇四年一月八日〕条）

さらに先代の皇帝を思い出すロシア人もいた。

高名な画家で、日本に滞在していたヴァシリー・ヴェレシチャーギンは、フランスの新聞にこう話す。

「アレクサンドル二世がアラスカにあるロシアの領土がかえって国にはじゃまになると気づいたとき、彼は簡単にそれをアメリカに売却したことがあります。満州の鉄道も役に立つよりも、むしろロシアを苦しめています。厄介払いすべきなのです。ただし、できるだけ有利な方法でね」（『外国新聞に見る日本』〔三―下〕八一頁）

最後の説得

開戦に向けて世論が沸騰するなかでも、伊藤は戦争回避を貫く。

伊藤は、「軍備未だ充実せず、故に戦争に決するを躊躇す」と、一九〇三年一〇月に参謀次長に就任した児玉源太郎《こだまげんたろう》陸軍中将に語る。だが長州の後輩である児玉も、伊藤にいら立っていた。新聞でも、「伊藤侯の優柔不断」が槍玉に挙げられる（角田『満州問題と国防方針』二二五頁）。

そんな伊藤が、いつ開戦を決断したのか。交渉が行き詰まっていた一九〇三年一二月二〇日、伊藤は山県へ、いま必要なのは戦争準備を整えることだと書いた。したがって、この時こそ、伊藤が戦争を決意したと見る説がある。ただこの手紙は、イギリスとの交渉や、日本の決心を内外に表明するのも、「時に処するの一手段」だと説く。山県へ「深思熟計」を求めたこの時点で、伊藤はまだ外交を諦めていない（『山縣有朋関係文書』〔一〕一三六～一三七頁）。

年が明けてからも、伊藤は閣僚たちの説得をつづける。伊藤は寺内正毅《てらうちまさたけ》陸相に、自分はまだ戦争か平和か意見を公表していない、それを決めるのは日本ではなく、ロシア次第だと話したと、原敬にもらしている（『原敬日記』一九〇四年一月五日条）。

一月一一日には、山本権兵衛《やまもとごんべえ》海相が決断を促しにやってきた。このときも伊藤は、失脚しているが、名声の高いウィッテ元蔵相に、熟考を促す電信を書こうと提案する。山本も、明治天皇からニコライ二世へ、親書を送るのも手だと述べた。だが、その効果はないだろうとして、出されなかった（海軍省編『山本権兵衛と海軍』一九〇〜一九一頁）。

同じころ伊藤は、ロシアでは日本に宥和的なラムスドルフ外相が復権したので、日本の要求を認める可能性が高いと、交渉の継続を桂首相に訴える（千葉『旧外交の形成』一三六頁）。

実際、伊藤の期待したラムスドルフ外相が、日本との交渉をつづけるよう、粘り強く皇帝を説得していた。一九〇三年一二月二八日の上奏では、満洲では各国が権利を行使するのを認めるように訴えた。満洲の門戸開放である。翌年一月にも、朝鮮半島で日本側に譲歩する最終案を作成し、二月三日は旅順へ、二月四日には東京へ打電した（加納『ニコライ二世とその治世』一二三頁）。

ついに開戦を認める

明治天皇も、戦争は避けたい。

フィリピン総督のウィリアム・タフトがアメリカへ帰国する途中に日本へ寄り、明治天皇と一九〇四年一月五日に会見したときのことだ。この席で明治天皇は、「朕に於ては今日迄も其局を平和に解決致したくと努め居り」と述べる（『「明治天皇紀」談話記録集成』［二二四一頁］）。明治天皇の気持ちは、まだロシアとの「平和」にあった。伊藤はそれを汲んで、外交による解決を捨てきれなかったのではないか。

とうとう伊藤が、山県、桂首相、小村外相、山本権兵衛海相に、自らの決意を表明したのは、一月も末になってからだ。

伊藤はこう記す。ロシアは、オスマン・トルコに向けていた矛先を、アジアに転じた。満洲については解決できそうだが、韓国の問題が急を要する。ロシアがたとえ韓国で中立地帯を設けるといった譲歩をしても、日本にとっては数年間の小康を得るにすぎない。そうであるなら、いずれ戦火を交えるのは避けられない。国力の足りない日本としては、小康を得ただけで安心するか、国家の命運をかけてロシアの意図を防止するか、「一刀両断の決」をしなければならない立場にある（『明治天皇紀』一九〇四年一月三〇日条）。

ここに至って伊藤は、戦争で一気に問題を片づけるのも、一つの方法だと認めた。この文書を見せた四人からも、異議は出なかった。出席者からは翌日に、「過日来《かじつらい》伊侯［伊藤］の意見に稍《やや》解し難き点ありしが昨日の会見に於て互に氷解せし」という声すら上がった（『寺内正毅日記』一九〇四年一月三一日）。開戦に踏み切れるのか、伊藤は疑われるほどだった。

明治天皇と伊藤の憂い

日本へ譲歩したロシアの最終案が東京へ届いたのは、一九〇四年二月七日だ。しかし、もはや手遅れだった。二月三日に、旅順のロシア太平洋艦隊が動いたとの情報が入ると、桂首相が開戦のほかに道はないと明治天皇に奏上する。

伊藤はその翌朝、明治天皇に呼び出される（春畝公追頌会『伊藤博文公年譜』二九六頁）。このときの二人の会話を、のちに近衛《このえ》文麿《ふみまろ》が昭和天皇に披露した。明治天皇は伊藤に、「万一戦の敗れた場合は、一体どうするか」と尋ねた。伊藤は、「単身戦場に赴いて討死致す覚悟でございます」と答えたという（『西園寺公と政局』一九四〇年九月一〇日条）。

それでも明治天皇は戦争を避けようとする。二月四日午後に、伊藤や山県、閣僚たちがそろった御前会議でも、自ら親書を認《したた》めてニコライ二世へ送り、「両国の生霊を戦禍より救わんとす」と粘った。だが、その余裕はないと説明され、ついに開戦を認める（春畝公追頌会『伊藤博文伝』〔下〕六二九頁）。

その日の夕方に、宮中の生活の場である内廷に戻ると、明治天皇は本音をもらした。

「今回の戦は朕が志にあらず、然《しか》れども事既に茲《ここ》に至る。之れを如何《いかん》ともすべからざるなり」

さらに、こういって涙を流す。

「事《こと》万一蹉跌《さてつ》を生ぜば、朕何を以てか祖宗に謝し、臣民に対するを得ん」（『明治天皇紀』一九〇四年二月四日条）

明治天皇の心配は「蹉跌」、つまり敗北にあった。軍を統率する大元帥である以上、伊藤や側近にしか明かせない悩みであった。

伊藤も、戦争の見通しに悲観的だ。御前会議が終わると、金子堅太郎《かねこけんたろう》を呼び出し、アメリカを味方につけるための世論工作を依頼した。その際、金子に悲壮な決意をもらす。陸軍でも海軍でも大蔵省でも、日本が確実に勝つと見込んでいる者は、一人もいない。けれども、このまま放っておけば、ロシアは満洲を占領して、朝鮮を侵略し、ついには我が国を脅す。ここまできたら、国を賭けて戦うしかない。いよいよロシア軍が日本に迫ったときには、自分も鉄砲を担いでロシア軍を防ぎ、ロシア兵に一歩たりとも日本の土地を踏ませないという決心をしている、と（東京府教育会編『日露戦役秘録』一七〜一九頁）。

消極的な明治天皇

明治天皇の側室だった柳原愛子は、「日露戦争には陛下の御心配は、それはそれは一通りではございませんでした」と回想している。彼女によれば、開戦を決めた日の晩に、明治天皇は一睡もできなかった。食事も進まず、晩年に天皇を苦しめる糖尿病にも、この頃から悩まされるようになった（『「明治天皇紀」談話記録集成』〔三〕二八八～二八九頁）。ただ、明治天皇のそんな姿は、限られた者しか知らない。

明治天皇の煩悶は、二月一〇日に出された宣戦の詔勅で、わずかにうかがえる。そこには、ロシアと戦端を開くのは「不幸にして」、「豈《あに》朕が志ならむや」と添えられている。翌日には、宣戦奉告祭が宮中で執り行われたが、明治天皇は掌典長に「代拝」させ、欠席した（『明治天皇紀』一九〇四年二月一〇日、二月一一日条）。

宣戦布告の翌日に、ローゼン駐日公使の一家と公使館員たちは、日本を離れる。この日の朝、伊藤は人を介して、ひそかにローゼンへ伝言した。立場上、見送りに行けないのは残念だが、私がぎりぎりまで平和のために闘ったことを知っていてほしい。また近い将来に友情を温めたい、という内容だった。ちなみに榎本武揚は、病気で臥せていたが、公使に直接別れを告げに来た（Rosen, *Forty Years of Diplomacy*, Vol.1, p. 233）。

横浜港を去るローゼン駐日公使（1904年、アメリカ議会図書館蔵）

美子皇后は、皇后宮亮《こうごうぐうすけ》の山内勝明《やまうちかつあき》をローゼン公使夫人のもとに差し向け、銀火鉢や硯箱などを贈っている。公使たちが出立した日にも、皇后は見送りのため、山内を新橋駅に遣わした（『昭憲皇太后実録』一九〇四年二月一〇日条）。田中光顕《たなかみつあき》宮内大臣の夫妻も、公使たちを駅で見送った（『ベルツの日記』〔下〕一七頁）。表立っては公使に別れを言えない明治天皇に代わり、彼らがその役目を引き受けたのかもしれない。

明治天皇夫妻や伊藤、榎本は、ロシア帝国という国家とは戦火を交えても、ロシア人すべてを憎みの目で見るような、狭量な人たちではなかった。

韓国占領

だが、戦争はそうした思いをよそに進む。

序盤の日本軍は快調だった。二月六日に出航した日本の連合艦隊は、二日後に旅順のロシア艦隊を奇襲した。同日、日本陸軍も韓国の仁川《インチョン》に上陸し、二月九日には、首都の漢城を占領した。韓国は、日露両国に中立を申し出ていたが、双方から拒絶された。否応なく韓国は戦争に巻き込まれ、一九〇四年二月二三日には日韓議定書が結ばれて、朝鮮半島は日本の後方基地の役割を押しつけられた。

このころ、伊藤が気にしていたのも、韓国である。開戦後の二月五日には桂首相が伊藤

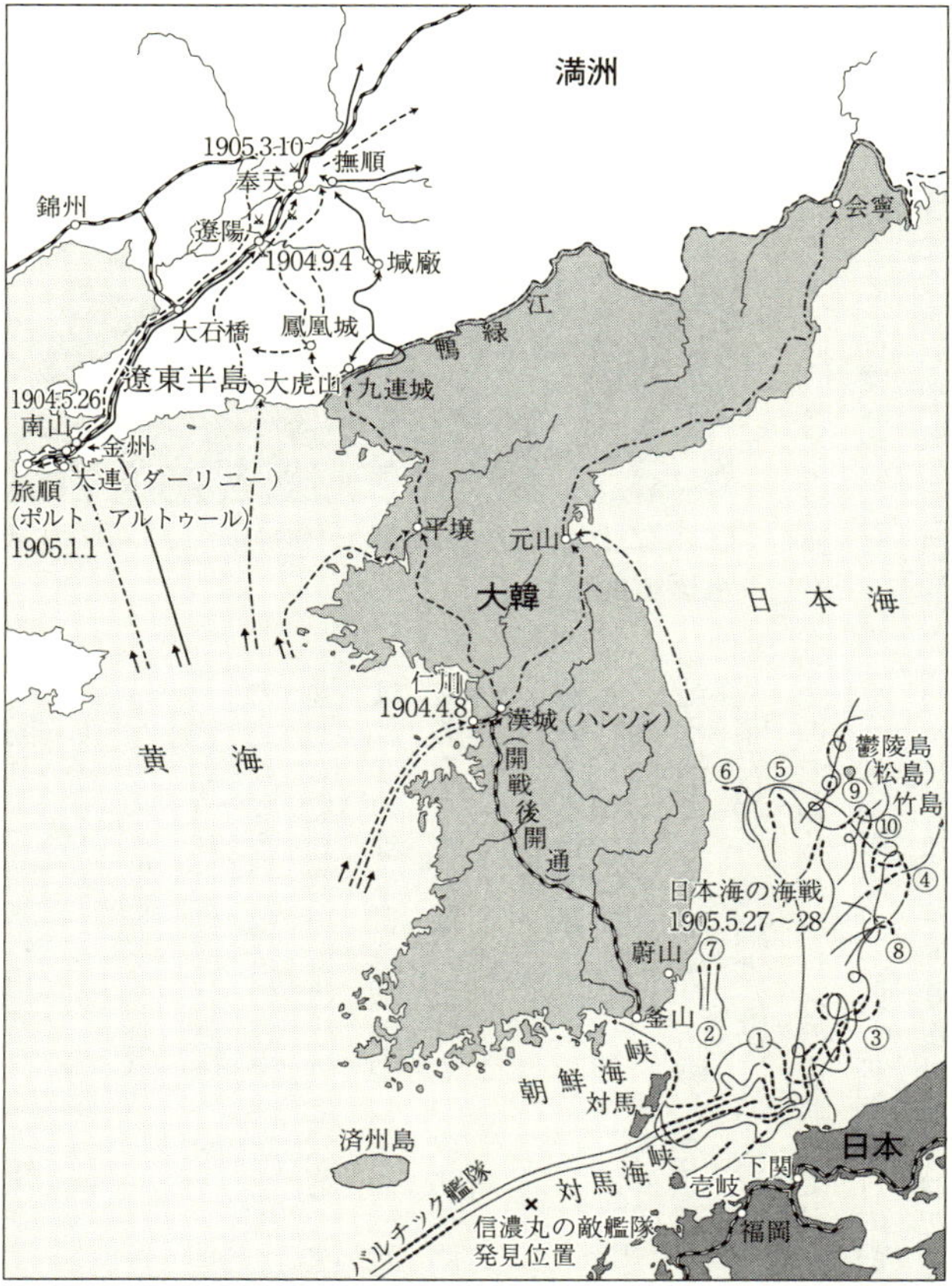

日露戦争関連地図（『日本外交史 別巻4 地図』鹿島研究所出版会をもとに作成）

を訪れ、「時局の重大なるに鑑み」首相となってほしいと要請したが、伊藤は断った（春畝公追頌会『伊藤博文公年譜』二九七頁）。

代わりに、伊藤は韓国へ赴く。伊藤は日本へ協力するよう、皇帝の高宗へ念を押した。韓国を保護国にする第一歩となった、第一次日韓協約が結ばれたのは、日露戦争中の一九〇四年八月二二日である。戦争は、満洲での攻防へ移る。

仁川に上陸した日本軍（1904年、アメリカ議会図書館蔵）

苦戦する日本軍

戦いが本格化すると、伊藤の予想は的中し、陸でも海でも日本軍は苦戦した。

開戦前の参謀本部には、第一部（作戦担当）部員の田《た》中《なか》義《ぎ》一《いち》のように、ロシア軍の兵站基地であるハルビンの攻略まで計画する者もいた（大江『世界史としての日露戦争』三七〇頁）。しかし陸軍は、一九〇四年四月に鴨緑江、八月に遼陽、一〇月に沙河で辛勝を重ねても、ハルビンにはたどり着けなかった。

一方、海軍も、旅順港の太平洋艦隊を奇襲して殲滅する予定だったが、湾内に逃げられてしまう。旅順の港に太平洋艦隊を閉じ込める作戦も失敗し、あとは旅順の要塞を陸軍が落とし、陸上から艦隊を砲撃するのを期待するしかなくなった。

明治天皇が戦時中、特に気にかけていたのも、旅順の攻防戦である。

旅順を砲撃する日本軍（1904年、アメリカ議会図書館蔵）

「旅順はいつか陥落するに違いないが、あの通り兵を殺しては困った、乃木《のぎ》［希典《まれすけ》、第三軍司令官で旅順攻略を指揮］も宜《よろし》いけれども、ああ兵を殺すようでは実に困るな」と側近に話している（『「明治天皇紀」談話記録集成』［一］二八〇頁）。

明治天皇は、日本軍の戦病死者の名簿にくまなく目を通していたというから、死傷者が重なるのに、気が滅入ったのだろう。

明治天皇は山県参謀総長を通じて、旅順にたてこもるロシアの非戦闘員は逃すように、一九〇四年八月に指示している。また翌年一月一日に旅順が降伏すると、要塞の司令官アナトーリー・ステッセル陸軍中将には、「武士の名誉を保たしむべきこと」を望み、乃木に伝えた（帝国弘道館『明治聖徳録』二〇一〜二〇二頁）。

講和を訴える伊藤

一九〇五年三月、日本は奉天会戦にも辛勝する。ロシア軍の主力は取り逃がしたものの、三月一五日には、大山巌《おおやまいわお》満洲軍総司令官が奉天に入城した。しかし、戦いを終えた日本軍には、兵士も武器も枯渇していた。

ここで、山県と伊藤が対立する。

奉天におけるロシア軍（1905年、アメリカ議会図書館蔵）

参謀総長の山県は、三月二三日に、「政戦両略概論」を桂首相に提出した。山県は、開戦当初はこんなにも勝敗がはっきりつくとは思わなかった、と日本軍の健闘に満足している。しかしロシアに講和する気はないので、戦争はなお数年つづくと「断定」し、さらに北上して、中東鉄道の分岐点で、ロシア軍の補給基地のハルビンを陥落させるよう訴えた（『山県有朋意見書』二七三〜二七七頁）。

一方、伊藤は早期講和を唱える。三月二九日の上奏では、そもそも、この戦争は日本の「正当防御」であったと定義したうえで、いまや旅順も陥落し、奉天周辺からもロシア軍は撤退して、制海権も日本が握り、「正当防御」はなし遂げられたと記す。そこで、「和を講ずるも列強に対し恥《はじ》ることなかるべし」と、明治天皇に訴える（外務省編『小村外交史』〔上〕四八七頁）。同じ日に伊藤は、すみやかに講和の準備にとりかかるよう、桂首相と小村外相に「注意」した（春畝公追頌会『伊藤博文公年譜』三〇〇頁）。

鉄嶺付近で敵の襲撃を待ち受ける日本軍（アメリカ議会図書館蔵）

伊藤は、戦争の長期化を恐れていた。一九〇五年二月の覚書にはこうある。ロシアでは、国内の争乱も収まり、バルチック（バルト海）艦隊が東に向かっているので、列強も様子見だ。そのため、戦争は「容易に終局を告ぐるを得ざるの虞《おそれ》なき能わず」（伊藤『伊藤公手記秘録』七二頁)。それだけに、奉天会戦の勝利は、終戦のチャンス到来と伊藤は考えた。

継戦を訴える山県

しかし山県からすると、講和は早すぎる。伊藤が説いた翌日に、山県が明治天皇に内奏した作戦は、満洲軍はハルビンをめざして北上し、状況が許せば、海軍と協力してウラジオストク周辺や樺太も占領して、カムチャツカ半島までうかがおう、という強気なものだ(『明治天皇紀』一九〇五年三月三〇日条)。

元老に亀裂が走るなか、桂首相は、満洲軍総参謀長の児玉源太郎を呼び戻す。児玉と「内外の事情を互に吐露し決定」すれば、まちがいはないだろうと考えたからだ(『伊藤博文関係文書』[三] 三七二頁)。

三月二八日に戦場から戻った児玉は、もはや講和しかないと桂首相や小村外相に説く。井上馨や松方正義も、戦争をつづければ財政が持たないという。

議論を制したのは伊藤だった。四月七日、桂首相と山本海相、寺内陸相、小村外相と、元老の伊藤、山県、井上、松方がそろった。今後の戦略について話し合った彼らは、「伊侯［伊藤］の意見あり、大体之に諸公の同意せらる」(『寺内正毅日記』一九〇五年四月七日条)。

ただ、その翌日の閣議決定は、伊藤と山県の意見の折衷案とも読める。「迅速且満足に」平和をめざすとされる一方で、「戦争は尚《なお》永引くものと覚悟」して、日本が優位に立つよう努める、とされているからだ(『日本外交年表竝主要文書』〔上〕二三四～二三六頁)。

児玉が大山総司令官に宛てた書簡によると、このあとも外交の手段をめぐって、伊藤と山県、桂と小村の両派で、意見が衝突した。そのため、児玉が四、五日も調停に奔走する。ようやく四月一七日の元老会議で、アメリカに仲介を依頼することが決まった。児玉は、やっと戦場に戻れる、と書き送る(『日外』〔三七・三八別冊―日露戦争V〕一〇五～一〇六頁)。

四月二一日、小村外相が提出した意見書をもとに、講和条件が閣議決定された。だが、講和の仲介を申し出たアメリカに、ロシア側は良い返事をしない。

講和会議の開催へ

講和の扉を開いたのは、日本海海戦だ。五月二七日から翌日にかけて、日本の連合艦隊は、ロシアのバルチック艦隊を壊滅させた。この敗北により、日本海やオホーツク海沿岸の領土が、いつ襲われてもおかしくない、とロシア側は脅える。六月六日の会議でニコラ

ポーツマスにおけるウィッテ（1905年、アメリカ議会図書館蔵）

イ二世は、「海軍が不在のなかでサハリン、カムチャツカ、ウラジオストクは攻め落とされるかも知れない」と不安をもらした（シュラトフ「ポーツマスにおけるサハリン」一九一頁）。

この不安は的中した。六月一八日、山県参謀総長は、第一三師団に樺太の占領を命じる。七月七日には樺太南部のアニワ湾に、何の抵抗も受けず、日本軍が上陸した。

樺太を占領しつつ、今が有利な講和のチャンスだと、日本は外交攻勢をかける。ロシア側も、やむをえずアメリカの仲介を受け入れた。

ロシアを代表する全権には、ウィッテ元蔵相が選ばれた。これは、イズヴォリスキー元駐日大使がラムスドルフ外相へ献策したことによる。失脚していたウィッテが引っ張りだされたのは、日本が伊藤博文を全権として任命するよう、期待したからだ。一九〇一年に伊藤が携えてきた協定案に、もっとも理解を示していたのはウィッテだった。そこで、ウィッテを全権にすることで、伊藤を引っ張り出そうとした。ロシアとの戦争を避けようとした伊藤なら、交渉しやすい。ウィッテを嫌う皇帝は任命を渋ったが、領土割譲と軍費賠償金はいっさい拒否するよう命じて、彼を全権とした（広野「セルゲイ・ウィッテとポーツマス講和会議」一五八〜一五九頁）。

講和を仲介するアメリカ大統領セオドア・ローズヴェルトは、一九〇一年に伊藤が渡米した折に面識がある。その彼も、金子堅太郎に、伊藤の他に日本の全権にふさわしい者はないと語る（『「明治天皇紀」談話記録集成』［二］二九二頁）。

伊藤、講和全権を断る

桂首相は、伊藤と小村の二人が全権となるのを望み、一九〇五年六月二〇日に明治天皇に二人を推薦した。しかし明治天皇は、伊藤が海外へ行くのを許さなかった（春畝公追頌会『伊藤博文公年譜』三〇一頁）。

この時の事情を、のちに伊藤自身が語っている。

自分を米国に送らんと、内閣にて決し居たるものの如くなるも、自分は陛下に対し、跡だに御安心なれば米国に赴く事を辞せず、と言上せしかば、桂を召して御下問あり、桂多少憂慮の旨上陳したるに因《よ》り、陛下は断然伊藤の米国行を止むべし、との

御沙汰ありて、自分は赴かざりしなり（『原敬日記』一九〇九年三月七日条）

つまり、桂内閣は伊藤の派遣を決めて、伊藤も行っても良いと考えて明治天皇に話したが、桂首相と相談したうえで、明治天皇がやめさせたという。明治天皇が、信頼する伊藤を側に置きたがったのは、十分考えられる。

伊藤自身も、講和をまとめるには、東京でにらみを利かせた方が良い、と判断したのかもしれない。伊藤は小村にいった。

「君はコードの一端を持ってアメリカに往く。他の一端は東京で俺が握って居るぞ」（本多「講和外交秘話」九六頁）

小村は、「戦時の外交はどうも藩閥のお方にはお得手でないと見えまして、いつも藩閥外のものに御頼みになります」と、日清戦争の陸奥外相（現在の和歌山県出身）を引き合いに、皮肉を述べつつ引き受けた（同前九七頁）。

日比谷焼き打ち事件

講和会議は、一九〇五年八月一〇日から、アメリカ東海岸の小都市ポーツマスではじまった。九月五日に結ばれた、いわゆるポーツマス条約で、日本は韓国の政治、軍事、経済において、「卓絶なる利益を有すること」をロシアに認めさせた。また、遼東半島の租借権も譲り受けた。希望した旅順からハルビンまでの鉄道は得られなかったが、旅順から長春《チャンチュン》（寛城子）までの路線は獲得している。

ポーツマスにおける小村外相。前列右（1905年、アメリカ議会図書館蔵）

けれども、領土は樺太の南半分、賠償金は捕虜を養うのに使った経費、しかもロシア側が同じ目的で使った額を差し引いたものしか得られなかった。小村は交渉決裂を東京に進言したが、却下される。賠償金と領土を諦めてでも締結すべきと議論をまとめたのは、東京の伊藤、山県、井上の三元老と桂内閣だった。伊藤の読み通り、交渉の鍵を握ったのは東京の決断だった。

不本意だが、領土と賠償金について合意した日に、小村は愚痴をもらす。

「どーせ私が犠牲になったのです、誰も談判に来る人がないから私が引き受けたのです」（『海軍の外交官　竹下勇日記』一九〇五年八月二九日条）

一方、ウィッテは「勝利の喜び」を新聞記者たちに語る。

「こんな立派な、うれしい結末になるとは思いもよらなかった」、「わが方の完全勝利だ」(『外国新聞に見る日本』〔三―下〕四四一頁)。

日清戦争を上回る償金と、領土の獲得に期待を膨らませていた日本国民は、講和の内容に、大いに失望する。各地で抗議集会が開かれた。特に、九月五日に日比谷公園で開かれた国民大会は、内相官邸焼き打ちなどの暴動にまで発展する。

日比谷公園とは濠《ほり》を隔てた宮中にも、どよめきが響いた。明治天皇は縁側まで出ていたが、「ズドン」と銃声が響くと、「アッ、憲兵が撃った！」と、「御悲痛」の様子だった。この時ほど、「畏れ多い御気色《みけしき》を拝し奉ったことはなかった」と、側近は回顧している(石山「九歳より奉仕して」一一六〜一一八頁)。

ロシアでも、生活苦にあえぐ首都の民衆が、皇帝に請願しようとして軍隊に撃たれる、「血の日曜日事件」が戦争中の一九〇五年一月に起きている。日比谷焼き打ち事件の背景にも、開戦前からの増税による生活苦と、家族を戦場に送り出した国民の怒りがあった。

終戦へ導いた明治天皇と伊藤

講和内容を手厳しく批判したなかには、児玉源太郎もいる。児玉にいわせれば、講和に至る「政略上の活動」は、奉天会戦の前にはじめて、会戦の結果を利用し、有利な立場に立つべきであった。そして講和交渉では、すぐに償金の要求を撤回して、代わりに、占領している樺太全島を手に入れるべきだった。それなのに、北半分を譲って償金を得ようとしたから、「死活問題の四分の一を我に得て四分の三を彼れ〔ロシア〕に与え」、「失敗に終わりたる」、と意見書に記す（『児玉源太郎関係文書』二五八頁）。

それでも伊藤は、講和条約を支持する。ポーツマス条約の批准を決める枢密院の議長として、御前会議を仕切った伊藤は、きわめて重大な条約だとして、報告を他人に任せず、決議の前につぎのように述べた。

この条約について、世間では批評が噴出している。しかし、ロシアは満洲では敗れたけれども、継戦の余力もある。降伏して講和を求めてきたのでもない。世界の形勢を見て、講和の談判に応じただけだ。そこで、小村は全力で交渉したが、ロシアはこちらの要求をすべては受け入れなかった。小村は条約締結か決裂か、指示を仰いできたが、この談判を逃しては戦争を終えられないと、政府がすぐに受け入れを決めたのは適切だった。そこで、出席者も明治天皇とともに「憂《うれい》を分ち」、受け入れるかどうか決めてほしい（『明治天皇紀』一九〇五年一〇月四日条）。

会議は、全会一致で批准を決める。伊藤は、この条約が不評なのを知りつつも、戦争を一刻も早く終わらせるために、断固とした態度を示した。

明治天皇も詔勅を出して、講和条件は「皆善く朕が旨に副《そ》う」と、不満はないことを強調した。そして、ロシアは「帝国の友邦」であり、「善隣の誼《よしみ》」も復活させたいとも記す。この詔勅が出された日に、小村は帰国し、ただちに参内した。明治天皇は、あたかも小村を守るように、出迎えの侍従武官の馬車に小村を同乗させ、宮中で手厚く労《ねぎら》った（同前一〇月一六日条）。

終戦へ導くために、明治天皇と伊藤は息の合った連携を見せたのだった。

戦後の日露関係の改善

日露両国は、一九〇六年二月に国交を回復した。しかし、友好まで取り戻したのではない。関係は冷えていた。同年夏には、日露戦争により失効していた通商航海条約と漁業問題について話し合ったが、主張が対立し、交渉は頓挫してしまった。

関係改善の足がかりとなったのは、一九〇七年二月にイズヴォリスキー外相が、本野《もとの》一《いち》郎《ろう》駐露公使に、日露協商締結の希望を表明したことだ。ロシアはイギリスとの協商の交渉を進めており、イギリスの同盟国である日本との関係を良くしようと、この提案に至った。そのため、イズヴォリスキー外相は前年末、満洲にまだ留まるロシア軍の撤退を表明して、日本の不信感を拭うように努めた。ロシアの同盟国フランスも、日本と協商を結ぼうとしていたので、英仏両国は日露の接近を歓迎した。

イズヴォリスキー外相は、なぜそこまで日本との友好を求めたのか。

彼によれば、敗戦国のロシアには、短くとも一〇年間の「外交の息継ぎ」が必要だった。それには、バルカン半島ではオーストリアとの対決を避け、アジアでは過度な干渉を避ける。そして日英とは協調して、中央アジア、シベリア、極東で衝突するのを避ける必要があった。極東の安定は、バルカン半島が緊張したときに、ロシアが「声をあげる」可能性を与えるとも外相は述べている。要するに、ロシアがふたたびヨーロッパに集中できるよう、日本との友好関係を欲した（加納『ニコライ二世とその治世』三四頁）。

また、元駐日大使でもあるイズヴォリスキーは、戦後に日本の政界が変わりつつあるのに気づいていた。一九〇七年五月、彼はウラジーミル・ココフツォフ蔵相に書く。

「強力な軍人たちの一派があるものの、日本では、ポーツマス条約を結んだ直後から、現在の政府を占める、より穏健な人びとが、ロシアともっと強固な関係を築く必要があることを理解している」（*Самойлов*. Российско-японские отношения... С. 29）

戦後も争点の韓国

ロシアの外相の観察は正しかった。日本では、伊藤と山県が、そろって日露の接近を歓迎した。伊藤は当時、日本が韓国の「保護権」を行使するために作った統監府の長として、韓国統監の地位にある。

伊藤は、ロシアとのあいだで、これ以上、朝鮮半島が火種になるのを望んでいなかった。そこで彼は、イズヴォリスキー外相の提案があると、元老や閣僚たちに、この機会を逃さないよう強く勧めた。伊藤は、この機会を逃せば、韓国問題のために日露関係はふたたび紛糾すると、林董外相へ一九〇七年三月に書き送る（『日外』〔四〇─一〕一一八頁）。

伊藤は西園寺公望首相に送った電報で、日露戦争を戦ったのは韓国問題が「眼目」であったが、ポーツマス条約は、まだロシアに韓国へ口を出す余地を残していると書く。だが、いまロシアと協商を結べば、韓国での諸外国の治外法権など、「将来各国と韓国に関する総ての問題を解決」するのに好都合だと説いた（同前一五三〜一五四頁）。

山県も、一九〇七年一月に西園寺公望に提出した「対清政策所見」で、ロシアと意見を交換し、日露の「両国商議協定」のうえで満洲を経営することが、いまの状況では「最も緊要」であると説く（『山県有朋意見書』三〇六〜三〇七頁）。

伊藤や山県の意見に対して、林外相は、ロシアと韓国について協約を結ぶのには慎重だった。これから韓国と何らかの条約を結んで、日本の影響力を拡大するたびに、ロシアに承認を求めるのが慣例になってしまうのを懸念した。だが結局、林も元老たちの意見は無視できず、日露協約では、ロシアは日韓関係に干渉することはないという一文が、秘密協約第二条に書き加えられた（小川原『伊藤博文の韓国併合構想と朝鮮社会』一三九～一四〇頁）。

第一次日露協約

こうして、一九〇七年七月二八日に、日露通商航海条約と漁業協約が結ばれ、七月三〇日には、第一次日露協約も調印された。その一ヵ月後には、英露協商も結ばれる。ロシアは、ドイツと協調して日本とイギリスに対抗しつづけるよりも、アジアでは日本と手を結び、ヨーロッパでは以前からの同盟国のフランスに加え、イギリスと手を組んだ。孤立したドイツは、オーストリアとの友好を深める。日露の接近は、図らずも、第一次世界大戦の対決の構図を作るのに一役買った。

一方、日露協約の犠牲となったのが韓国である。日露協約の秘密協約は、外モンゴルにおいてはロシアの、韓国においては日本の権益について、それぞれ認め合っていた。

ロシアが日本に韓国を譲ったことを示したのが、「ハーグ密使事件」だ。オランダのハーグで開かれていた第二回万国平和会議に、韓国の密使が派遣された。日本が韓国の外交権を握り、日本人の韓国統監がそれを統轄することを規定した、第二次日韓協約（一九〇五年一一月）の無効を訴えるためだ。しかし、会議の議長を務めた、ロシア代表のアレクサンドル・ネリドフは、密使たちに会おうともしなかった。

この事件が明るみに出ると、韓国統監の伊藤は、高宗を退位させた。韓国の軍隊がこれに抵抗すると、一九〇七年七月二四日には第三次日韓協約を結ばせ、軍隊を解散する。韓国は日本の保護国として、かろうじて余命を保つに過ぎなくなる。ここに、伊藤の悲願であった韓国問題の解決は、一応、「決着」した。

しかし、伊藤とロシアの縁は、その人生の最後までつづく。次章では、伊藤をロシア外交に再登場させた、後藤新平に迫る。

第二章　満洲で結ばれた互恵関係
——日露戦争後～大正時代

後藤新平（アメリカ議会図書館蔵）

1　ビジネスとしてのロシア接近

万能の才人

明治末期から昭和初期にかけてのロシア外交で、あるときは黒子に、またあるときは主人公を演じたのが後藤新平である。

後藤は、一九二三年の関東大震災後に、東京の復興に尽くしたことで有名だ。東京放送局（現在のNHK）の初代総裁でもある。多くの分野に足跡を残す後藤は、ロシア外交でも影響力を発揮した。具体的には、伊藤博文、桂太郎、寺内正毅を担いで、外務省に頼らない独自の外交を展開している。

第一次世界大戦のさなか、ロシア帝国が崩壊する。自由主義者や、穏健な社会主義者から成る臨時政府を武力で排除して、ロシアで政権を握ったのは、共産主義を掲げたボリシェヴィキであった。この時代から、日本とロシアは、隣国ながらもまったく異なった政治体制を持つようになり、外交関係は疎遠になってゆく。そんななか、後藤は世間の非難を浴びながらもソ連に接近し、ヨシフ・スターリンとの会見も実現させている。

まずは、医者としてキャリアをスタートさせた後藤が、なぜ政界で活躍するようになったのかをたどりつつ、ロシアとの関係を追う。

生い立ち

後藤は一八五七年に、陸奥国胆沢《いさわ》郡塩竈《しおがま》村（現在の岩手県奥州市水沢区）で生まれた。父は水沢藩の中級武士である。戊辰戦争により、仙台藩の一門である水沢藩は「朝敵」となって、後藤家も落ちぶれた。

困窮する後藤少年を見出したのが、胆沢県庁の大参事（副知事にあたる）、安場《やすば》保和《やすかず》である。彼は、序章で登場した横井小楠の弟子で、「智」の人といわれた（源『横井小楠研究』四八六頁）。

安場のはからいで、後藤は県庁で働き、通学も許された。学費の面倒もみてもらう。こうした縁で、のちに後藤は安場の次女と結婚している。

安場が水沢を去ってから、後藤は、医学の道を志す。安場が福島県令（知事にあたる）となっていたため、同県の須賀川医学校で学んだ。安場が愛知県令に転勤したこともあり、後藤は二〇歳で愛知県病院に赴任した。その四年後には、病院長に出世する。

さらに、官僚の道へ転じた後藤は、ドイツ留学を経て、内務省衛生局長に出世した。しかし、華族のお家騒動に首を突っ込んで収監され、順風満帆の人生は暗転した。

日清戦争中の一八九四年一二月、無罪が確定する。釈放された後藤に救いの手をのばしたのが、陸軍省医務局長の石黒忠悳《いしぐろただのり》である。彼の紹介で、陸軍次官の児玉源太郎少将を手伝ったことが、後藤の運命を変える。

児玉源太郎（アメリカ議会図書館蔵）

当時の児玉は陸軍の臨時検疫部長も兼任し、日清戦争にともない台湾に出征した将兵が、国内に伝染病を持ち込まないようにするのに苦心していた。しかし、実務を仕切るはずだった石黒が、大本営の幕僚たちとともに旅順に移ることになった。そこで石黒は、西南戦争の時に、ともに野戦病院で働いた後藤を推薦した。石黒は、まるで「前科者」のように白い眼で見られていた後藤の才能を惜しんでいた。

台湾で活躍する

後藤は広島の検疫所で期待以上の働きをして、児玉の信任を得る。児玉は一八九八年に、台湾総督に就任した。後藤は民政局長に抜擢される。台湾の統治に医学の知識が必要とされたのもあるが、後藤の行政手腕が評価された結果だ。

児玉との出会いが、後藤を政治家へ脱皮させた。後藤は、児玉は適材適所で人を使うのがうまく、どんなポストもこなした人物だと高く評している。

「児玉大将の如きは、将としても卒としても、総理大臣としても、丁稚としても、随所に其の天才を発揮する人であった」（阿部『岩手県一百人』八頁）

台湾では軍人たちが幅をきかせていたが、後藤は彼らとの軋轢《あつれき》をものともせず、実績をあげてゆく。台湾はそれまで、伝染病と原住民の襲撃で、日本人に恐れられていた。それを後藤は、薬や無煙火薬に使われる樟脳《しょうのう》、さらに砂糖を専売制にして、日本人にとって「儲かる島」に変える。

成功の背景には、台湾の風土や習慣を調べつくしたうえでの後藤の献策があった。台湾総督の児玉も、後藤に自由に腕をふるわせる。後藤は息子にも、「この名総督なくして台湾統治の成功はあり得なかった」と、児玉への敬意をつねに語り聞かせていた（後藤一蔵「後藤伯故児玉大将追憶の句碑除幕式次第」一二二頁）。

満鉄総裁に

日露戦争がはじまると、児玉は満洲軍総参謀長として出征する。戦後の満洲経営について、戦時中から構想していた児玉に、後藤はイギリスの東インド会社をモデルとした組織を設けることを提案している。

戦後、日本がロシアから獲得した満洲の最大の利権が、旅順から長春に至る鉄道である。後藤は、「戦後満洲経営唯一の要訣は、陽に鉄道経営の仮面を装い、陰に百般の施設を実行するにあり」と意見書で訴える。表向きは鉄道経営の「仮面」をつけて、沿線で医療や教育、その他の事業を手広く展開する構想だ。後藤は、政府直轄の「満洲鉄道庁」が、この鉄道を経営するよう主張した。

だが児玉は、鉄道は「会社事業経営」にすると決める。南満洲鉄道株式会社（以下、満鉄）の設立委員長も引き受けた児玉は、満鉄のトップである総裁に後藤を据えようとする。しかし、その説得の最中に、児玉は急死した。

後藤は、原敬内相からも就任を要請された。原は、「対満経営は満洲鉄道を基礎とするに外なき」（『原敬日記』一九〇六年一〇月三〇日条）と考え、後藤を就任させようと、西園寺公望首相の了解を取り付けた。また元老の山県も、後藤を「適材」と見て説得する。

満鉄総裁に大きな権限を与え、天皇が直接任命する親任官の待遇も求める後藤は、なかなか首を縦にふらなかったが、ようやく内諾した。

「午後三時頃の人間は使わない。おひる前の人間を使うのだ」（本多『先人を語る』一五八頁）が口癖の後藤は、満鉄理事にも若手の実業家や官僚、学者たちをそろえた。こうして、後藤の培った台湾での経験と人脈が、満洲に移植される。

夢は日露の鉄道接続

さて、後藤がそれまでのキャリアを通じて親しんできた国々は、留学先だったドイツと、一九〇二年に訪れたアメリカである。同年にはモスクワとサンクトペテルブルクも訪れている。これが、はじめてのロシア訪問である。

後藤が急速にロシアに接近したのは満鉄総裁になってからで、いわばビジネスとしてだ。満鉄は、鉄道のみならず、炭鉱、港湾施設、駅ごとに設けられた市街地や病院、ホテルなど、あらゆるものをロシアの中東鉄道から引き継いだ。満鉄本社も、中東鉄道の海への出口であった商港、大連に置かれる。後藤は、満鉄が満洲の物産を集めて、大連港から輸出する、「大連中心主義」を経営方針に据えた。また、日露戦争の激戦地だった旅順には学校を集めて、イギリスのオックスフォードやケンブリッジのような、学問の都にする構想を練った（田中「満鉄創業当時の追憶」三八頁）。

しかし、ユーラシア大陸を貫く交通の大動脈、シベリア鉄道から切り離されていては、満鉄は単なる中国のローカル線に過ぎない。長春からハルビン、そして満洲里までの

大連（1908年ころ、アメリカ議会図書館蔵）

中東鉄道と、その先のシベリア鉄道でヨーロッパへ至る道が確保されて、はじめて満鉄は国際的に貨客を呼べ、ヨーロッパとアジアの架け橋となることができる。これが後藤の考えだ。

帰国後に後藤は、その経営戦略の詳細を披露している。

神戸からヨーロッパまで、もっとも早い汽船で行っても五週間かかる。だがシベリア鉄道を使えば、わずか二週間で到着できるのだから、こちらが「世界交通の大動脈」となる。そこで、この「大動脈」を、満鉄でハルビンから大連へと誘いこむ。事業家には満洲の富源開拓に誘い、旅客には、清朝発祥の地である満洲や日本を観光させる。こうしてヨーロッパとアメリカのあいだを往来する旅客に、極東を経由させる。私が今回ロシアに行ったのも、以上の考えからだ。
「要するに我が南満鉄道は、露西亜の西比利亜線及び東清鉄道と接続して、世界交通の大動脈となったのであるから、互に手を携えて出来るだけ改良し、旅客の便利を図り、世界の幸福を進めねばならぬ」(立石『後藤新平論集』二三一頁)
ただ後藤には、他にもロシアに行く動機があった。
当時、満洲では、満鉄と平行して走る法庫門鉄道の計画が進められていた。この鉄道ができると、輸出される農作物のかなりの量が、満鉄から新しい路線に流れると予想された。この鉄道を計画したのは、日露に対抗する清朝で、イギリスの会社が出資する。危機感を覚えた後藤は、伊藤博文に書簡を送る。伊藤も、外国の支援に頼って、清朝は「復讐」する意気込みなのだろうと返信した(時事新報社政治部編『手紙を通じて』三頁)。イギリスと手を組んだ清朝に対抗するには、ロシアが頼りとなる。

国賓扱いのロシア訪問

後藤は一九〇八年四月二二日に神戸を出港して、大連経由でロシアへ向かった。後藤にとっては、二度目のロシアである。お膳立てをしたのは、ロシアとの貿易に携わる夏秋亀《なかばかめ》一《いち》だ。彼は一八九九年に東京帝国大学を卒業してロシアに渡り、後藤とは、一九〇二年に

ココフツォフ蔵相（アメリカ議会図書館蔵）

彼がはじめてロシアにやって来た時に知り合う。今回の訪問でも、ロシア政界との橋渡し役となる。

後藤は、五月一八日にニコライ二世に謁見した。この日、ココフツォフ蔵相は自宅に後藤を招いて、歓迎会を開く。ココフツォフは蔵相として、中東鉄道の経営を監督する立場にあった。彼は、後藤が満鉄総裁として多忙なのにロシアを訪問したのは、鉄道事業によって、日露間の接近を促すためだと紹介する。後藤もこう応じた。

「私が満鉄の総裁のポストを引き受けたときに、心から信じていたことがあります。満鉄は短い路線であっても、ロシアの鉄道と協力することにより、全世界の鉄道の主要路線とひとつの環になって役立つことができるであろうということです」（モロジャコフ『後藤新平と日露関係史』三六頁）

翌日にも、豪勢な歓迎会が催された。この場には、ストルイピン首相、ウィッテ元首相、イズヴォリスキー外相、ココフツォフ蔵相など、ロシア政界の大物がそろった。

後藤は、半官半民とはいえ、一企業の社長に過ぎない。その彼が国賓待遇で迎えられたのは、日露戦争後の日本の地位向上と、良好な日露関係、そして満鉄の重要性がロシア側に認められていたことが背景にある。

後藤はロシアの新聞のインタヴューで、両国の鉄道が協力すれば、ウィンウィンの関係になると説いた。

後藤「目下のところ、貴国は海への出口をウラジオストク一つしか持たない。しかもこの港は凍結し、半年は使いものになりません。わが国と貴国の鉄道の規格をうまく調整すれば、貴国の通商にとって第二の港として大連が使用できるようになるのです。言葉を換えれば、商品のかなりの部分はウラジオストクではなく大連に運ばれることになるのだと私は考えました」

記者「この接続はロシアより日本にとって有利なものです」

後藤「これは両国に大きな利益をもたらします。人や貨物を運ばないで、なんで鉄道など敷く必要があるでしょうか。だれにでも仕事を回せるほど仕事は十分ありますす。それに往来が容易になれば、両国民が接近し、共通の利益につながるでしょう。相互の不信は、双方の利益の土壌で消えていくでしょう」（『外国新聞に見る日

本』〔四―上〕一八四頁）

すべては満鉄のために

後藤に随行した満鉄理事の田中清次郎《たなかせいじろう》によると、この時の訪問では、「ロシアを喜ばせる為、その頃貧弱であったロシアのレール製造なんか見させられた時に、そのレールを買おうと云う訳で要りもしないレールを買って来たりなんかした」という（田中「満鉄創業当時の追憶」三八頁）。

ただ後藤は、ロシアで単に友好を温めてきただけではない。ビジネスの話もまとめてきた。後藤は帰り道で、川上俊彦《かわかみとしつね》ハルビン総領事へその成果を話す。中東鉄道の実質的な経営トップ、アレクサンドル・ヴェンツェリ中東鉄道副理事長とつぎのことを合意した。中東鉄道と満鉄の競争を避けるため、運賃率を話し合う場を設けること。満鉄と中東鉄道がそれぞれアジアとヨーロッパの連絡で協力し、そのために必要な調査をおこなうことも合意できた。

ロシア側が拒否したのは、シベリア鉄道と中東鉄道を結ぶ急行列車だった。ヨーロッパとアジアを行き来する旅客の輸送を円滑にしたい後藤は、イルクーツクからハルビンを経由し、長春にいたる路線で急行直通列車を走らせてほしいと願った。しかし、中東鉄道はハルビンと長春間での運行を認めただけだった（『日外』〔四一—一〕二二三頁）。

満鉄の列車が、シベリア鉄道に乗り入れるのは、ロシア側には抵抗があった。特に中東鉄道は、ライバルに旅客を奪われるためだ。

それでも後藤はロシアとの提携に自信を持ち、帰国後に伊藤博文へ宛てた手紙で、「両国政府接近すべき時機に達し」、満鉄を「交通の大動脈と致し候計画も成功の望相立《あいたち》」と、訪問の成果を誇っている（『伊藤博文関係文書』〔四〕四六七頁）。

二葉亭四迷と意気投合

後藤が帰国した敦賀の港では、『大阪朝日新聞』の記者、長谷川辰之助《はせがわたつのすけ》が待ち構えていた。「二葉亭四迷《ふたばていしめい》」のペンネームで、日本にロシア文学を本格的に紹介した彼は、ちょうどロシアへ特派員として渡るところであった。

後藤と初対面の二葉亭は、つぎのように切り出した。ロシアは満鉄の「国際的意味」を奪い、単に満洲の一地方の鉄道にしてしまおうとしているようだ。もしロシアの計略が成功すれば、たとえ満鉄と上海の汽船での連絡がうまくいっても、満鉄は「不経済の鉄道」であることを免れない。日本の貧弱な財力では、この鉄道を維持するのはきわめて困難だろう。この難問を解決する方法はあるのか。

二葉亭の質問は、後藤がもっとも頭を悩ませる点を突いた。そのため、後藤は「胸中に秘めたる或る物に触れて雄弁の堰を切りたる」と、二葉亭は『東京朝日新聞』の主筆、池《いけ》辺三山《べさんざん》に宛てて書く。後藤はこう答えた。

満洲鉄道を活《い》かそうと思えばどうしても露国と手を握らにゃいかん露国と手を握るというて協商位で満足している訳にいかん協商は十何行の文字を紙に書いて判を捺したものだ、そんなものが正可《まさか》の時に何の役に立つ

〔中略〕外務省の奴等に任しておいちゃ何も出来ん。それでオレハ一個人の資格でもツて露国へ行ってぶつかッてみた（『二葉亭四迷全集』〔七〕二七一頁）

要するに、満鉄を「一地方」の鉄道としないためには、ロシアと手を握る必要がある。ロシアの鉄道と接続してこそ、満鉄が活きる、というのが後藤の信念だ。

そこでロシアでは、「敷設当初の目的通り international railway〔国際鉄道〕にしようじゃないかと案を持出した」と後藤は語る。思いがけず、これにロシア側が賛成してくれた。後藤はこれを、「只一個の後藤新平という男を買って賛成して呉れたのだ」と、自慢

する。

後藤はよほど二葉亭を気に入ったらしく、ロシアでの会談について、あけすけに語っている。イルクーツクから長春までの直通列車は、断られたことまで明かした。

交渉について「新聞に書いてはいかんぞ」と言われた二葉亭は、記事では後藤をこう評すにとどめた。

「理想に囚われず、実際に役せられず、超然として心を物外に置きながら、驀地《まっしぐら》に物内に突入して活殺自在の働きを為し得る底の真人物」（『二葉亭四迷全集』〔四〕一〇〇頁）

後藤は、世界の旅客と貨物を満鉄に呼び込もうと、トップセールスを仕掛けにロシアへ行った。

成否はともかく、ロシアに飛び込んでいった後藤の度胸に、二葉亭もすっかり魅了されていた。

シベリア鉄道との接続を求めて

帰国後に、後藤のロシアへの接近は、ビジネスから広がってゆく。神田のロシア正教会には、ロシアの絵画や音楽を日本に「移植」するため、若い女性を何名か派遣したいと申し出た。これは、翌年の夏に、ロシア正教徒の柴山秀子《しばやまひでこ》の絵画留学として実現した。後藤は彼女の渡航費と、生活費一年分の面倒を見る（『宣教師ニコライの全日記』一九〇八年六月二一日〔西暦七月四日〕条、〇九年八月二一日〔西暦九月三日〕条）。

後藤は帰国からまもない一九〇八年七月に、桂内閣の逓信大臣となって、満鉄を去った。興味深いことに、後藤の入閣後の九月二五日に、桂内閣はロシアへの接近を閣議決定する。日露両国の友好関係をますます「進捗」させ、特に「満洲に関しては両国互に共同妥協して、其共通の利益を保持するの策を講ずるを要す」と決まった（JACAR: B04120031000）。少なからず、後藤の影響を感じさせる。

満洲で日露が友好関係を築くには、両国の鉄道がスムーズに連絡するのが一番だ。後藤はそう考えた。そこで、満鉄と中東鉄道の第一回接続交渉が、一九〇八年一一月から翌年三月まで、サンクトペテルブルクで開かれた。会談はまとまり、中東鉄道と満鉄は連絡運輸協定、運賃率協定を結び、協力が一気に進んだ。

だが、後藤が念願とするハルビンへの急行直通列車は、なかなか実現しない。翌年六月に、ヴェンツェリ中東鉄道副理事長が訪日した際に、後藤はこの問題をふたたび持ち出す。だがヴェンツェリは、列車の運行は、ハルビンで現地業務を統括する、中東鉄道管理局との協議が必要だ、と回答を保留した（麻田『満蒙』七二頁）。

それでも、後藤のシベリア鉄道への評価は変わらない。つぎの一文は、一九一〇年のものだ。

「東西文明の接触推移は、向後、西比利亜鉄道に負う所多大なるものあるは、今より想像するに難からざる所にして、之を思えば吾々《われわれ》日本国人は此鉄道に対し自ら感謝せざるを得ざる可し」(後藤「本邦と西比利亜鉄道」五頁)

以上のように、鉄道を介した後藤のロシア外交は、その志の半ばで終わる。しかし、後藤はロシア政界の大物たちと親しくなった。なかでも、未来の首相であるココフツォフとの出会いは、後藤の大きな財産となる。こうして築いたロシアでの人脈を、後藤は日本の政界とつなごうとする。

2　長州の元老を担いで

伊藤博文への接近

ロシア出張に前後して、後藤は伊藤博文に接近していた。二人の交流は、一八九五年にさかのぼる。当時、首相だった伊藤に、日清戦争で得た賠償金で、労働保険の拡充や国立病院を作るよう後藤は力説した。伊藤は、こうほめたという。

「後藤、お前の事を社会主義者と聞いて居った。が、今お前の議論を聞いて見ると実に立派なものである」（後藤「吾輩は伊藤公によりて社会党の誤解を除かれたり」八頁）

伊藤は後藤を高く評価したが、ある日、後藤にいった。

「惜しいことをした。君はちと遅く生れた。また君はちと早く生れ過ぎた」（鶴見「人としての後藤新平伯」一二〇頁）

明治維新の動乱には間に合わず、安定が求められる日露戦争後には、後藤の才覚は活かしきれないということだろうか。

伊藤は、後藤の台湾統治に手を貸している。後藤が赴任した当時、台湾では麻薬のアヘンが吸われていた。アヘンが日本国内に及ぼす悪影響を恐れ、日本人の多くは禁止を唱える。だが後藤は、医師が必要と認めたならば、中毒患者にはアヘンを売るという、漸禁策を主張する。首相の伊藤も漸禁策を支持した。後藤はのちに、「伊藤公爵の明断に依って台湾統治の基礎たる阿片制度が英断」されたと回想する（『大阪毎日新聞』一九二三年六月二二日）。

後藤のアヘン政策は、赤字つづきだった台湾総督府に、莫大な収益をもたらした。ただ、日本の統治時代に、台湾でアヘン患者が根絶されることは、最後までなかった。

疑わしい「厳島夜話」

ロシア外交をめぐって、伊藤と後藤が親交を深めるのは日露戦争後からだ。後藤は、「厳島夜話」という一文で、厳島参詣でたまたま一緒になったので、伊藤へロシアとの提携を三日三晩説いたとふりかえっている。その時、後藤が説いたのが「新旧大陸対峙論」だ。簡単に言えば、露独英仏のヨーロッパ諸国（旧大陸）と提携して、アメリカ（新大陸）と対抗してゆこうという考えだ。

しかし、後藤は別の回想で、伊藤へ接近したのは中国問題が大きかったと語っている。

伊藤公がまだ韓国統監の職にあった明治四十年春である。当時満鉄総裁であった我輩は、常に韓国問題、支那《シナ》［中国］問題を中心として、東洋全般の平和策に深甚の注意を払っていたが、その結論として、支那に対する列強の無謀なる競争を避け、いずれも平和裡に、相共にその富源の開発に尽すのが、支那のためにも、又列強のためにも、もっとも必要であると痛感した。併《しか》しそれには支那自体の政治を改善して、まず治安の維持を完全にし、列強に武力的暴圧の口実を与えぬようにすのが根本的と思った。

そしてこの目的を達成するには、日本を主動的立場に置くべきは勿論ではあるが、アジア政策とはいいながら、延《ひ》いては世界政策にまで進展せねばならぬ大舞台の立役者は、誰にでも勤まるものではない。よって我輩は、この際是非共、声望一世を圧する大人物を煩わさねばならぬと考え、直に一書を裁《たい》〔戴〕して、伊藤公に「共に天下の経綸を論じたい」と申込んだのである（東京朝日新聞社政治部編『その頃を語る』二九〇～二九一頁）

けれども、清朝で宮廷の実権を握っていた西太后《シータイホウ》が崩御して求心力が失われ、「これを相手に東洋政策を樹つることは、殆ど不可能」になる。そこで伊藤は、まずロシアと中国問題を話し合い、つぎに英仏独の識者と話し合って、「東亜百年の長計を定るのが早道だと考え」たのだという。

この話は、「厳島夜話」とは辻褄が合わない。こちらでは、話の中心は中国だったといろ。後藤が説いたのも、「大アジア主義を基調とする世界政策」だったと証言している。

また、後藤の別の回想によると、「将来世界の大乱は欧亜同盟と南北亜米利加《アメリカ》連盟との争覇戦」になるだろうと厳島で語ったのは、伊藤だという（後藤「日露復交と太平洋政策の確立」三七頁）。後藤の証言の矛盾を突くのはここまでにするが、その死後に、後藤は伊藤博文という「ビッグネーム」を、自分の主張に箔をつけるため、巧みに利用している。そうした事情を考えると、「厳島夜話」を素直には受け取れない。

提携先は中国かロシアか

確かなのは、厳島で二人が会談したことだけだ。当時の新聞によれば、会談は一九〇七年九月二九日の午前中だけ確認できる。会談を終えると、二人とも午後には旅館を発《た》った。

後藤がこの時、新旧大陸対峙論を説いたことまで否定する材料はない。ただ、会談のメインは、中国だったと考えられる。後藤が伊藤に宛てた手紙でも、それまで中国のことがもっぱら取り上げられていた。例えば、後藤は、日露戦争中の一九〇四年一二月にこう書いた。

「満洲問題は東洋平和の破綻を承るなり。東洋平和の破綻は支那之を致すなり。［中略］清国処置の問題未だ解決せざるは、則ち東洋平和の未だ保障せられざるなり」（『伊藤博文関係文書』［四］四六二頁）

他にも、一九〇八年にロシアへ行く前に伊藤へ出した手紙は、やはり中国の問題が論じられている。

後藤は役割を分けて、伊藤には中国との交渉を引き受けてもらい、ロシアとの交渉は、自分が担うつもりだったのかもしれない。

厳島会談の翌春に、後藤はロシアでココフツォフ蔵相と知り合う。後藤は彼を、日露の提携が話し合える人物だと見込んだ。一方、清朝では一九〇八年一一月に西太后が亡くなって、伊藤は話し合える相手を失った。そこで後藤は、まず伊藤とココフツォフ蔵相を引き合わせようとしたと考えられる。

後藤は外務省を通じた外交よりも、個人同士の結びつきによる「民間外交」を好んだ。彼にいわせれば、「国と国との条約の如きは形式に過ぎない。両国の親善は民と民との交わりにある」(後藤『処世訓』一六頁)。

そのため後藤は、外務省が外交を占有するのも、その晩年に至るまで嫌った。「外交とは要するに国家と国家、国民と国民の親善を確保するに過ぎないのであるから、敢て外務当局者のみでなく、国民自身にも外交は出来るのである」(後藤「日支の外交」三七頁)。伊藤にロシアの大臣を引き合わせるのも、後藤のそうした考えと無関係ではない。

伊藤もまた、韓国から手を引きつつあった。一九〇九年六月には韓国統監を譲り、七月六日には、適当な時機に韓国を併合する方針を、桂内閣が閣議決定する。そこで伊藤も、つぎは満洲だと説く後藤の計画にのったのだと思われる。

伊藤、ハルビンへ行く

しかし問題は、どうやって会談を実現させるかだ。会談をお膳立てしようとする後藤に、一九〇九年秋にココフツォフ蔵相がロシア極東の視察に出かけるという、耳寄りな情報が入る。

当時のロシアでは、親日的なココフツォフと、日本を敵視するウラジーミル・スホムリーノフ陸相が、対日方針をめぐって争っていた。蔵相には、「ヨーロッパでフリーハンドを得るために」、アジアでの安定を望むと公言していたイズヴォリスキー外相が味方につく。だが陸相は、皇帝のお気に入りの大臣である。陸相の日本警戒論は皇帝の取り上げるところとなり、ココフツォフは現地視察を命じられた。

後藤は一九〇九年九月二三日付で、ココフツォフ蔵相へ電報を送り、極東訪問の際には日本へもお越し願いたい、首相の桂太郎もお近づきになることを望んでいます、と要請した。しかしココフツォフは予算編成で多忙なことを理由に、翌日に丁重に断っている。ココフツォフを日本へ招請できなかった後藤は、ハルビンでのココフツォフとの会談を伊藤へ打診したと思われる。

伊藤は、九月二九日に桂首相と会談して、旅行計画を伝えている。伊藤公もじっとしていてくれればよいのに、と桂首相が後藤にもらしたというのは、おそらくこの時だろう（鶴見『正伝　後藤新平』［四］五二一頁）。伊藤は新聞記者にも、桂にさえも、旅行の目的を詳しく語らなかった。

ただ伊藤は、ロシアのニコライ・マレフスキー＝マレーヴィッチ駐日大使にはこう話した。

「中東鉄道と満鉄の協定と、両国の商業関係の進展に関連して、日露のより緊密な関係［構築］が可能かどうか明らかにするため、この視察と、特にココフツォフ閣下との会談を利用したい」（麻田『満蒙』七四頁）

伊藤の目的は、日露両国の政治的、経済的な結びつきの強化にあったと見てよい。

一〇月一四日、伊藤は、神奈川県の大磯の邸宅からハルビンへ向かう。後藤は大磯駅で伊藤を見送った。これが今生の別れとなる。

ロシアに遠慮して護衛を断る

大連に上陸した伊藤の警備は厳重だった。寺内正毅陸相が、伊藤の旅行中は「憲兵将校の指揮する下士以下、若干名を付し、警衛せしむべし」と、関東都督の大島義昌《おおしまよしまさ》陸軍大将へ命じていたためだ（JACAR: C06084784600）。

しかし伊藤は、満鉄と中東鉄道の乗換地点にあたる長春で、「既に他邦の領土に入らんとす、何すれぞ自国警察を随うの要あるべき」(『東京朝日新聞』一九〇九年一〇月三〇日)と、ここから先の警護を断った。中東鉄道の沿線やハルビンはロシアが警備しているので、伊藤は日本の憲兵を連れてゆくのを遠慮したのである。関東都督府の警視総長は、何度も抗議して私服憲兵の随行を求めたが、聞き入れられなかった。ボディガードを外したのは、致命的だった。

一〇月二五日の午後一一時、中東鉄道が特別に仕立てた貴賓列車で、伊藤の一行はハルビンへ向けて出発した。出迎えの中東鉄道幹部と伊藤は、「愉快に旅行」する(古谷『藤公余影』二八九頁)。

車中で伊藤は、「元来自分は日露両国の関係が親密になる必要を切に感じている。〔中略〕両国の親善がこの車中より始まって段々強固になることを期したい」とロシア人たちに挨拶した。伊藤はロシア語で、「私はロシア人を愛している」とくりかえしたとも、同行した川上俊彦ハルビン総領事は回想している(川上「ハルビン遭難当時の回顧」四九頁)。同じエピソードは、伊藤に同行したロシア側関係者も、事件後に語っている(*Харбинский Вестник*. 14. 10. 1909)。

ハルビンに死す

一〇月二六日朝九時過ぎ、伊藤を乗せた列車がハルビン駅に到着する。待ち受けていたココフツォフ蔵相は、さっそく列車に乗り込み、短い言葉をかわした。伊藤は日本へ来るように誘ったが、ココフツォフはやはり断る。しかし蔵相は、ハルビンでは十分に会談の時間を作ることを約束した。午前九時二〇分、プラットフォームで待つ人びとへ挨拶するため、二人は列車を降りた。ココフツォフは、暗殺の瞬間を、帰国後にニコライ二世へこう上奏した。

私たちは［横に］一、二歩の間隔をおいて、私が半歩ばかり前を歩いていました。後ろから三回音がして、すぐに本物のピストルの発砲音だと気づきました。伊藤公爵と私たちは［列車へ］戻ろうとし、それまでのように私が公爵の右側の、少し先を行きました。その瞬間、私たちから少し離れた所で、新たに四発の銃声が聞こえました。何か凶変が起きたのがわかりました。私は右腕に公爵を抱え、彼の列車へと連れてゆき、銃声のする場所から遠ざけようとしました。彼は三、四歩歩きましたが、私に強くもたれかかってきたので、支えきれないと思った私は、［中東鉄道警備隊の］兵士たちに、彼を支えるのを助けるようにいいました（ГАРФ, Ф. 543. Оп. 1. Д. 304, Л. 5.）

1909年10月26日、ハルビン駅に降り立った伊藤博文。番号5が伊藤、4がココフツォフ、3が川上俊彦

伊藤は乗って来た列車に運び込まれたが、そこで息絶えた。享年六九。

国内外で人びとがその死を惜しむなか、『武士道』で有名な新渡戸稲造《にとべいなぞう》は、一風変わった追悼文を寄せている。

英国に「自分の言行を血で封じる」という諺《ことわざ》がある。伊藤公の死は正にそれである。［中略］伊藤公の死は、時と云い、所といい、実に理想通りに行ったものと思われる。あの血によって、今日まで伊藤公のした事が皆生きて来る。若《も》し公が仮に耄碌《もうろく》して、呂律の回らなくなるまで生きて居て、赤い着物を着て馬車を駆って歩いた所でそれが何であろう。私は伊藤公今回の死を以て、寧ろ公の為に幸福の凶変と云わなければならぬ（新渡戸「五〇年後に於ける伊藤公の歴史的価値如何」一七頁）

暗殺の衝撃

明治天皇は、暗殺で受けた衝撃を口には出さない。宮内官の日野西資晴《ひのにしすけひろ》が数日して、「伊藤もああ云うことになりまして恐入ります」というと、明治天皇は「うん」とだけ言った。日野西は、「唯『うん』と仰しゃる時は『困った』と云う御積りです」と解説している（『「明治天皇紀」談話記録集成』［一］四一七〜四一八頁）。

ただ、側近たちからは、明治天皇は伊藤の死に「特に御力落して」、それからますます「御老境に入らせられたかのように」見えた（同前三二一頁）。

一方の後藤は、事件を知った時の心境をこうふりかえっている。

「思い起すも涙の種だが、伊藤公遭難の電報程私を驚かした事は無い。驚いたというよりも寧《むし》ろ狼狽したのである。当時私の周章《あわて》振りを見て亡妻が『どうなすったか』と詰め寄って来て尋ねた程である」（後藤「桂公に随伴渡欧せる岩下君の心事」六七頁）

伊藤の死は、後藤にとって終生のトラウマとなる。一九二五年四月にハルビンで講演をした際にも、こう述べた。

「日露戦争後、両国の大局的提携への第一歩を踏み出したのは、伊藤公であるが、伊藤公をハルピン《ママ》に向かわせたのは、この後藤である。換言すれば、公をハルピン駅頭で殺したのは誰であろう、この後藤に外《ほか》ならぬのだ」（引頭「日露協会会頭後藤新平伯を偲ぶ」五二頁）

新協約の裏方として

後藤は事件のショックから立ち直ると、伊藤とともにやり残した仕事を再開する。一九〇九年一一月二一日に、後藤は駐日大使へ、伊藤の出張の三つの使命を明かしている。第一に、満鉄と中東鉄道の連絡の改善。第二に、中東鉄道とシベリア鉄道を経由してロシアに輸入される日本産の生糸の運賃低減。第三に中東鉄道と満鉄沿線の収用地（満鉄での名称は付属地）における、中国人を対象とする、日露両政府の共同行動の確立。これらは、すべて満鉄にかかわる内容からしても、後藤が伊藤に託していた使命と考えた方が良さそうだ。

後藤の提案を知らせた駐日大使の報告書に、ニコライ二世はこう書き込んだ。

「後藤男爵の条項を大蔵大臣に諮《はか》れ。色よい返答を我々の側から与えることは、近い将来に、非常に良い意味を持つであろう」（『ロシア国立歴史文書館所蔵日本関係史料解説目録』二二九頁）

ニコライ二世は、一九一〇年四月にも、本野駐露大使に、「新たに協商を結ぶことは極めて必要なるを認む」と語っている（『日外』［四三－二］一一三頁）。

ロシア外務省も、後藤の提案を、経済的な意義だけでなく、両国を接近させる政治的な意義も高いと評価する。これにココフツォフ蔵相、そしてストルイピン首相も同調し、日本との提携が模索されはじめた。

桂太郎と後藤の絆

伊藤を失った後藤は、ロシアと日本の橋渡し役として、首相の桂太郎に期待をかけた。

二人の出会いは、桂が一八九六年六月に台湾総督として軍艦で赴任する際に、後藤が衛生顧問として付き添ったときにさかのぼる。後藤も桂も、ドイツに留学した経験があって、このときに意気投合したという。

後藤が台湾に赴任することになったのも、元台湾総督だった桂が伊藤首相に推薦し、伊藤が児玉の部下として付けたともいわれる（横澤「棲霞後藤伯逸事」二八八～二八九頁）。桂自身も、「創業の民政局長官として、児玉［台湾］総督の経営を補佐するに堪ゆるべきを信じてこれ［後藤］を推薦せり」と書いているから、後藤の才能を買っていたのだろう（桂「桂太郎自伝」六七頁）。

桂は、首相として日露戦争を勝利に導き、明治天皇や山県にも一目置かれる政治家となっていた。その桂と後藤の親しさを語るエピソードを、尾崎行雄《おざきゆきお》が紹介している。尾崎が東京市長だったころ、首相官邸に桂を訪ねた。桂は後藤を接客していた。後藤が帰り、ようやく尾崎が桂と面会していると、一〇分もたたないうちに、後藤がまた桂に面会を求めてきた。

桂太郎（アメリカ議会図書館蔵）

「今、後藤さんは帰ったばかりじゃありませんか」と尾崎がいうと、桂はいった。

「あれはここを出て、自分の官邸に帰る途中、ちょっと何か考え出すと、すぐまたやって来る。一日のうちには、三度も四度もやってくることがある。その度毎に新しい違った意見を持って来るが三つ四つ持って来ると、一つぐらいは大層いい意見があるので、私はつとめて会うようにしている」（尾崎『咢堂清談』一七九～一八〇頁）

ニコニコして、相手の肩をポンとたたいて懐柔することから、「ニコポン」があだ名の桂も、伊藤の死に力を落とす。海軍の重鎮である山本権兵衛大将が、「満州問題は伊藤公と懸案《ママ》なりし事」を話すと、桂は、「手を握り涙を流し助言協力を求められたる」(『財部彪《たからべたけし》日記』一九〇九年一一月二九日条)。

ロシア外交に桂を担ぐ

後藤は、暗殺の翌日に桂が、「伊藤の死後、其の志を継いで、世界政策を実行するのは我輩の任である」と語っていると新聞で知った。そこで後藤は、伊藤と討論した政策を桂に話したところ、桂も同意したと回想している。

後藤はただちに、桂をロシア側に売り込む。マレフスキー＝マレーヴィッチ駐日大使と会談し、満洲についての協議を希望した。

それに対し、大使はこう述べた。満洲は、日露両国が単に資金を投じただけではなく、貴重な血を流した所です。そのため、これまでのように両国は「隣家の他人交際のみ」で満足せず、さらに提携する必要がある。だから私は、こうした政治問題について、小村外相の意見も一応うかがいたいのです。閣下はご異存ありますか。

これに後藤は、小村外相よりも先に、桂首相との会談を勧める。しばらくは「外交的の形式」は避けて、「個人的に友誼的に」桂首相と意見交換をした方が良いという。その理由はつぎの通りだ。

日露の親善を計るに、先《ま》ず日露両国政治家の意思を充分疎通するにあり。桂首相の如きは、衷心《ちゅうしん》、日露両国の接近を希望する者にして、侯〔桂〕の朝に立つと野に下るとを問わず、目下、日本に於ては政治上の一大中心なり。故に上に至尊の御信任厚きは勿論、政界に於て勢力あるを以て、日露両国間の諸問題の解決するに侯の力を藉《か》らざれば到底覚束《おぼつか》なし（「明治四二年一二月一三日午後二時木挽町官邸ニ於テ露国大使ト会談ノ要領」）

マレフスキー＝マレーヴィッチ駐日大使（アメリカ議会図書館蔵）

駐日大使が小村外相と先に会談すると、外務省が交渉の主導権を握ってしまう。だが、自分の懸案を先に解決したい後藤は、大使には、まず桂首相と会ってもらいたかったのだろう。

さらに後藤は、一九一〇年一月一四日にも、マレフスキー＝マレーヴィッチ駐日大使に書簡を送り、モスクワに日本の主要な輸出品の生糸を鉄道で運ぶにあたり、特別運賃を適用してほしい、日露の汽船航路を新規開拓すべきなど、新たな要求を付け加える。後藤は一月二四日にココフツォフ蔵相にも書簡を送り、満洲をめぐって日露が歩調を合わせる重要さを訴えた（Кацура Таро, Гото Симпэй и Россия. С. 48-56）。

韓国併合と日露関係

後藤の尽力もあって、満洲をめぐる日露の足並みがそろう。前年からアメリカが提案していた、満洲における鉄道の中立化案（日露米英清の資本による国際管理）を、一九一〇年一月二一日に、日露両国はそろって拒んだ。

さらに桂内閣は、三月二日に新日露協商案を閣議決定する。後藤は、伊藤の暗殺という「災いを福に転じる」ことで、日露を接近させたのだった。

伊藤が亡くなると、桂内閣は韓国併合を急ぐ。小村外相は、韓国併合の方針をロシア側に知らせる。一九一〇年四月二〇日の本野大使との会談で、セルゲイ・サゾーノフ外務次官は異議を唱えなかったが、併合の時期は考えてほしいと頼んだ。上司であるイズヴォリスキー外相は、このころバルカン半島の問題で世論に攻撃されていたから、さらに韓国併合を許したとなると、ロシア国内での立場が悪くなるからだ（『日外』〔四三－一〕一一八頁）。

日本は、その時期を待った。一九一〇年七月四日に第二回日露協約が調印されると、もはやロシアへの遠慮はなくなる。八月二二日には、韓国統監の寺内正毅が、総理大臣の李《イ》完用《ワンヨン》と「韓国併合に関する条約」を調印した。

助けを求める韓国を、ロシアは袖にした。韓国の皇帝、高宗は、一九一〇年五月に、併合に同意しないようニコライ二世へ手紙を送る。日露の協定が締結され、その条件の一つが韓国併合という噂が流れているが、私は陛下が「韓国の庇護者」であるという考えを捨てておらず、陛下が日本の軛《くびき》からわれわれを解放する日が来ることを希望する、と哀願した。しかし、返信はなかった（加納「ロシア帝国と極東政策」二四頁）。

高宗（1904年、アメリカ議会図書館蔵）

図らずも、韓国最後の駐露公使となってしまったのが李《イ》範晋《ボムジン》だ。李は、一八九五年に、高宗たちをロシア公使館に移したときに、中心的な役割を果たした。李はサンクトペテルブルクで、一九一一年一月に自殺する。ニコライ二世に宛てた遺書には、こうあった。

「朝鮮は亡ぼされたが、その怨みを晴

らす望みもなく、しかも陛下にお会いすることができずに、今日逝きます」（徐「ロシア資料から見た駐露公使李範晋の自決」二二四頁）

一方、日露両国は、一九一七年までつづく「例外的な友好の時代」を迎える。しかし、この「友好」は、朝鮮や満洲で勢力範囲を線引きできたからこそ、実現したものだ。

桂とロシアへ

一九一一年八月、桂は首相を辞める。そこで桂は、後藤との以前からの約束で、ロシアへ行くことにした。明治天皇は、伊藤が暗殺された先例があるので、桂がロシアへ行くのを心配したが、それでも桂は、心配無用と出かける。

後藤にいわせれば、「桂公の露国行は、実はハルピ《ママ》ンに客死せる伊藤公の尻拭いであった」（後藤「桂公に随伴渡欧せる岩下君の心事」六七頁）。しかし、桂にも後藤にも、それぞれ胸に秘めた思いがあった。

桂の一行には、のちに首相となる若槻礼次郎《わかつきれいじろう》も加わる。彼の回想によれば、桂の旅行の目的として重要だったのは、満洲について、「ロシアの政治家と腹蔵のない話合いをする」ことだった。なぜそうしなければならないのか。その理由を、桂はこう述べる。

「日露戦後のわだかまりがいつまでも残っているようでは両国のためによろしくない。

両国の利害が衝突しないよう、将来摩擦の起こらないよう、国交を調整したい。摩擦を避けるためには、もし出来れば、東経何度とか、北緯何度とかに一線を画して、お互いに自由にやろうということも考えられる」（若槻『明治・大正・昭和政界秘史』一六七頁、傍点引用文）

さらに桂は、出発前にマレフスキー＝マレーヴィッチ駐日大使と会談して、こう語る。

中国問題は今や、中国と隣接する二国家にとって、いかに自己の利益を擁護するかを深く考えなければならない深刻な局面を迎えています。他の列強国が中国に経済的利益のみを有するのに対し、ロシアも日本も、領土的な利害関係を有しているのです。この視点に立てば、両大国は、一定の行動計画を合意のもとに作成し、首尾一貫して実行することに合意することが不可欠なのです（モロジャコフ『後藤新平と日露関係史』六四頁）

「中国問題」とは何か。それは、辛亥革命で混乱する中国情勢のことだ。一九一一年一〇月一〇日、湖北省で革命が勃発。翌年一月一日に、南京で孫文《スンウェン》が臨時大総統に就任して、中華民国を樹立した。それからまもない二月一二日に、宣統帝《シュアントン》は退位し、清朝は滅亡する。孫文は、皇帝退位を実現した袁世凱《ユアンシイカイ》に、臨時大総統の地位を譲った。

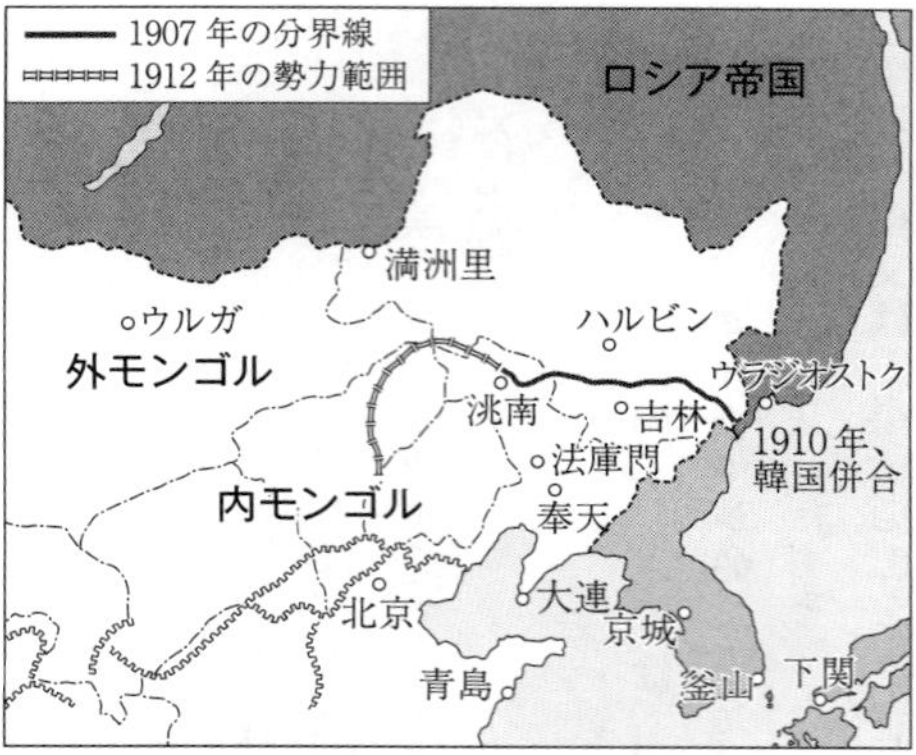

日露の満蒙勢力図（『日本外交史　別巻4　地図』鹿島研究所出版会をもとに作成）

この激変する情勢のもと、山県と桂、田中義一を中心とする長州閥の軍人は、ロシアとともに満洲に出兵して、分割占領することを企んだ。しかし、新聞や議会が反対し、西園寺首相も賛成しなかった。この苦い経験から、桂は自らロシアに乗り込んで、満洲についてロシアと協議しておきたかったのだろう。

注目すべきは、桂と後藤が出発してから二日後の一九一二年七月八日に、第三回日露協約が結ばれていることだ。その焦点は、辛亥革命後に、ロシアの支援のもと中華民国から独立を宣言したモンゴルだ。日露両国は、この協約により、満洲に加えて、内モンゴルでも勢力範囲を線引きする。

けれども、西園寺内閣の内田《うちだ》康哉《こうさい》外相と、本野駐露大使が主導したこの協約に、後藤が割り込む余地はなかった。そこで、西園寺のライバルである桂を担ぎ、ロシア政界に桂を売りこむことこそ、後藤の狙いだったのではないか。

満洲占領で連携を確認

一九一二年七月六日、東京を出発した桂と後藤の一行は、七月二一日にサンクトペテルブルクに着く。この日、本野駐露大使から、明治天皇が重態と知らされる。その後、持ち直したとの電報があったので、旅程を早めようとスイスまでの切符を買ったが、「病勢険悪」との知らせがあり、七月二八日の特別列車で急いで日本に帰った。サンクトペテルブルク滞在は、一週間ばかりだった。

サンクトペテルブルクでの後藤（中央）、桂（右）、本野一郎駐露大使（『公爵桂太郎伝』坤巻より）

あわただしい訪問だったが、桂はココフツォフ首相とサゾーノフ外相に会っている。ニコライ二世はバルト海のヨット上にあり、桂と会わなかった。

一連の会談で、桂がもっとも力を入れたのが中国問題である。ココフツォフ首相との会談ではこう述べた。中国が無政府状態に陥り、列強が干渉することもあるかもしれない。その時、「最も有効なる措置を執り得るものは日露両国のみ」である。そのため、中国情勢に合わせて、両国はますます親密な関係を築いたほうが良い。もし中国情勢が急変して、各国が干渉することになったら、ロシアはどうするつもりなのか。

ココフツォフは答えた。自分も中国が無政府状態になるのを恐れている。そうなる前に日露間で協議しておきたい。もし日露両国が満蒙を分割するのならば、そうした協議はたやすい。ただ、国際情勢を見ると、まだその時ではない。もし中国政府が、秩序の維持や、外国人の生命財産の保護などができなくなり、借款の返済もできなくなったならば、日露両国は満蒙を占領し、中国がその義務を履行するまで保障占領をつづけるべきだ（外務省政務局第三課編『日露交渉史』［下］二四九～二五〇頁）。

サゾーノフ外相との会見でも、本題は中国だった。外相も、中国が無政府状態に陥ったならば、ロシアの「特殊利益地方」で軍事上、重要な地点を占領し、行政も引き受けるだろうと述べた。日本はどうするのかと聞かれて、桂は、行政を引き受ける必要はないが、重要地点は占領する、と述べた（同前二五〇～二五一頁）。

桂は、気になっていた満洲占領への同意を取り付け、さぞ安心しただろう。もっとも、そうした事態が現実になることは、ついになかった。

寺内正毅を担ぐ

一九一二年七月三〇日、桂たちは日本に戻る途中、シベリア鉄道の駅で明治天皇崩御の知らせを聞く。明治が、終わった。

翌年の一〇月一〇日には、桂も病没した。後藤はその直後に、桂をこう評している。「伊藤公没後、能《よ》く世界の大勢を察して事理に鑑み実際に見て国家の重圧に膺《あた》りしもの、公〔桂〕を措いて他に求むべからず」（拓殖大学創立百年史編纂室編『後藤新平』一一八頁）

桂の死に、英米仏の政府が弔意を表した記録は残っているが、ロシアはない。日露開戦当時の首相として、ニコライ二世は桂に好意を持てなかったのだろうとは、歴史家の保田《やすだ》孝一《こういち》の推測である。ニコライ二世は対照的に、日本を一緒に旅した有栖川宮威仁親王が同年に世を去ると、弔意を表している（保田『最後のロシア皇帝ニコライ二世の日記』一三四頁）。

後藤は、桂の構想した新党、立憲同志会に身を置いていたが、桂の没後に脱党している。新たな活躍の場に選んだのが、日露協会だった。この協会は一九〇二年に、榎本武揚を会頭に設立された。榎本が〇八年に亡くなると勢いをなくすが、一一年に寺内正毅陸軍大将が会頭に就任して、てこ入れする。寺内も長州出身で、当時は朝鮮総督を務めていた。寺内の頼みで、協会の副会頭となった後藤は、ここでも長州閥と協力してロシア外交に取り組むことになった。一九一九年に寺内が没すると、後藤自らが会頭となる。

日露協会は半官半民の団体で、ロシアとの貿易に興味がある経済界からも、多くの会員を集めた。一九一五年一月には、日露貿易調査部も会に設けられる。主導したのは、大蔵省主税局長などを務めた目賀田種太郎《めがたたねたろう》である。のちに目賀田は、シベリア出兵直後に後藤が設立した「臨時西伯利亜経済援助委員会」で、委員長を務めることになる。

後藤は外務省の「霞ヶ関外交」を批判して、のちに「国民外交の旗手」ともてはやされたが、外務省に頼らずに、独自のロシア外交を展開できたのは、このように軍人、政治家、官僚、実業家と、豊かな人脈を築いていたからだ。例えば日露協会は、後藤と渋沢栄一《しぶさわえいいち》のつながりで、横浜正金銀行などの企業から、多額の寄付金を集めることができた。

3　シベリア出兵という禍根

世界大戦の勃発

一九一四年夏、全ヨーロッパ諸国を巻き込んだ戦争は、世界へ飛び火した。この第一次世界大戦で、ロシアは英仏とともに連合国の側に立つ。日本はイギリスと同盟していたので、ロシアと日本の距離は縮まった。後藤と山県有朋は、さっそくロシアの支援に乗り出した。

後藤は、知り合いの実業家を、マレフスキー＝マレーヴィッチ駐日大使のもとへ遣わす。そして、ロシア軍にできるかぎりの物資を支援することを申し込ませる。山県も、一九一四年八月七日に、武器商人の高田《たかだ》慎蔵《しんぞう》を駐日大使に会わせた。そして、できるかぎりの軍需物資を提供する「秘密の提案」をさせた。輸送には、朝鮮総督の寺内正毅や、満鉄も協力するという。大使はこの件を記し、日本の好意的な中立はありがたいことだ、と本国へ報告している（*Павлов*. Русско-японские отношения... С. 40, 153）。

しかし、サゾーノフ外相は中立だけでは満足できない。ヨーロッパに全力を注ぐためにも、日本と同盟し、アジアでの安全保障を確保したかった。そこでサゾーノフは、大戦勃発から間もない一九一四年八月に、イギリスの駐露大使へ、アジアにおける相互不可侵条約を、イギリス、ロシア、日本の三ヵ国で結べないかと語った。フランスも、日英同盟への加入を日本へ申し出てくる。

日英仏露の同盟

日本も八月二三日にドイツへ宣戦布告し、連合国の陣営に加わった。そこで日本の政界でも、日英仏露の四ヵ国同盟へ舵を切ろうという意見が出てくる。特に、元老の井上馨が熱心だった。井上は九月二四日に、大隈重信首相と元老の山県有朋、松方正義、大山巌を自宅に招き、イギリスのみに「専頼せず」、このさいロシアと同盟を結び、日英露仏の同盟か協約の基礎を作ることが決められる（井上馨侯伝記編纂会『世外井上公伝』〔五〕三九一頁）。

首相の大隈は、ロシアを嫌ってはいない。外相だった一八八九年八月には、日露和親通商航海条約を調印した。その二ヵ月後に大隈がテロに襲われたが、ロシア皇帝のアレクサンドル三世はお見舞いとして、「最とも切なる友情」を、駐日公使を通じて大隈に伝えている（『日外』〔二二〕三四五頁）。ちなみに、この事件の影響で日露通商航海条約は成立せず、締結は一八九五年に持ち越された。

大隈が首相に就任すると、一九一四年五月七日に、マレフスキー＝マレーヴィッチ大使が祝いを述べに駆けつける。大隈は大使に、ロシアの友を自任していると述べ、アレクサンドル二世に勲章を授与されてから、ロシア史を研究してきたとも語っている。

さらに大隈はこういった。ヨーロッパは、ドイツ・オーストリア・イタリアの三国同盟と、イギリス・フランス・ロシアの三国協商の二大ブロックに分かれている。ヨーロッパ諸国の「合従連衡《がっしょうれんこう》」は中国の情勢に影響するので、大隈内閣としては、日本も三国協商に加わって、極東では四国協商にすることをめざす、と（МОЭИ. III. T. 2: 494-495）。

したがって大隈首相は、日英仏露の四ヵ国の同盟に、何の異存もない。

ロシアに冷たい加藤高明

ところが、イギリス側は、日英仏露の四ヵ国同盟では、日英同盟の意義が薄れてしまうと乗り気ではない。加藤高明外相もブレーキをかける。大戦のはじまる前だが、加藤は新聞のインタヴューで、日英同盟こそが外交を支えていると語っている。

「日本は日英同盟を骨子として外交方針を確立し、日仏日露日米協約等を補助とせるものなるは言を俟《ま》たず」(『大阪毎日新聞』一九一四年一月一日)

加藤高明(アメリカ議会図書館蔵)

加藤にいわせれば、そもそも日露協約が成立したのも、ロシアが日英同盟を尊重したためだ。「若《も》し日英同盟なかりせば、恐らく日露協約は成立せざりしならん」(同前)

そのため、イギリスの反応が良くないのに、ロシアと新しい同盟を結ぶのは、加藤は気が乗らない。そこで加藤は、ロシアとの新条約は先延ばしにする。一九一五年七月六日に、駐日イギリス大使が日露の同盟に言及したときにも、「その問題は、目下の戦争が結了したのち、協議するほうが妥当であろう」と加藤は述べた（大井「石井外交の対露政策に関する一考察」［三］三五頁）。

取材でも、加藤は日露同盟に冷たい。

「日露の同盟、そんな事は新聞などで彼是議論するものではない。何人にも分らぬ。当局者以外に知る事ではない。［中略］下らぬ事を書くとそれがために国交を害するのだ」（加藤「彼是議論す可らず」七頁）

加藤外相への包囲網

後藤はそんな加藤を嫌った。日露同盟を結ぶ前に、同盟を活用できる人材が内閣にいるかどうか問うべきだと、インタヴューで答える。もちろん、後藤の答えは否だ（後藤「現内閣に大事は托せない」七頁）。

後藤が、加藤を嫌った理由は他にもある。加藤が外相として主導した、中国への厳しい要求（対華二一ヵ条の要求）は、失態だと後藤は考えた。加藤のやり方は、何度も値切って決着したが、客（中国）がまだ買わないというと、腕力に訴える「縁日商人」のようだと批判した。

「苟《いやしく》も責任を知る者ならば、潔く挂冠［辞職］するが当然なるべきに、恥を知らざる外相加藤には、到底其勇気なかるべし」（後藤「拙劣極る外交」四頁）

日露の話し合いが進まないなかで、後藤は大隈内閣と敵対する立憲政友会の総裁、原敬と密談を重ねる。

二人の背後には、「加藤の狭隘には困る」（『原敬日記』一九一四年九月三〇日条）と話す山県や、「今の政府は外交に全く無経験」で、「実に困り切ったものなり」ともらす、松方正義がいた（同前八月一二日条）。

プライドが高く、相談もしてこない、加藤のイギリス一辺倒の外交に、井上、松方、山県という元老たちは不満で、「山県は加藤外相を丸で英人［イギリス人］なりと罵倒」した（同前八月一二日条）。

ロシアとの交渉を進めない内閣にも業を煮やし、一九一五年二月二一日に山県は、大隈首相へ、その名も「日露同盟論」という意見書を送り付ける。

後藤も、裏工作をつづけた。後藤は、マレフスキー＝マレーヴィッチ駐日大使をひそかに訪ねた。後藤はいう。山県と井上は、一日も早く日露同盟を締結したいが、「近視眼的な対外政策」をとる加藤外相の抵抗にあっている。伊藤博文の志を継いで、日露同盟を夢見る両元老は不満だ。彼らは、あらゆる手段を使って内閣の外交方針を変更させることにした。大隈内閣が今後も日露同盟に反対をつづければ、山県は自ら解決しようとするだろう、と（*Павлов*. Русско-японские отношения... С. 201）。

山県が日露同盟を促す

後藤の予告通り、山県が動く。一九一五年七月一〇日、山県は大隈と加藤を食事に招いた。山県は、日露同盟を結んでも、日本が外交の「枢軸」に据えている日英同盟を損なわないと、つぎのように説く。

もともと、日英同盟はロシアを敵として締結した。日露戦争後も、日本はロシアを敵としていたが、むしろロシアと親しくする方が、「利益あること明白」となった。またイギリスも、植民地のインドにロシアが野心を見せなくなり、また、ヨーロッパではドイツとの競争に力を入れなければならず、ロシアと同盟した。さらに、いまイギリスは、フランスやロシアとともに、国をあげてドイツと戦っている。そのため、日本がロシアと同盟を締結するか、もしくは従来の協約を改定して、同盟と同じようなものにしても、イギリスの不利益にはならない。

山県はつづける。戦争終結後、英露の利害が一致しない時がくるかどうかはわからない。けれども、もし日露が同盟を結べば、日本が英露「両国間の連鎖」となり、二〇年後に起こるかもしれない両国の衝突を、二五年後に遅らせられるかもしれない。

ここまで黙って聞いていた加藤外相は、外交の方式上、日英露の三国同盟でなければならない、と答える。山県は、三国同盟でも、何の差し支えもないという。ただ山県は、同盟国のドイツとオーストリアを裏切ったイタリアについて話す。暗に、三国同盟では不満だと示唆した。

加藤は、調査を約束して話を打ち切ろうとする。しかし山県は、同盟できるように調査せよ、と詰め寄った。割って入った大隈は、「日露同盟に満幅の賛成を表し」、すぐに調査に取りかかるよう、加藤外相に指示した（尚友倶楽部編『大正初期山県有朋談話筆記』〔続〕三九〜四五頁）。

加藤外相の辞任

状況は、次第に山県と後藤に有利になる。それまで日露同盟に消極的だったイギリスは、第一次世界大戦で苦戦するロシアが戦線を離脱するのを防ごうと、日露同盟に前向きな姿勢を見せる。

さらに一九一五年八月一〇日には、閣内のいざこざで加藤外相が辞任する。山県は、加藤の引退は「国家の利益」とまで語った。後任には、駐露大使を務めていた本野一郎を、山県は推薦した。しかし、本野はロシアに少しコミットしすぎている、という理由で、加藤は反対した（小林『日ソ政治外交史』二二頁）。

　加藤が外相を辞任してまもない九月に、後藤はマレフスキー＝マレーヴィッチ駐日大使を訪ねた。そして、加藤は日中関係と日露同盟の件で元老たちを怒らせ、辞職を余儀なくされたと語った。後藤によれば、加藤の辞任後、大隈内閣と元老たちの関係はとても良くなった。日露同盟についても、双方の意見は一致している。さらに外相には、一〇月から石井《いしい》菊次郎《きくじろう》が就くことも知らせた（*Павлов.* Русско-японские отношения... С. 216-217）。

大隈重信首相（左）と石井菊次郎外相（アメリカ議会図書館蔵）

　ところが石井外相も日露同盟に消極的で、結局は山県が同盟の音頭を取ることになる。

ロシア皇族の来日

　一九一六年一月に、ニコライ二世の従叔父《じゅうしゅくふ》、ゲオルギー・ミハイロヴィッチ大公が来日した。山県は朝鮮総督の寺内正毅を接待の委員長にして、寺内に「今度は必ず日露の交情を温めざる可からずと意気込ませ」、準備を万端に整えさせた（『萬象録』一九一六年七月一〇日条）。山県にとって寺内は、長州閥の後輩で従順、さらに日露協会会頭なのも都合がよい。

一九一七年一月七日、寺内は中朝国境の安東《アントン》（現在の中国遼寧省丹東《タントン》）で大公の一行を迎える。そのまま特別列車に同乗した寺内は、日本でも随行し、一月三一日には、安東で大公の一行を見送った。寺内はこの功績で、アレクサンドル・ネフスキー勲章を贈られる。

大公一行の目的は、表向きは大正天皇の即位を祝うためだったが、日本からさらなる武器の支援を仰ぎ、新たな日露協約も結べるか、探るのが目的だった。

寺内正毅（アメリカ議会図書館蔵）

第一次世界大戦で苦戦するロシアにとって、日本は背後を固める同盟国としても、軍需物資の供給国としても、なくてはならぬ存在になっていた。日本は一九一五年末までに、少なくとも四五万丁以上のライフル銃をロシアに供給している。アメリカ（約六六万丁）、フランス（約六四万丁）、イギリスとイタリア（計約五三万丁）に並ぶ供給量だ（*Павлов*. Русско-японские отношения... С. 99)。

しかし、山県によると、大公の随員が新たな協約を申し出ても、「石井〔外相〕の答が木で鼻を拭いたるが如き不愛相《ママ》」だったので、ロシア側の不興を買う。ここで、寺内が得意のフランス語で助け舟を出し、「日本の真意は決してさる冷淡の者に非ず」と弁解した。山県は、石井外相も大隈首相も、「至って無頓着」であったと、その「一大失策」に呆れている（『萬象録』一九一六年七月一〇日条）。

同盟交渉は、大公の一行に加わっていた、ロシア外務省の極東局長が窓口となって進んだ。ロシア側は、同盟の見返りに、日本がポーツマス講和会議で得られなかった、長春から松花江までの鉄道を、日本に売却することを提案する。これは日本側を喜ばせた。こうして、一九一六年二月一四日に、大隈内閣はロシアとの同盟締結を閣議決定する。

はかなく散った同盟

事実上の日露同盟である第四次日露協約は、一九一六年七月三日に結ばれた。後藤は喜ぶ。日露協約は、イギリスの感情を害するのでは、と心配する人びともいるが、外国の鼻息ばかりうかがっているわけにはいかない。日本は独立国なのだから、「日本を本位として」その外交政策を確立させせなければならない、と説く（後藤「日露協約と軍備」一四頁）。

「年来の宿志を達したるにて欣喜に堪えず」と、山県の喜びもひとしおだ。日露協約は日英同盟の精神を薄くする、と加藤高明が言ったが、実際は逆だと山県はいう。日露協約ができれば、イギリスはますます日英同盟を大切にする。なぜなら日英同盟がなくなれば、日露同盟だけが残り、イギリスの東洋における地位がどうなるかわからなくなる。だから、イギリスは日英同盟を捨てられないと、山県は語った（『萬象録』一九一六年七月一〇日条）。後藤も山県も、口とは裏腹に、イギリスの反応を気にかけていた。

加藤はなおも批判を止めない。「日露協約祝賀会」に招かれると、もしイギリスとロシアが戦争になったら日本はどうするのだ、「国際間に二枚の起請は書くべからず」と、日英同盟との矛盾を突いた。しかし、日露同盟はもう結ばれた。加藤もこういって、兜を脱がざるをえない。

「日英同盟を傷くるなくして、更に日露の親善を加うるに、何の不同意かあらん」（加藤「日露協約と日英同盟」二八頁）

しかし、日露同盟の効力は短かった。一九一七年三月に革命が勃発し、ロシア帝国は倒れた（二月革命）。新たに成立した臨時政府は、日露協約を破棄こそしなかったものの、日本側に譲られるはずだった中東鉄道の譲渡など、細部の交渉は滞った。

さらに、一九一七年一一月七日に、臨時政府をレーニン率いるボリシェヴィキが倒す

1918年7月に処刑されたニコライ2世とその家族（1914年、アメリカ議会図書館蔵）

（一〇月革命）。こうして発足したソヴィエト政府は、翌春にドイツと講和を結ぶ。もはや、日露は同盟国ではなくなった。

ソヴィエト政府は、秘密条項も含めて、これまでの日露協約を新聞に暴露した。第四次日露協約の秘密条項には、「第三国」から攻撃されたら、もう一方の国が助ける参戦義務が書かれていたが、この「第三国」とは英米のことだと記事で解説する。これは、日本と英米の仲を裂こうとした計略とみられる。日米英の革命への干渉が噂されていたためだ。

ロシア革命の目撃者

さて、ここでは少し横道にそれて、ロシア革命を目撃した日本人の回想を読んでみよう。じつは、そうした日本人は少なくない。ロシア大使館に勤務していた外交官の芦田均《あしだひとし》や、記者の布施《ふせ》勝治《かつじ》などが有名だ（菊地『ロシア革命と日本人』第二章）。ただ、一〇月革命の目撃者は少ない。混乱するロシアから、多くは帰国していたためだ。

ここで取り上げるのは、ロシア正教の司祭、三井《みい》道郎《みちろう》の回想である。三井は一八五八年に、盛岡で生まれた。函館で洗礼を受けると、ウクライナのキエフ神学大学に留学する。帰国後は、母校である正教神学校の校長などを任され、大津事件では皇太子ニコライの通訳を務めた。

一九一七年秋、三井はロシア正教のトップである、総主教を選ぶための会議に出席するため、動乱のロシアへ出かけた。総主教の位は、ピョートル大帝によって廃止されていたが、ロシア帝国の崩壊にともない、ふたたび設けられることになったためだ。

モスクワに着いた三井は、一〇月革命に遭遇する。一一月七日の首都ペトログラード（現在のサ

ペトログラードの革命側の兵士たち（1917年、アメリカ議会図書館蔵）

ンクトペテルブルク）における蜂起で始まった革命は、またたくまにモスクワに飛び火した。一一月一〇日の夕方から、陸軍士官学校の生徒を中心とする部隊と、ボリシェヴィキの激しい戦闘がはじまった。三井はその様子をこう記す。

此の一週間昼夜となく砲声を耳にし、弾丸雨飛の間にあり、所々に鮮血淋漓《りんり》の光景を目撃するは如何《どう》にも恐ろしかった。市民は危険を恐れ外出するを止め、食糧を得ること能《あた》わずして、飢餓に苦しむ者も少なくなかった。電車の運転は止《や》み、電話は黙し、郵便電信は全く其の働きを止め、新聞雑誌は過激徒に属するものの外《ほか》は悉《ことごと》く発行停止となり、モスクワ全市は全く過激派の暴威に蹂躙《じゅうりん》去られたるが如く見えた（三井「訪露紀聞」［三］五頁）

ボリシェヴィキは、一週間足らずで市内を制圧する。騒乱が収まった二日後に、三井はある会話を聞いた。

兵隊が、「今度は資産階級の奴原《やつばら》を掠奪《りゃくだつ》虐殺する順番だぞ」というと、それを聞いた「一貴婦人」が「憤激」した。

「御前さん達は、あれ程血と涙の雨を降らしたではないか。夫《それ》でも尚お足らずと思うか。モスクワ市民は皆恐れて逃げて仕舞うであろう」
兵隊は言い返す。
「利口な者は逃げて行ける様に執行猶予をして居った。ぐずぐずして居ると殺されて仕舞うぞ」（同前六頁）
三井も、それからまもなくしてシベリア鉄道に飛び乗り、ロシア各地で危険な目に遭いながら帰国している。

シベリア出兵への誘い

革命の嵐がロシアで吹き荒れるころ、後藤はどうしていたのだろうか。

日露同盟の成立では黒子に徹した後藤だが、大隈内閣が倒れ、山県の後押しで寺内正毅が組閣すると、後藤はふたたび政治の表舞台に復帰する。副首相格の内相に就任した。

寺内内閣に降りかかってきた難題が、シベリアへの出兵の誘いだ。一九一七年末に、シベリア鉄道とウラジオストクにたまる軍需物資が、ドイツへ渡らぬよう、英仏から日本政府に出兵の要請があった。本野一郎外相は、出兵を積極的に唱える。しかし、寺内首相も山県も消極的で、閣内で孤立した本野は辞任した。代わって外相を任されたのが後藤だった。

シベリア出兵における日本兵（アメリカ議会図書館蔵）

このころ、まだドイツと死闘をくりひろげていた英仏は、ドイツと講和したソヴィエト政府を敵視していた。後藤は、当初は出兵に慎重だったものの、一九一八年六月になると、何とか出兵の口実を得ようともがく。寺内首相も、アメリカからも出兵の要請があった七月には、山県の圧力で出兵推進に転じた。

だがシベリア出兵は、野党に転じていた憲政会や、新聞各紙や識者が反対にまわり、一大論争になった。大隈元首相も、政府を手厳しく批判した。

寺内内閣の出兵計画が常に不人気なる所以《ゆえん》のものは、其の出兵目的が曖昧であって、義に勇み、仁を尚《たつと》ぶ我が国民性に合致せず、従って国民に出兵の理由徹底せず、共鳴を感ぜしむることが出来ないからであって、其自主的出兵と言い、別途派兵と言い、徒《いたず》らに連合与国の猜疑を招き、露国民に

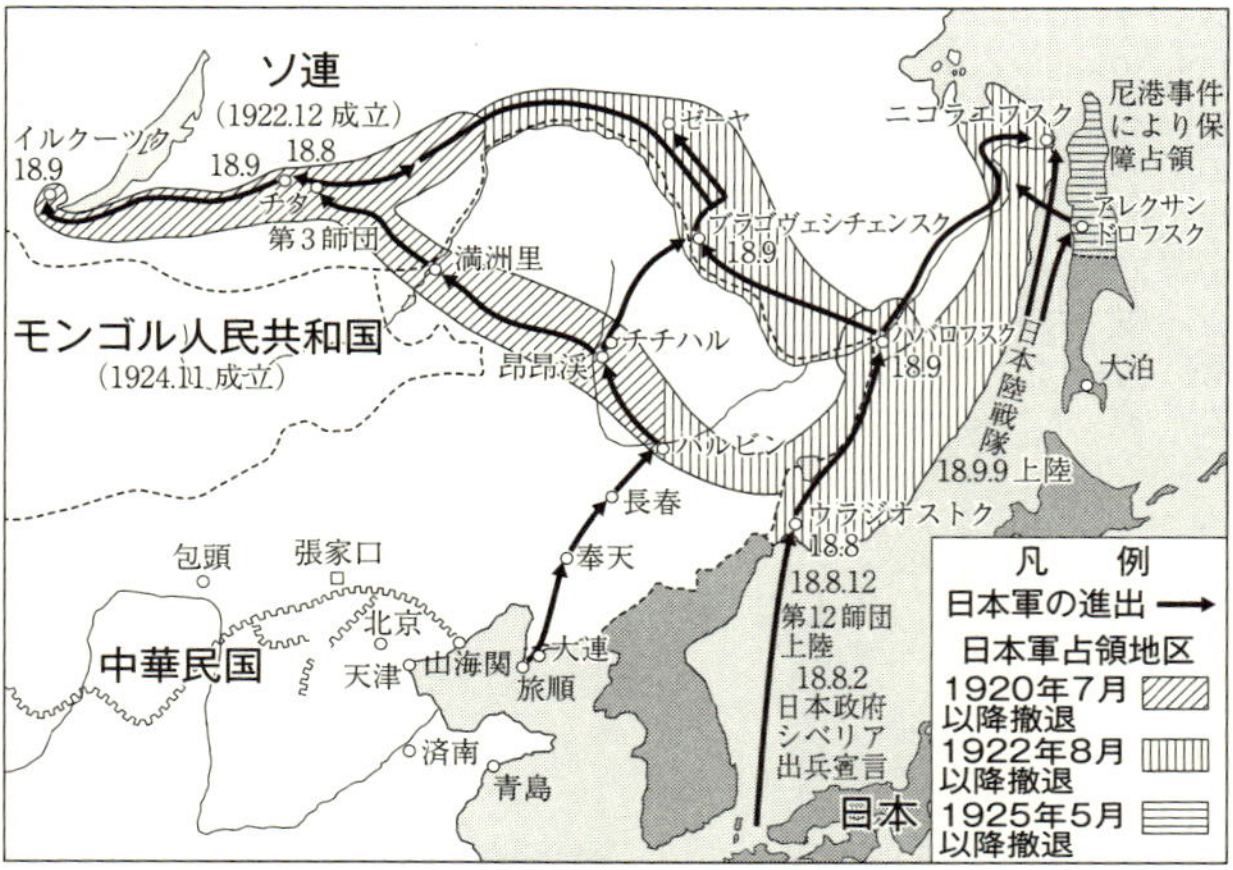

シベリア出兵日本進出関係地図（『日本外交史 別巻4 地図』鹿島研究所出版会をもとに作成）

誤解を生ぜしめるのみで、藪《やぶ》を突いて蛇を出すの愚策を弄する者である

（大隈「シベリヤ出兵論」九頁）

出兵を推進した陸軍も批判された。「出兵と婦人の考察」と題して、与謝野《よさの》晶子《あきこ》は出兵のはじまる直前にこう書く。

参謀本部を中心とする陸軍々人達は、何かの機会さえあれば、如何ようなる口実を設けてなりとも、西比《シベ》利亜《リア》へ出兵したくてならないのです。彼等は軍事的理想の極めて狭い範囲をのみ見て邁進しようとする馬車馬です。彼等は広大な人間生活を展望することの出来ないように目隠しをされて居ますから、彼等の建《ママ》てた軍事的理想のみが日本人の生活を幸福に導く最上唯一の理想であると思って居ます（与謝野『心頭雑草』一三六～一三七頁）

しかし寺内内閣は、反論する新聞や雑誌を、検閲や発行停止で弾圧する。

結局、一九一八年八月二日に、日本政府は出兵を宣言し、その翌日にはアメリカ政府も派兵を宣言した。

ウラジオストクに上陸した日本軍などの多国籍軍は、一ヵ月足らずで、バイカル湖よりも東を制圧した。

後藤の出兵意見書

ロシアとの友好を求める日露協会会頭と副会頭の寺内と後藤が、ロシアへの内政干渉を進めたのはなぜだろうか。そこには、日本の国益を後藤なりに計算した結果があった。「西比利亜出兵の目的」という意見書で、後藤は出兵の理由を六つあげる。

①ドイツはすでにヨーロッパ・ロシアをその影響下に置いている。シベリアや満蒙もドイツの影響を受けるのは時間の問題である。日本としては東アジアをドイツから守るために、出兵する必要がある。

②日本は、「大海軍国」の英米にはさまれている。そこで、日本の「帝国百年の計」は、戦後も日英同盟に外交の基礎をおき、「日米協議」で補うことだ。ならば、ドイツとの戦争でも、英米両国にもっと協力しなければならない。ところが欧米では、日本はこの戦争で自分の勢力拡大にばかり努めている、という悪評が立っている。こうした疑いを一掃するためにも出兵して、連合国と「正義のために」奮闘する必要がある。

③戦後の講和会議のためにも、いまは「積極的行動」に出て、発言権を拡大する必要がある。さらに講和会議では、ロシアの「処分問題」が重要になる。この問題で発言権を保とうとするなら、ロシアの領土を占領しておくことだ。

④アメリカは、シベリアには野心がないと言っている。しかし、仮にそうだとしても、アメリカは将来、その巨大な資本を投じて、シベリアでの活動を活発化させるだろう。日本はシベリアに「有力な地歩」を築いておくのにこしたことはない。

⑤このごろ、日本人は「弛緩」している。戦後は欧米人との競争が激化するのは必至だ。そのためにも、出兵で国民に緊張感を持たせる必要がある。

⑥戦後、欧米の勢力が中国に殺到するだろう。その前に、ドイツから中国を守って、日中の提携を実現する必要がある（鶴見『正伝　後藤新平』〔六〕四八三～四九二頁）。

後藤は戦後を見据えて、いかに日本の国益を維持し、拡大させるかに重点を置き、出兵を推進した。裏返すと、国益のためならば、ロシアを犠牲にするのを厭《いと》わなかった。

シベリア出兵の失敗

一九一八年八月にシベリア出兵に踏み切った寺内内閣は、その翌月に総辞職している。この時、後藤も外相を辞したので、後藤は議会などで出兵の責任を問われることを免れた。

結果からいえば、シベリア出兵は失敗に終わった。

シベリア出兵には、全期間を通じて、およそ日本軍の半数にあたる一一個師団が参加した。『靖国神社忠魂史』によれば、シベリア出兵の全期間にわたる陸海軍の軍人、軍属の戦病死者数を合算すると、戦死二六四三人、病死六九〇人、計三三三三人にも上る（原『シベリア出兵』五七一頁）。

これほどの軍事行動にもかかわらず、一九二五年五月に、最後の占領地である北樺太から撤兵したとき、日本が得られたのは、同地での石油と石炭の採掘権でしかなかった。出兵当初の大義名分だったチェコ軍団の救出が終わっても、日本はなおも単独で駐留をつづけたため、国際的な評判も落としている。特にアメリカ政府は、日本へ厳しい目を向け、日米関係には亀裂が生じた。英米との協調のための出兵、という後藤の目論見は外れた。

だが後藤は、アメリカとの協調を考えれば、シベリア出兵は仕方なかったと弁明している。


彼〔アメリカ〕が若し単独に出兵する事になれば、世界政策の上に於て、日本の位置は如何なる事になるかということを考えなければならぬ。米国と共に出兵するに就いては、露国の内政干渉にあらずという理由を以て出兵したけれども、これを造物主から見れば、耳を抱〔掩〕いて鈴を盗むの嫌なきにしもあらずということは分って居る。しかしこれ無かりせば、失敗の跡を残したところの巴里《パリ》会議に堂々と参列するの権利は得られなかったかも知れぬから、一得一失である（後藤「日露内交渉の顚末」三頁）

「耳を抱〔掩〕いて鈴を盗む」とはことわざで、良心に反する行為をしながら、そのことを考えないようにすることだ。

後藤はシベリア出兵のやましさを自覚していたからこそ、埋め合わせのため、のちにソ連との国交樹立にのめり込んだのかもしれない。

つぎの世界大戦を予言

外相を辞めてからも、後藤とロシアの縁は切れなかった。日露関係の将来を担う若者を育てるため、ハルビンに日露協会学校を作ろうと、一九一九年二月にはその創立委員長となっている。こうして作られた学校が、のちの哈爾濱《ハルビン》学院である。この学校はロシア語を身につけた多くの人材を輩出したが、なかでも有名なのは、戦時下のユダヤ人救出で知られる外交官、杉原《すぎはら》千畝《ちうね》だろう。

一九一九年三月から一一月まで欧米を旅した後藤は、パリでは大戦の講和会議の様子をのぞく。後藤はこの時に結ばれた講和条約から、つぎの戦争の匂いをかぎ取った。

あの四百七十個条より成る「ベルサイユ」平和条約なるものが、世界の平和を再建する権威ある合理的決議であるとは、何《ど》うしても信ずることができぬ。あの条約調印の当時、全然一個の門外漢として倫敦《ロンドン》に居った予は、其時既に、此の条約調印の日は、世界戦争の終りの日にあらず、寧ろ第二次世界動乱の始めの日であると直感した。而して此の第二次世界動乱の日に於て、我国は恐らく第一次世界戦争当時の如き傍観的地位に居ることはできないであろう。此第二次世界動乱の大波濤は必ず東洋方面に倒れ来って、遂に我国の国難となるであろうと思った（後藤「国難来る」三〜四頁）

つぎの世界大戦は、日本にも「国難」となって襲ってくる。不幸にも、後藤のこの予言は当たることになる。

サンクコストの呪縛

後藤にとっては実り多き外遊だったが、そのあいだに、彼が推し進めたシベリア出兵は、危機に陥っていた。日本が支えていたアレクサンドル・コルチャーク提督の政権が崩壊し、日本とソヴィエト政府の直接対決も時間の問題になっていた。外相を辞めてからも、臨時外交調査会の委員だった後藤は、外交に重大な責任を負っていたが、外遊で欠席を重ねるばかりだった。

日本政府は、ソヴィエト政府と話し合い、何かしらの見返りを得て、撤兵する方針へ転換する。しかし、大連や長春で会談を重ねても、無条件での撤兵を求めるソヴィエト政府とのあいだで、溝が埋まらない。結局、日本軍と反革命軍の最後の牙城である、ウラジオストクに陥落の危機が迫ると、加藤友三郎《かとうともさぶろう》首相の決断により、日本軍は一九二二年一〇月に手ぶらで撤兵した。

ただ、北樺太からの撤兵は、日本がここでの石油や石炭の採掘権にこだわったため、持

後藤新平とヨッフェ（1923年、フランス国立図書館蔵）

ち越された。ここまで兵力と予算をつぎこんだのに、何も得られずでは面目が立たない、何か「戦利品」を得なければという、サンクコストの呪縛に陥った典型例が、シベリア出兵だろう。のちの日中戦争で、日本が撤兵できなかったのと似ている。

ソ連の敵か、友か

ソ連との交渉が進展しないことに業を煮やしたのが、当時は東京市長だった後藤新平である。病気の温泉治療の名目で、北京におけるソ連の代表団のまとめ役、アドルフ・ヨッフェを東京に招待した。ヨッフェは、中国と国交を結ぶために、モスクワから派遣されていた外交官である。ただ、北京政府との交渉はまったく進展していなかった。そこで、ヨッフェも日本との交渉に望みをかけて、一九二三年二月に来日した。

後藤は、「東京市長は誰にも勤まる。ヨッフェを呼んで談判するのは俺でなければ出来ない」（山内ほか『後藤伯爵追慕講演』二九頁）といって、任期途中で東京市長を辞めるほど、この交渉に力を入れる。

だが、国交のない国の外交官で、しかも筋金入りの共産主義者であるヨッフェの来日には、賛否両論が起こる。憲政会総裁の加藤高明も、ソ連との交渉は、後藤ではなく政府が前面に出るべきだと批判した。加藤にいわせれば、「後藤子のやっているのは余りに私的傾向があるのに加えて、外務省と同氏との関係も変なことになっている」(加藤「面白からぬ政府の態度」七頁)。

後藤を継いで東京市長となった永田《ながた》秀次郎《ひでじろう》も止めるが、後藤はこう反論した。

君、外交というものは人の尻馬にばかりついて行ったのでは駄目なんだ。アメリカやイギリスがロシアに一寸も手を出さない。これが絶好の機会だよ。あとからやったのでは何の御利益《ごりやく》もない。またロシアと交際して日本が赤化「共産主義化」するものなら、日本がアメリカと交際してなぜ共和国にならないか。ロシアと交際して赤化するようなそんな弱い日本ならば二千六百年の歴史はない。もっと日本は強い国であるということが自分で判らないようでは駄目だ(山内ほか『後藤伯爵追慕講演』三六頁)

伊藤と桂の墓で泣く

世の非難を浴びても、後藤がヨッフェとの交渉に賭けたのには二つ理由がある。第一に満鉄のためであり、第二に伊藤博文と桂太郎の遺志を継ぐという思いだ。ヨッフェとの交渉を外務省に引き継いだ直後に、後藤は講演でこう述べている。

満鉄が今日、政治、経済、外交上に有する潜勢力は偉大なるもので、満鉄は単に支那のみならず、露国に非常な関係がある。即ち満鉄経営については日、露の相関連した外交政策の基礎に立たねばならぬので、私は従来とても満鉄経営には思《おもい》を致していたのである。顧みるに、伊藤公がハルピン《ママ》駅頭凶刃に倒れたのは抑《そもそ》も何故であるか。桂公が露国を訪問した意向如何。東洋の大策に就いては、これ等元勲は日夜努力していたのである。即ち明治の宏謨《こうぼ》［広大な計画］は、日露の親善であったのだ（『神戸新聞』一九二三年六月六日）

後藤は講演を終えると、伊藤と桂の墓参りをした。新聞記者も同行して、後藤が墓前で泣く様子が記事となる。これが、元老として天皇に助言する西園寺公望の目に留まった。西園寺は、山県の側近だった松本剛吉《まつもとごうきち》にいう。

「相渝《かわ》らず後藤は芝居掛りをやるではないか、是では迚《とて》も大事は托されない」（『大正デモクラシー期の政治』一九二三年六月三〇日条）

平田東助《ひらたとうすけ》内大臣も松本に、「之で先《ま》ず落第を表白した」と、やはり墓参で泣いた後藤を嘲笑した（同前七月一日条）。

後藤を用いた元老の山県は、すでに前年に世を去っている。残された元老の西園寺は、首相を選ぶ際に大きな発言権を持っていた。その彼が、後藤が墓前で泣いたのを、パフォーマンスだと嫌った。おそらく、閣僚でもない後藤がヨッフェを招いたこと自体、出過ぎた真似だと不快だったのだろう。

西園寺と後藤は、この一〇年前から確執があった。後藤がついに首相に選ばれなかったのも、彼らのような宮中の有力者に嫌われたのが一因だろう。

そうとも知らずに、後藤は、八月にヨッフェが帰国してから、伊藤と桂の墓所に、厳島会談からヨッフェ来日に至るまでを漢文で記した記念碑を建立した（館森「後藤棲霞伯」二九〜三〇頁）。後藤は、伊藤と桂の後継者として、その名を永久に留めたかったのだろう。

日中ソの三国連携を構想

ヨッフェを通じた日ソ交渉は失敗に終わった。後藤は、日本軍が駐屯している北樺太を買収したいと持ちかけたが、その金額で折り合えなかった。後藤は加藤首相に直訴して、政府間の交渉に格上げさせたが、これも行き詰まる。

さらに、ヨッフェが帰国した直後の一九二三年九月一日に、関東大震災が起こる。後藤も内相と帝都復興院総裁に任命され、震災後の対応に忙殺された。翌年一月に、ゲオルギー・チチェーリン外務人民委員（外務大臣にあたる）へ送った手紙で、後藤は、大震災で「反動的気勢」が台頭し、政府も内政に没頭しているので、日ソ交渉については、自分はしばらく傍観しているより他ない、と書いている（「後藤子爵発チチエリン氏宛書翰」）。

日本がもたつく間に、一九二四年五月、中国が一足先にソ連と国交を結んだ。この北京協定が結ばれた直後、後藤は西園寺公望に書簡を送り、ソ連との国交で中国に出し抜かれたと、外務省を攻撃した。特に彼を刺激したのが、ソ連が中東鉄道の経営に参加するという条項だった。この条項は「帝国の満蒙政策を根底より震撼する虞《おそれ》なしというべからず」と後藤は記し、外務省は中国をあなどっていたと怒る。

知り合いの新聞記者には、「露支協定が出来たので、乃公《おれ》の仕事は、もうやめだ」と苦笑していたという（布施「露支紛争に際して後藤伯を想ふ」一一九頁）。

だが、立ち直りの早い後藤は、新たな構想を練る。日中ソの三国連携だ。

「日露両国の握手は軈《やが》て日支両国握手の機運を誘導し、斯《か》くて日露支三国は東洋平和の三大支柱となりて、太平洋政策の上に完全なる協力と共存共栄の福祉を増進する端緒が開かれるであろうと思います」（後藤『帝国国防に関する私見』三〇〜三一頁）

それまでは、アメリカにも期待をかけていた後藤だが、一九二四年に、日本人の移民を締め出す排日移民法がアメリカで制定されたことで、考えを変えた。
そこで、日中ソの連携だ。なかでも、ソ連との安定した関係がないかぎり、日本の満洲経営はおぼつかない、と後藤は説く。

我が満洲の経営的文化的発展が、日露親交に依らずして、果して期待し得べきや否や、或は朝鮮不逞の徒が其の策動地を露支の両国境に造れる如き、或は露国が突如として東支鉄道の還附を声明せる如き、斯かる事態を以てして、尚お帝国の大国策は支障なきを得るだろうか。是等の難問題は、凡て其の解決の鍵を日露の親交に期す
（『国民新聞』一九二四年六月一九日）

しかし、そのあともソ連との交渉は進まない。後藤はいらつき、当時の首相、加藤高明を批判する。ようやく交渉が北京ではじまると、新聞記者へこう語った。
「加藤君も今日晴れの第一線に起って、其の抱負経綸を天下に示さんとするのであるから、もっと眼を大きく睜《みは》って仕事をして貰いたいものだ」（『大阪朝日新聞』一九二四年七月三一日）

コップ駐日大使（アメリカ議会図書館蔵）

国交樹立を祝う

ようやく、一九二五年一月に日ソ基本条約が調印されると、後藤は、「先帝陛下の洪謨《こうぼ》と故伊藤公等の心血を注げる遺策が幸いに壊滅せず、再び世界平和の鼎柱鍵鑰《けんやく》たる働きを生ずる機に至った」と、明治天皇と伊藤の名前を出して、喜びを述べる（『国民新聞』一九二五年一月二二日）。

同年三月の講演でも、やはり彼らに触れている。

日露交渉は、地文《ちもん》的解釈に於て、先帝陛下の皇謨《こうぼ》［天皇の国家統治の計画］を明にし、吾先輩の犠牲となった主動の霊感を帝国の使命として、此使を完《まっと》うせんとすることから起ったのである。ハルビンに倒れた伊藤公の銅像が神戸に立っているが、公の銅像は、日露の交渉は地文学的関係から進まなくてはならぬと、日々語っていると思わなくてはならぬ（『神戸新聞』一九二五年三月三〇日）

ここでいう「地文学」とは、いまでいう「地政学」だろう。

共産主義を奉じるソ連と国交を結ぶのは、国内で反発が少なからずあった。そこで、ロシアとの提携は、明治天皇と伊藤の遺志だと、後藤は説得を試みた。いささか神がかりな発言からは、伊藤を対露外交の「殉教者」として神格化することで、自身のソ連提携論に重みを加えようとする意図が感じられる。

国交を結んだばかりのソ連も、そんな後藤を重んじる。一九二五年九月一五日、ヴィクトル・コップ駐日大使は、スターリンに、後藤への資金援助を提案した。将来、日本がソ連に接近するよう、後藤に影響力を行使してもらえる、との期待からだ。ただ、実際に資金が提供されたかはわからない（寺山「戦前期ソ連の対日政策」二一六頁）。

伊藤、山県、桂、寺内が健在だったときには、後藤はロシアに接近する政治家たちの一人に過ぎず、むしろ彼らを支える黒子に徹した。しかし、彼ら長州閥の政治家はすでに亡く、後藤はソ連との窓口になるオンリーワンの政治家になっていたことの証である。

沿海州への入植計画

後藤は、日ソ基本条約が結ばれた直後の一九二五年二月の講演会で、こう述べている。後藤によれば、日本では年々六〇万人が飢えてゆく。その解決に、「身を犠牲に供してこの事に努力しなければならぬ」という後藤だが、この条約を結んだことで、「日本帝国にある所の慢性人工的飢餓を救済することが出来る」。条約と飢餓の解決がどう関連するのかは、「意の及ばざるところを補うて」ほしいと、はぐらかした（後藤「日露交渉に就いて」三二～三三頁）。

後藤の秘めていた計画は大胆だ。ソ連のコップ駐日大使に、沿海州へ農業移民を入植させてほしい、と提案した。具体的には、中ソ国境にあるハンカ湖のあたりを日本人が開墾したいと望んだ。

西園寺公望への書簡から推測すると、後藤は「極東拓殖案」を一九二五年九月中旬に完成させた。実際にこの計画書を見せられた水野《みずの》錬太郎《れんたろう》元内相によれば、「日本の経済的拡張の途をシベリア方面に開かれんとする」計画で、後藤は加藤高明首相から、毎年八〇〇〇万円を国庫から出させようとした（水野「後藤伯と予」六六～六七頁）。

ゴーストライターとして、この計画書を代筆した満川亀太郎《みつかわかめたろう》によれば、狙いは植民にとどまらなかった。

「日露提携は、我人口問題解決の要諦たるのみならず、更に進んで対支対米外交を制し、所謂《いわゆる》太平洋問題の枢機を把握する上に於て寔《まこと》に一石二鳥を搏《う》つの妙案たり」（満川「故伯の日露提携意見書」二一二三頁）

この計画は、国内の人口増加問題を解決するだけではない。ロシアと手を結び、アメリカや中国も牽制できるので、一石二鳥だという。後藤はこの目的のため、極東拓殖会社を創立しようと加藤首相に直談判したが、良い返事はなかった。

警戒するソ連

ソ連はどう対応したのか。一九二六年一月に、モスクワで関係省庁の代表が集まって、日本人移民の入植を認めるか検討している。場所は制限されるものの、入植を認めることで議論はまとまった（富田『戦間期の日ソ関係』二〇四頁）。

ソ連の最高幹部が集う共産党政治局も、同年四月一日に移民を認めているが、厳しい制限付きだ。ソ連に入国する日本人移民の数は、いかなるときであれ、大勢であってはならない。さらに、日本人移民は特定の地域に集め、日本の資金で特別な公社を作って、厳格に管理すると決めている（Кацура Таро, Гото Симпэй и Россия. С. 229）。

それでも計画は頓挫した。ソ連駐日大使館のグリゴリー・ベセドフスキー参事官は、ソ連の軍部が反対して立ち消えになったと、一九二七年四月に語っている。

その理由は、入植予定地のハンカ湖が、日本の植民地である朝鮮や、満洲との国境に近いことにあった。ソ連の軍部としては、国境付近に「内なる敵」を抱えこむのは好ましくないということだろう。ベセドフスキーは、ヨッフェを招聘したことからもわかるように後藤は「平和的親露的意見」を持つが、入植計画を例に「侵略的傾向」もあるとして、信頼は薄らいでいると出淵勝次《でぶちかつじ》外務次官に語った（『日外』〔昭和期Ⅰ・二―三〕四二六頁）。

ソ連側の反応は芳しくなかったが、後藤は植民計画を一九二七年末からのモスクワ訪問でも取り上げ、やはり遠回しに拒絶された。それでも、ソ連から帰国してまもない一九二八年二月に、チチェーリン外務人民委員、レフ・カラハン同代理（外務次官にあたる）に、植民の実現を訴えた（Кацура Таро, Гото Симпэй и Россия. С. 309-310）。

4　スターリンとの密談

中国革命と孤立するソ連

一九二三年一月、孫文への支援を表明したソ連は、中国での革命運動へてこ入れを強めた。しかしそれが、中国の情勢に敏感な日本を刺激し、日露関係にも影を落とす。

そこでソ連のベセドフスキー駐日大使館参事官は、一九二六年八月に出淵勝次外務次官へ、四ヵ月前に結ばれた独ソ中立条約のような条約を結べないかと提案する。のちにベセドフスキーは亡命して暴露本を出版し、これはスターリンの命令だったと明かしている。中国での革命を急ぐスターリンは、中立条約が無理なら、対中不干渉の覚書を交わすだけでも良いと指示してきたという。だが、出淵外務次官はこの提案を九月三〇日に拒否した（JACAR: C15120397300、『日外』〔大正一五年〈一九二六年〉一〕三一七頁）。

一九二七年になると、スターリンが夢見た中国の革命は遠のいた。北京政府を率いる張作霖《チャンヅオリン》の差し金で、四月には北京のソ連大使館が警察に襲撃され、同月には、革命勢力として育ててきた蔣介石《ジャンジエシィ》も、ソ連に叛旗を翻して、中国共産党を弾圧した（上海クーデター）。

ソ連は西でも窮地に立つ。特にイギリスとの対立は深刻で、この年の秋からは、イギリスとの戦争が公然とモスクワで語られる。国内では、権力を握るスターリンに、トロツキーたち反主流派が、中国での失敗を材料に権力闘争を挑む。一九二七年が、ソ連にとって「危機の年」といわれるゆえんだ。

まさにその年に、後藤がソ連を訪問する。

後藤は、ソ連の他に提携する国を見つけられずにいた。アメリカへの期待は、一九二四年の排日移民法でしぼんだ。中国との提携も考えた後藤だが、二五年に中国旅行から戻ると、失望を隠さない。西園寺公望に宛てた書簡の草稿で、中国の指導者たちをこき下ろしている。

北京と満洲を支配する張作霖は「緑林の豪客」で、「眼に一丁の字なし」。つまり馬賊あがりの強盗で、学問がない。張作霖に権力の座を追われた直隷派の呉佩孚《ウーペイフー》は、「将才あるも、経世済民の識見手腕なく」、南方で広東政府を率いる孫文は、「空想多く、深く言うに足らず」。後藤は、急に中国で不世出の英雄が出てくる望みはない、と悲観している（「後藤新平発西園寺公望宛書簡　一九二五年五月初旬」）。

やはり、満洲の利権を守るには、中国ではなく、ソ連との提携しかない。そう思いつめた後藤は、モスクワ訪問を計画する。後藤は一九二六年と翌年に、二度も脳溢血で倒れている。医者だけに、ソ連へ行くには時間も残り少ないことを彼は感じていただろう。

田中首相のソ連提携論

後藤を後押ししたのが、首相兼外相に上りつめていた田中義一である。

田中は、ソ連に対する警戒心が強かった、と見る研究もある。一面において、それは正しい。例えば、一九二七年五月に、ソ連のヴァレリヤン・ドヴガレフスキー駐日大使が、日露国交回復の「最後の仕上げ」に、不侵略協定の締結を提案してきた（『日外』「昭和期Ⅰ二―三」二九頁）。しかし、田中は断っている。

一方で、田中は同年六月一六日に、ソ連と満洲、シベリアで機会均等の共存共栄を築きたいと表明した（黒沢『大戦間期の日本陸軍』三三八頁）。

満洲における日ソの提携、シベリアの共同開発は後藤の悲願であり、田中首相とはその点で通じるものがあった。

一九二七年九月三〇日に、出淵外務次官が口述筆記した「東方会議後の対露方針」も、この時期に、なぜ日本がソ連へ接近したかったのかを物語る。

この文書によると、日本がソ連と「親善関係」を築きたいのは、「地理的」なものと、「経済的」なもの、二つの要因があった。

田中義一（1927年、アメリカ議会図書館蔵）

「地理的」には、樺太、朝鮮で日ソは国境を接し、満洲で中東鉄道と満鉄が接続しているためだ。「経済的」には、北樺太の石油と石炭の利権が筆頭にあげられている。こうしたことから、日露関係は重要であり、安定させるべきだという。

ただ、政治的にはソ連に深入りする必要はないと主張する。ロシア革命前に結んでいた日露協約のようなものは、もう時代に合わず、日本を「自縄自縛」に陥らせる、と否定的だ。代わって提唱するのは、シベリアの「富源」の共同開発で、これで「日露間の親善関係が確立」されるという、実利的な方針を掲げた（『日外』［昭和期Ⅰ二―三］七～一二頁）。

久原房之助の派遣

田中は、久原房之助をソ連に派遣する。久原は一八六九年に、長州の萩に生まれた。日本各地の鉱山の再開発で成果を上げて、一代で久原財閥を築く。事業のかたわら、井上馨や寺内正毅、そして田中義一といった長州閥の政治家に資金援助もした。政友会の代議士に初当選してから、わずか三ヵ月で田中内閣の逓信相に就いたのも、その見返りだろう。

久原は、田中首相から「帝国政府特派経済調査委員」の肩書を与えられて、ドイツやイタリア、ソ連を回ることになった。田中は、ソ連のドヴガレフスキー駐日大使に、久原の使命は「日露通商条約交渉」のための調査なので、便宜をはかるよう依頼した（『日外』［昭和期Ⅰ二―三］一五頁）。

通商航海条約は、一九二五年の日ソ基本条約第四条で締結が定められていたが、交渉が進んでいなかった。二七年四月に、この交渉を呼びかけてきたのは、ソ連の首相にあたる、アレクセイ・ルィコフ人民委員会議議長である（同前八九頁）。

なお田中は、一九二八年三月八日に新任のアレクサンドル・トロヤノフスキー駐日大使と会談した折に、「久原『ミッション』は自分の思付き」と述べ、政治ではなく、経済で連携できないかと久原を送り出したといっている（同前一九頁）。

しかし、これらは表向きの理由だ。

一九二七年一〇月一四日に、カラハン外務人民委員代理から、満洲における双方の誤解を解くために、日ソ不可侵条約を締結してはどうか、と田中都吉《たなかときち》駐ソ大使へ提案があった（服部「日ソ不可侵条約問題」一一六頁）。田中大使はこれに難色を示したが、久原は、こうした両国接近のムードを利用して、さらに大胆な提案をすることが目的だった。

久原房之助（国立国会図書館蔵）

緩衝国家の提案

久原は、一九二七年一〇月二三日に東京を出発した。一行には、伊藤博文の息子、伊藤文吉《ぶんきち》も加わっている。

久原はモスクワに着くと、アナスタス・ミコヤン貿易人民委員と遊びまわる。ミコヤンがようやく訪問の意図をたずねた時に、スターリンと会見したいと久原は打ち明けた。

久原の伝記によると、彼とスターリンは一九二七年一二月五日に会見したとされるが、その記録はロシア語でも日本語でも残っていない。久原によると、会見はつぎのような様子だった。

「クレムリンの一室は窓外しんしんと雪が降り、室内はペーチカが燃えていた。地球儀の置かれた黒い机をはさんで席をしめたスターリンは、カーキ色の覚服を着けただけ、最初からくだけた態度で、よそいきのゼスチャアもなく、じっと話に耳を傾け、はっきりとツボを摑んだ答えをした。飾りない率直な親しい態度だった」（久原「超人スターリン」五〇頁）

久原は、スターリンへこう提案したと回想している。

話の要点は、極東に一つの緩衝国をつくろうということであった。すなわちソ連はシベリアを出し、中国は満蒙を、日本は朝鮮を出して、この三者を一体とする非武装中立国をつくる。そして三国は互いにこれを犯すことなく、内政は住民の総意にまかせて絶対に干渉しない。そうすれば日中ソ三国の間に摩擦は全然なくなり、永久に平和が保てるし、朝鮮満蒙シベリアの産業経済は急速に発達して、理想郷を実現すること

が出来る。是非やろうではないかと、僕の構想を詳細に述べた（吉村「後藤新平最後の訪ソをめぐって」五九頁）

久原は、これは自分のアイデアだと晩年まで主張したが、田中義一の影響も感じる。田中は、シベリア出兵中の一九一九年にも、シベリアに緩衝地帯を設けたいと、臨時外交調査会や閣議で話している。久原案はそれとよく似ている。

話を聞いたスターリンは、日本は一まとめにして領土を全部取るのではと疑う。久原が反論すると、スターリンは、趣旨はわかった、今後のことは公式の場で進めようといったという。

久原は中ソ国境の街、満洲里に戻ってくると、新聞記者にこう語った。

「余の今回のロシア訪問は、日露両国の実質的接近を計るにあった。この目的は予期以上の成功を収め、近く日露通商条約締結の新交渉開始さるべき機運熟しつつある。又ロシアは、近く余と同様な使命を帯びた使節を、日本に特派する事となった」（『東京朝日新聞』一九二七年一二月一九日）

しかし、久原のいったソ連の「特使」は来日せず、通商条約も結ばれない。もちろん、「非武装中立国」の話も進まない。スターリンとの会見が、久原の唯一の成果だった。

ただ、久原とソ連の縁は切れなかった。戦後、久原は日中・日ソ国交回復国民会議会長として、ソ連と日本をつなぐ架け橋となった。ミコヤンが第一副首相として来日した時にも、自宅へ夕食に招き、「堅苦しい話題を抜きにして」旧交を温めている（『朝日新聞』一九六一年八月一五日）。

後藤がソ連へ行く理由

一方、後藤の訪問は、ロシア革命一〇周年の式典に招待を受けたことによる。久原が内閣からお墨付きを得た「公式の使者」なら、後藤は「非公式の使者」であったが、田中首相からは、難航している漁業交渉の解決を託された。久原と田中を一緒に行かせることも検討されたが、結局、別々に出発している。外交構想の違いが埋められなかったからだろう。

後藤が出発前に出した声明文には、こう記されている。

予は平素の持論として、ロシヤが極東に広大な領土を有し、重要な経済的利害を持つの事実に鑑み、苟《いやしく》も極東の平和を維持するがためには、ロシヤの心からの協力が、日支の親善や四国協約などと相並んで、絶対的の必要事であると考えている。したがって、日露両国が常に親交関係に立ち、相援けて、相互に経済的発達をはかり、極東平和の維持に協力することは、両国の世界に対する重大なる使命の一つであると信じている。しかも日露両国は、この地理的、経済的必然関係はロシヤが帝政であった昔も、労農政治の国となった今日も、毫《ごう》も変るところはないのである（『大阪朝日新聞』一九二七年一二月二日）

なかでも、後藤が話し合いたかったのは中国についてだ。後藤は中国に関する声明を日ソ共同で出すことを考え、「協同対支宣言」の文案も練っていた。帰国後に田中首相に提出した報告書でも、後藤はこう記す。

既に朝鮮を併合したる帝国として、又満蒙に得たる特殊地位を維持して、以て明治以来の国是を遂行せんと欲する帝国としては、細大の対支政策を実際に施さんとするに際し、常に大なる隣露《あいなりかね》を計算の目安に置かずしては、将来の太平洋問題は別としても現在何事も手出し相成兼候有様に候。遠く明治四十二年、哈爾賓《ハルビン》駅頭兇手《きようしゆ》に僵《たお》れたる伊藤公の志を継ぐべき義務ありと痛感する一後進の自分としては、露国が帝政たると労農たるとは問題には無之［以下略］（鶴見『正伝　後藤新平』［八］六四八〜六四九頁）

つまり、中国への外交を展開するにあたって、もう一つの隣国、ソ連と手を結んでおくのが好都合だと後藤は考えた。後藤は、手を結ぶ相手のロシアが、帝国であろうと、共産主義であろうが問題にしないと、この報告書でもくりかえす。

真冬のシベリア横断

後藤が東京駅を発ったのは、一九二七年一二月五日だ。後藤の随行者で注目すべきは森《もり》孝三《こうぞう》で、ベルリン大学を卒業後、台湾時代からドイツと後藤の橋渡しをしてきた。桂と後藤のロシア訪問にも同行している。一九二三年には、ヨッフェと後藤の会談もドイツ語で通訳し、ヨッフェの帰国に付き添い、その足でカラハンとも北京で会談するなど、ソ連と後藤を結ぶパイプ役でもあった。

森がいたこともあって、後藤の旅は日露独の提携をめざしたという見方もあるが、後藤は「日露独同盟など旧式の説」であって、「三国の秘密契約するなどは時勢に反する」と否定している（後藤「余が今回の訪露に就て」四頁）。ただその裏では、田中首相や西園寺に、ドイツ訪問を止められていたともいう（鶴見『正伝　後藤新平』〔八〕五五九〜五六〇頁）。

一行は一二月七日に神戸で鉄道から船に乗り換え、一二月一〇日に大連に到着、一二月一二日にハルビンに着くと、翌日に、伊藤博文の志を継いでロシアへ行くと演説した。「その遺業を継承し、有終の美をなさしむべく務《ママ》むること、これ因縁浅からぬ余の義務なりと思惟する」（鶴見『正伝　後藤新平』［八］五六七頁）

後藤はこの旅に、伊藤が使っていたステッキを持ってくるほど、気合が入っていた。ハルビンからモスクワ行きのシベリア鉄道に乗り、満洲里で中露国境を越えると、いよいよソ連である。一二月一七日には、ヴェルフネ・ウジンスク（現ウラン・ウデ）で、帰国する久原とすれ違い、挨拶している。何を話したのかはわからない。

スターリンとの初会談

後藤は一二月二二日にモスクワへ到着する。駅にはカラハン外務人民委員代理や、田中駐ソ大使らが出迎えにきていた。このあと、後藤はクレムリンの前にあるレーニン廟や、後藤の来る直前に自殺した、ヨッフェの墓を訪れるなどしている。

本格的な交渉に入ったのは、一二月末からだ。後藤はチチェーリン外務人民委員やカラハンと会談して、中国に関して、日ソの連携を遠回しに提案した。

後藤の提案に、ソ連側は慎重だった。一九二七年一二月二六日に共産党政治局は、中国問題は、日ソが相互理解によって解決すべき共通利害のある問題だとしたが、中国側が損失を受けることはあってはならないと決議した（藤本「一九二〇年代後半の日ソ関係」六頁）。

翌年一月七日に、後藤はスターリンとクレムリンで会談する。

つぎに引用するのは、後藤が田中首相に提出した会見録の、現代語訳だ。後藤はスターリンにこう語りかけた。


中国の実情によって迷惑を蒙《こうむ》るのはまず貴国と日本である。もとより可能ならば中国を含め三国協商して東洋平和の確立を図るべきであるが、貴見にもあるように目下、中国にはこれと語るべき主権がない。また近い将来にこれができると予想し難いので、しばらく露日両国が協商して隔意ない諒解の下に中国問題を解決したい。


中国を協商から除外している点が、久原との大きな違いである。

スターリンは、協商は必要だが、その妨げになるものがあるという。後藤はこう返した。

「日本にはいまだ英米対策におもねる者がいる。しかしながら日本はすでに独立の対外政策を確立する必要に迫られつつあって、そのためにはロシアとの握手を必要としている」

そのうえで、中国の革命運動に、ソ連が加担していると誤解する日本人がいるとも話す。

スターリンは、革命運動にかかわっているのは第三インターナショナル（コミンテルン）だと、建前論で応じた。スターリンは、警戒を解いていない印象を受ける。

二回目の会談

後藤とスターリンがふたたび会談したのは、それから一週間後の一九二八年一月一四日だ。

話は、満洲を支配する張作霖からはじまった。スターリンは、張が日本やソ連、英米を天秤にかける「欺瞞《ぎまん》的政策」をおこなっているが、保身のためではなく、一種の愛国心のためだろうと理解を示した。後藤も、張は妨げにならないとして、あらためて日露の協商を持ち出す。スターリンも具体的には日ソ両国の当局の話し合いに任せるとして、協商には異議はないと答えている。

後藤は、漁業条約についても持ち出した。日本としては、条約とは別に覚書が欲しいと説明する。スターリンは、一つの要求を書き加えると、また新たな要求を突きつけると、日本のやり方に不満をもらしたものの、後藤がモスクワを去る一月一七日までに、何とかしようと請け合った。

後藤は、ソ連から帰国する列車のなかで、モスクワで漁業条約が調印されたことを知らされた。ただ、本筋ではない交渉がまとまっても後藤は喜べず、「忠臣蔵に弁慶が出たようなものサ」と例えてみせた（布施「露支紛争に際して後藤伯を想ふ」一二二頁）。

田中首相への報告書では、ソ連側の要人たちは、日露協同対支原則に「相当可能性あるものの如く賛意を漏し候」と書いている。新聞記者たちには、会談したソ連の要人たちは私の意見と同じで、「極東において日、露、支三国が経済的協調による極東平和を確保しようという主張が看取された」と述べた（『大阪朝日新聞』一九二八年一月三一日）。

ただ、中国問題では、原則は合意できたが、共同声明を出すまでには至らなかったのが実情だった。

日本共産党の弾圧

帰国した後藤と別れて、ドイツへ向かった秘書の森孝三が、さらにソ連と交渉する。ドイツから帰国する途中、モスクワを再訪した森はチチェーリンと会談し、反共産主義の張作霖がソ連の中東鉄道を狙っているので、日ソが満洲で共同歩調をとろうではないか、と呼びかけた（Москва-Токио. Кн. 2. С. 243）。

しかし結局、日本とソ連は提携へ進まなかった。その理由は三つ考えられる。

第一に、田中首相がソ連との急速な接近を望まなかった。一九二八年三月八日に、トロヤノフスキー駐日大使が、日ソ不可侵条約の話をしたいというが、田中は、まずは通商条約などを片付けてからにしようと先送りにしている（『日外』〔昭和期I一一三〕二二頁）。

第二に、田中内閣のもとで、一九二八年三月に日本共産党に大規模な弾圧が加えられたのが響いた。一五〇〇名以上が逮捕された、三・一五事件である。この背景には、同年二月の衆議院選挙で、日本共産党の息のかかった左派政党が議席を獲得したことがあった。ソ連が左派政党に、大使館を通じて資金を援助していたという情報も、田中には届けられていた（同前二二頁）。外務省も、日本共産党の活動が活発になったのはソ連の支援があったと見て、内政干渉であると、外交ルートを通じてソ連政府へ抗議している（外務省欧亜局第一課編『日「ソ」交渉史』一六〇～一六一頁）。

山東出兵で対立

第三に、中国への日本の軍事干渉である。中国では、蔣介石率いる国民党軍が、張作霖の北京政府打倒をめざして、「北伐」を再開する。張作霖を支援する田中内閣は、一九二八年四月に山東半島へ出兵し、「北伐」を妨害した。

以前は蔣介石を支援したが、すでに袂を分かっていたソ連も、これには反発する。一九二八年五月九日に、日本が第三次山東出兵の声明を出すと、その翌日に共産党政治局は、駐日大使を通じて日本政府へ抗議すると決議した。また党機関紙『プラウダ』、政府機関紙『イズヴェスチヤ』といった新聞でも、対日批判キャンペーンをはじめることが決まる（РГАСПИ.Ф. 17. Оп. 162. Д. 6. Л. 78）。

モスクワにあって各国の共産党を指導するコミンテルン執行委員会も、日本の山東出兵は中国分割の第一歩である、と新聞紙上で批判を浴びせ、日本と中国の兵士や農民、労働者へ、革命を呼びかけた（*Правда*. 24. 05. 1928）。

さらに同年六月には、北京から奉天へ逃げる張作霖が、関東軍によって爆殺される。あとを継いだ息子の張学良《チャンシュエリヤン》は、蔣介石に服従を誓い、中国は南京国民政府のもとに統一された。こうした中国情勢の急変に、日ソ両国の対応は開きが大きく、結果的に、対中政策で足並みをそろえるのは不可能となった。

後藤の夢破れて

帰国後も、後藤の心配の種は満洲であり、ロシアだった。張学良は、ソ連が利権を持つ中東鉄道に圧迫を加えつつ、満鉄と競合する路線も作ろうとしていた。後藤は、満鉄を守るためには、やはりソ連と手を組まなければならないという考えを、布施勝治に語っている。布施はレーニンとも会見したことのある、ロシア通の新聞記者だ。

日露両国は満洲において同じ立場にある。両者がかたく提携している間、日本は南満においてロシアは北満において、その現状を維持することができる。わが満鉄に対する、同時にロシアの東支鉄道に対する権利と地位も亦、強固であり得る。そして中国は濫《みだ》りに之が利権回収の手が出せず、列国も亦軽々しく干渉し切れぬのである（三宅『近代ユーラシア外交史論集』六九頁）

後藤は、新たなアイデアを思いつく。このインタヴューからまもない一九二九年一月三一日に、ソ連の駐日大使館を訪ねた。そして、ソ連が中東鉄道を返還するという噂は本当かと、後藤はイワン・マイスキー参事官に尋ねた。もしそうなれば満鉄も問題となるが、日本は満鉄から去るのを望まず、そうすることもできないと訴えた。そのうえで、つぎの提案をする。

中東鉄道は中国とソ連が株を五〇パーセントずつ持つ合弁企業だが、ソ連の権利の半分を日本に渡して、中国五〇パーセント、日ソ二五パーセントずつの合弁企業にしないか。そうすれば北満洲の情勢は安定し、ソ連は巨額の売却金を得るうえに、中国人などの怒りの矛先は日本に向かうと、ソ連にとってのメリットを並べた。

しかしマイスキーは、中東鉄道のソ連の株は、第三者に渡すことはできないと中ソの条約（一九二四年）で決められているので、中国人と論争になると、提案をしりぞけた。

この前日に、吉田茂外務次官もマイスキーをたずね、満洲について日ソが協定を結べないかと提案していた。マイスキーは、後藤の提案もそれに関連したものなのは明白だと、モスクワに知らせている。マイスキーの報告書がモスクワに着いたのは三月七日だ。後藤と吉田の提案は、一ヵ月以上も棚ざらしだったことになる。関心の低さがうかがえよう（Москва-Токио. Кн. 2. С. 275-277）。

後藤の悲願である、満洲での日ソ提携は、またしても夢に終わる。

大川周明の追悼

それからまもない一九二九年四月四日、後藤は講演のため岡山に向かう途上、汽車で三度目の脳溢血を起こし、京都府立病院にかつぎこまれたが、四月一三日に没した。

田中首相は談話を発表した。

「現内閣においても、伯は自分が進んでモスコーに使いし、日露親善のために重要なる使命を果たされたこと、その他対支問題についても、種々《いろいろ》意見を寄せられたことは自分の深く敬服していたところであった」（『東京朝日新聞』一九二九年四月一四日）

後藤が学長の拓殖大学に、教授として招かれた大川周明《おおかわしゅうめい》は、ひねりをきかせた追悼文で、彼の対ソ外交を擁護した。

ロシアが如何に不届な国であろうとも、日本国中に一人もロシアと口を利き得るものが居なくては、不便不利も甚だしいものと言わねばならぬ。之を実際政治の上にのみについて言えば、今日我国が後藤伯を失ったことは、他の如何なる点よりも、日本とロシアとの最も有効な仲介者を失ったという点に於て、国家の損失だと予自身は信じて居る（大川「後藤伯爵」三五頁）

思想は異なるが、あえてソ連との窓口を引き受けた後藤に、大川は意気を感じたのだろう。

伊藤博文と後藤新平をくらべて

伊藤と後藤は、米英との連携では、日本の大陸進出にともなう諸問題を解決できないと考え、近隣の大国ロシアに接近した。

伊藤がロシアを重視したのは、是が非でも日本の影響下に置きたい朝鮮半島の問題があったためだ。問題の解決には、同じく朝鮮半島に野心を見せるロシアと直接交渉し、妥協点を見出す他ないと伊藤は考えた。一方、日英同盟を推進した桂太郎や小村寿太郎は、イギリスを後ろ盾にロシアへ圧力をかける、「力の外交」を推進した。

日露戦争の開戦で、伊藤の路線は挫折したが、戦後は伊藤の唱えた日露協商路線が主流となる。こうまで伊藤が粘り強くロシアとの提携を模索できたのは、ロシア皇室との絆を重視する、明治天皇を味方につけていたことが大きい。

一方、後藤の関心は満洲にあった。日露戦争後の、朝鮮半島が日本の保護下に置かれた時代に展開された彼の外交は、満洲をいかにして日本の勢力圏として保持するかにあった。より具体的に言えば、満洲経営の要である、満鉄の経営を軌道にのせることだ。そのためには、ロシアの鉄道との協力が必要だと考えた。

手を結ぶロシアが、帝政でも、共産主義でも構わない後藤は、ソ連が安定してくると、以前のように積極的なアプローチを仕掛けた。それは国内で反発を買ったが、後藤は意に介さず、ソ連との窓口を引き受けた。その背景には、伊藤や桂の遺志を継ぐという、強い信念があった。また、そうした長州閥の有力者たちが、後藤のロシア外交の力の源泉でもあった。

戦後も、後藤の親族がロシア外交に従事している。椎名《しいな》悦三郎《えつさぶろう》である。一九六六年一月、彼は外相としてソ連を訪問し、日ソ航空協定を締結した。この協定によって、ソ連は初めてシベリア上空を開放し、日本とヨーロッパを結ぶ空路は、大幅に短縮された。椎名はかねて日ソ関係の改善に意欲を持っていたが、そこには、系図上では叔父にあたる後藤が念頭にあったという見方もある。椎名は七一年にも、自らが会長となってシベリア開発協力研究会を立ち上げている。

後藤の強烈な遺志は、亡くなってなお人を動かす。次章の松岡洋右も、その薫陶を受けた一人だ。

第三章　ユーラシア大陸を跨ぐ未完の同盟
——昭和戦前

松岡洋右がスターリンへ贈った写真
（スターリン・デジタル・アーカイブ蔵）

1　後藤新平の不肖の弟子、松岡洋右

日露外交のトリックスター

後藤新平亡き後、彼の外交構想を引き継いだのは、松岡洋右である。松岡は外交官としてキャリアをスタートさせ、衆議院議員や満鉄総裁を経て、第二次世界大戦下の一九四〇年から翌年に外相を務めた。

松岡は、国際連盟からの脱退、ドイツとの日独伊三国軍事同盟（以下、三国同盟）など、時代の曲がり角で、誤った方向に日本を導いた張本人とされている。

しかし、その評価は別にして、後藤死後の対ソ外交を語るのに、松岡は欠かせない。長いあいだ、懸案となっていた日ソ中立条約が結ばれたのは、松岡あってこそだった。松岡自身も、戦後、こう述べている。

「後藤伯以来、多年に亘《わた》り、余は常に日ソ間に中立条約若くは不可侵条約を締結、以て両国間の不愉快なる諸懸案を解決せんものと努力して来た」（「近衛手記に対する松岡説明」）

これまでにも、松岡と後藤の外交に、連続性を見る歴史家は少なくない。松岡の代表的

な伝記を書いた三輪公忠《みわきみただ》は、つぎのように書く。

「後藤の旧大陸同盟論と松岡が昭和一一年頃から公表していた日独提携論と、そこから発展した昭和一五年の三国同盟、そして日独伊ソというユーラシア同盟の構想とは、アメリカの干渉を防ごうという意図においてあまりにも酷似しているのである」（三輪『松岡洋右』四九頁）

日本の国際政治学を牽引した細谷千博《ほそやちひろ》や、三国同盟の研究者として著名な三宅正樹《みやけまさき》も、やはり後藤と松岡の外交戦略の連続性を認めている（細谷「大正外交における正統と異端」二五頁、三宅『スターリン、ヒトラーと日ソ独伊連合構想』一六頁）。

ただ、そうするとわからないのが、松岡の一九四一年の豹変ぶりだ。この年に日ソ中立条約を結んだ松岡は、その直後にドイツとソ連が戦争をはじめると、ソ連攻撃を主張する。このように、自らの手で日ソ関係を飛躍的に改善しながら、ソ連と戦争しようとしたのも松岡だ。

そんな松岡を一言で表すなら、トリックスターだろう。『大辞泉』ではこう説明される。「秩序の破壊者でありながら一方で創造者であり、善と悪など矛盾した性格の持ち主で、対立した二項間の仲介・媒介者の役目を果たす」

本章は、そうした松岡の矛盾する対露外交を解き明かしてゆく。

伊藤博文を慕う

松岡は一八八〇年、瀬戸内海に面した山口県室積浦《むろづみうら》（現在の光市）で生まれた。長州出身のため、のちに山県有朋のもとに出入りするが、伊藤博文とは面識があったかどうか。一九〇九年に天津総領事館で同僚となって以来、松岡を陰で支えた外交官、斎藤良衛《さいとうりょうえい》によると、「彼［松岡］の親露意見は、同郷の先輩伊藤（博文）から受けついだものだとは彼がしばしば自慢げに語った」（斎藤『欺かれた歴史』一三五頁）。けれども、その言葉を裏付ける史料は今のところない。

ただ、松岡と伊藤の生家は近隣のため、多少の縁があった。松岡によると、「私の祖母の実家は三輪という豪農であるが、伊藤公の父君は一時、三輪家に身を寄せていた」という。そのせいもあってか、松岡は伊藤を高く評価し、「高邁なる理想、卓越せる識見、内外の信任厚かりし伊藤公」と称えている（松岡「今にして伊藤博文公を想ふ」一二頁）。

松岡の実家は回船問屋を営んでいたが、父の代で傾く。アメリカで成功していた親戚のすすめもあり、松岡は一四歳で渡米した。アメリカでは、皿洗いなどのアルバイトをしながら高校に通うなど、苦学している。閨閥や学閥と無縁な経歴は、後藤と共通する。

後藤新平との出会い

松岡は、オレゴン大学で法学を修めて帰国すると、一九〇四年に外務省へ入省する。一九〇六年に松岡が、旅順にあった関東都督府の事務官に就任すると、満鉄総裁として後藤が着任する。松岡は当時をこうふりかえる。

後藤伯は満鉄総裁になられたと同時に関東都督府の顧問を兼ねて居られた関係上、又私は関東都督府の役人であった関係上、始終御目に懸《かか》ったのである。克《よ》く朝早くから呼付けられて後藤式の質問などを受けましたが、何《ど》ういうものか最初から私は何となく伯を慕わしく思い、又後藤伯も私を好きなような模様であった（松岡「永久の満鉄総裁」一八八頁）

松岡は、ロシアと親しくすべきという考えも、このころ後藤から引き継いだと語っている。

一九四一年、ソ連のヴャチェスラフ・モロトフ外務人民委員へ、松岡はこう述べた。「彼［松岡］は日ソ関係は改善されなければならないと確信している。関係改善については、約三〇年前に後藤新平伯爵の本部で一種の課長のようなことをしていて、ロシアと日本の間に良好な関係を樹立するとの伯爵の意見に共鳴した時から心にかけていると付け加えた」（スラヴィンスキー『考証　日ソ中立条約』八七頁）

シベリア出兵を立案

松岡は、後藤が一九〇八年に桂内閣へ入閣すると、「大臣病に侵されて満鉄を辞められた」と、後藤から離れた（松岡「永久の満鉄総裁」一八八頁）。

一方、松岡は一九一三年に、サンクトペテルブルクの日本大使館で二等書記官として勤務した。当時の駐露大使、本野一郎に気に入られた松岡は、本野が一九一六年に外相に迎えられると、本省に招かれる。総理大臣秘書官兼外務書記官として、首相や外相に仕えた。

同郷の寺内首相にかわいがられた松岡は、直属の上司や本野外相をさしおいて、首相に直談判する、「下剋上」のふるまいが多かったともいう（小幡酉吉伝記刊行会編『小幡酉吉』一九七頁）。

松岡が「活躍」したのが、一九一八年にロシアへ出兵するかで、国内の意見が割れたときだ。

本野外相は熱心に出兵を唱えたが、他の閣僚や、政友会の原敬などに反対され、孤立していた。そこで松岡は、一九一八年四月一日に、寺内首相と本野外相に意見書を提出する。きたるべき第一次世界大戦の講和会議で、ロシアの処置は主要な議題となるだろう。それゆえ、日本の交渉上の立場を有利にするために、ロシアの領土のある部分を占領することが望ましい、という内容である。さらに松岡は、アメリカが中国とシベリアに経済的に進出するのを警戒し、日本が先手を打つことも唱えた。松岡の意見を参考に、日本単独でのシベリア出兵を促す意見書が作成された（ルー『松岡洋右とその時代』六四〜六五頁）。

この意見書は通らず、本野外相は辞任する。だが日本はアメリカの誘いに乗り、一九一八年八月にいよいよ出兵した。代わって外相となった後藤新平は、シベリアに経済援助をするという名目で財界人を集め、臨時西比利亜《シベリア》経済援助委員会を立ち上げる。松岡もここで働いたが、委員会を仕切る幣原喜重郎《しではらきじゅうろう》とは対立していたようだ。

なお松岡は、一九四一年にモスクワに向かう車中で、シベリア出兵についてこう語ったという。

「日本はバカだから、兵隊を出してロシアの恨みだけを買った。利巧な奴は日本をケシかけておいて、自分たちはいい子になっている」（岡村「日ソ不可侵条約と松岡洋右」二〇四頁）

「利巧な奴」は、日本を出兵に誘った米英を指す。日本だけが貧乏くじを引いたようで、松岡は米英両国に良い感情を持たなかった。

松岡の「無形の日露戦争」

後藤新平は、寺内内閣の総辞職にともない、外相を退く。外務省内では、幣原喜重郎や吉田茂など、英米との協調を重んじる外交官が台頭した。本野につづき、後藤という庇護者も失った松岡は、情報部第二課長を最後に、外務省を退職した。一九二一年六月のことだ。翌月に松岡は、満鉄社長の早川千吉郎《はやかわせんきちろう》に、満鉄理事として迎えられた。

満鉄に入社して、松岡はあらためて後藤を意識する。入社まもないインタヴューでは、こう語った。

「私は満鉄に入社と共に、早川社長に随《したが》い、満三ヶ月間満鉄沿線の視察を行ったが、到る処に後藤新平男爵の足跡が残って居るのには一驚を喫した」（『福岡日日新聞』一九二二年一二月二〇日）

満鉄と満蒙の権益を守る。これこそ、松岡が後藤から受け継いだ思想だ。だが松岡は、後藤のように、ソ連との提携が満鉄経営の必須条件だとは考えない。松岡が手を握るべきと考えたのは、満洲を治める張作霖だ。その張が部下の反乱で窮地に立った一九二四年には、彼を助けるため、松岡は日本の「大干渉」を政府に訴える（佐古「松岡洋右の中国認識と対応」九一頁）。

この頃の松岡は、ソ連への対抗心が強い。松岡が推進した新路線の計画もその証拠だ。満鉄は、北満洲への進出が阻まれているのを打破しようと、満鉄の四平街駅から洮南を経て、中東鉄道を跨ぎ、黒龍江省のチチハルに至る路線計画を政府に提出した。満鉄が北に延びるのを嫌う中東鉄道はもちろん反対し、終点は中東鉄道と交差する手前の昂昂渓《アンアンシー》（現在の黒龍江省チチハル市内）までに変更された。これが洮昂《とうこう》鉄道だ。

日本でも外務省が反対したが、松岡は張作霖との交渉を独断で進める。一九二五年の加藤高明首相への書簡で松岡は、この計画は中東鉄道の背後にいるソ連へ打撃を与えるための、「無形の日露戦争」だと述べている（酒井『大正デモクラシー体制の崩壊』一七二頁）。

頼るべきは張作霖

この計画が進んでいた一九二五年春に、後藤がハルビンに出かけている。日露協会学校の卒業式に出席するためだ。松岡は、出発前の後藤に手紙を送り、この旅行を「諫止《かんし》」しようとした。なぜなら、同年一月に日ソ基本条約が結ばれてから、張作霖たち中国人は、日ソが提携して、中国を圧迫すると疑っている。そんなところに日露提携を唱える後藤がやって来ると、「疑念を一層深からしむ」。そこで、せめてハルビンへ行く前に奉天で張作霖と会い、「了解」をとりつけてほしいと懇願した（「松岡洋右発後藤新平宛書簡」一九二五年三月一八日付)。

松岡にとって、手を結ぶべきは張作霖である。そのため松岡は、張作霖の機嫌を損ねる後藤のハルビン訪問を嫌った。後藤はそんな松岡の要求もあって、四月八日に奉天で張作霖と会談している。ただ張作霖には、万里の長城より南に進出しないよう、耳の痛い忠告をしており、会わせたのは逆効果だったのかもしれない(鶴見『正伝 後藤新平』[八]四七四頁)。

なお松岡は、一九二六年には満鉄を離れたが、翌年に、山本条太郎《やまもとじょうたろう》満鉄総裁(社長から職名を変更)に招かれ、満鉄副総裁に就任した。その年の秋、松岡はソ連へ向かう後藤新平を見送るが、この時は大いに歓待した。満鉄の終点である長春で別れた松岡は、後藤の健康からすると、「永久の御別れ」だとさえ考えた。そのため、後藤がソ連から帰ってくると、「嬉しくて涙が出た」という。松岡は後藤を手厚くもてなし、大連の満鉄本社では、社員に「後藤満鉄総裁万歳」を叫ばせている(松岡「永久の満鉄総裁」一八八~一九〇頁)。

「第二の後藤伯」

つぎのエピソードは、後藤の死の直後の、一九二九年春のことだという。松岡は新聞記者の布施勝治に、満鉄本社でこう語った。

君も知ってる通り、昨年春後藤伯は、モスクワからの帰途、大連に立寄られた。その際、伯は、「わが輩の今次のソ連行は結局失敗に終った。しかし君は、わが輩の志をついでくれるであろう。後藤の後継者は松岡を措《お》いて他にない。わが輩の志を継いで日ソ国交改善のために、努力してくれないか」と、この松岡を抱きしめ乍《なが》ら涙をこぼさんばかりであった。帰朝後、間もなく伯は、京都で長逝され、右の談話が、伯の余に与えられた遺言となったのである。余は如何なる障碍《しょうがい》を排しても後藤伯の遺志をつがなければならぬ。ところがこれまた君の知っている通り、ソ連は、この松岡を無暗《むやみ》に嫌っているらしい。余が洮昂線を布いて、東支鉄道の横っ腹に短刀をつきつけたとなし、ソ連政府は松岡を忌避している。そこで、君、この際奮発して、モスクワまで出かけてくれぬか（布施『我観東亜ソ領』七二〜七三頁）

そこで布施は、モスクワでカラハン外務人民委員代理を訪ね、松岡は「第二の後藤伯」だと売り込んだ。しかし内閣の交代にともない、松岡が満鉄を辞めたので、モスクワ訪問は実現しなかったという。

ただ、この話には、辻褄の合わないところもある。松岡は、満鉄副総裁を退任する二週間前の二九年八月に、奉ソ紛争の渦中でソ連と戦う張学良に手紙を寄せ、日本と提携してソ連に当たるよう勧めている（麻田『満蒙』二〇七頁）。洮昂鉄道の件を見ても、一九二〇年代の松岡が、ソ連への接近を心から望んでいたとは思えない。

だからといって、松岡はソ連を軽視していたわけではない。一九二七年にはこう書いている。

「支那問題だけではなく根本全局の問題に就いても、将《はた》又亜細亜《またアジア》全体の事に就いても、露西亜というものは徹頭徹尾付き纏《まと》ってくる重大なファクターである。此の事は日本としては瞬時も忘れてはならぬ事であると思う」（松岡「動乱の支那を瞥見して」三六頁）

2 国際連盟脱退とソ連への接近

満洲事変とソ連

満鉄副総裁を退任した松岡は、一九三〇年に衆議院議員に転じ、山本条太郎が幹部の政友会に入る。

翌年一月二三日には、かつて外務省で競い合った幣原外相の外交を、「弱腰」となじって、衆議院で拍手喝采を浴びる。この時、満蒙は「我が国民の生命線である」と述べたのは有名だ。この発言は、幣原が張学良との交渉で、実績をあげていないことを非難する文脈で発せられた。

この時、松岡は、ソ連についても追及した。幣原は外相として、一九二五年に日ソ基本条約を結んだ。しかし松岡に言わせれば、北洋漁業はソ連の圧迫を受けており、自由に操業できない。ソ連への旅行も制限されている。「こんな馬鹿馬鹿しい国交はない」と松岡は怒った。しかし、どんなに吠えたところで、松岡は野党の一年生議員に過ぎない。

そんな松岡がソ連へ接近してゆくのは、満洲事変が影響している。

一九三一年九月一八日、関東軍は張学良軍への攻撃をはじめた。主力を率いて万里の長城の南にいた張学良はほとんど抵抗せず、満蒙は関東軍によって制圧された。松岡は満洲事変を支持するが、それは、日中提携でソ連に対抗する戦略の放棄も意味した。

ソ連は満洲事変に中立の立場を崩さなかったが、長春からハルビン間の中東鉄道の利用を関東軍に認めるなど、日本側に宥和的だった。当時、第一次五ヵ年計画を進めていたソ連は国力の充実に努めており、関東軍との衝突は避けたい。また中国とは一九二九年から断交していたことも、その背景にある。

ソ連との条約に傾く日本

さらに、ソ連側の日本への宥和策が、不可侵条約の提案である。ソ連は一九三三年九月までに一一ヵ国と不可侵条約を結ぶことで、ロシア革命以来の国際的孤立から脱却していた。

ソ連から日本への不可侵条約の提案は、一九二六年までさかのぼる。だが、日本側は拒否しつづけてきた。満洲事変後の三一年一二月には、外相に就任するために帰国する芳沢謙吉《よしざわけんきち》駐仏大使に、マクシム・リトヴィノフ外務人民委員があらためてモスクワで提案する。

ソ連の申し出に、外務省の意見は割れた。

芳沢外相、広田弘毅《ひろたこうき》駐ソ大使は賛成、満洲国の外交を仕切る大橋忠一《おおはしちゅういち》外交部次長も、満洲国の育成の立場から、「即時かつ無条件締結」を唱えた。しかし松島肇《まつしまはじめ》欧米局長は、締結すればソ連の態度は横暴になるとして反対、白鳥敏夫《しらとりとしお》情報部長も、「国体」が異なると反対する。

風向きが変わったのは、不可侵条約に消極的だった犬養毅《いぬかいつよし》首相が、一九三二年五月一五日に暗殺されてからだ。新しい首相の斎藤実《さいとうまこと》は、「露と不戦条約」を南次郎《みなみじろう》陸軍大将に語る。ふたたび外相に就任した内田康哉も、「露国不戦条約をするを可とす」と意欲を示した（北岡『官僚制としての日本陸軍』二二七頁）。

同じころ、昭和天皇も参内した内田外相へ同条約についてソ連についての意見を述べた（『内田康哉関係資料集成』〔一〕一九三二年八月二三日条）。

昭和天皇の意見はわからない。ただ、それからまもない八月二七日に、斎藤内閣は閣議決定を下す。そのなかで、ソ連との衝突を避けるのは「極めて肝要」として、「満洲国の安定を計ると共に帝国の立場を拘束せざる見地」から、日ソ、あるいは満洲国とソ連が、「条約の形式に依らず何とか不可侵的意図を相互に表明する」などの方法で、関係の緩和を目標とすることになった。

日本海軍の「親ソ傾向」

ソ連との交渉に前向きな斎藤首相は、それ以前からソ連とは特別な関係にある。
斎藤は、後藤新平と同じ水沢の出身である。
「後藤の隣に、祖父の姉が居たのでよく子供の時に遊びに行ったものである。後藤の家も私の家も寺子屋式のものであって、僅か一町〔約一〇九メートル〕位も離れて居なかった」（斎藤「後藤伯の思ひ出」四四頁）
後藤とは「竹馬の友」だった斎藤は、ソ連についてよく知らなかったが、後藤の死後に

斎藤実（1932年、フランス国立図書館蔵）

日露協会の会頭を引き受ける（駄場『後藤新平をめぐる権力構造の研究』三一六頁）。

もともと、戦間期の海軍軍人たちは、ソ連との提携で一致していた、と記す研究者もいる。そう単純には言い切れないが、アメリカを仮想敵とする海軍は、陸軍にくらべ、ソ連に柔軟ではあった。

その典型が、元海軍大将の斎藤だ。彼は、一九三二年三月二六日付の犬養首相への手紙で、こう述べる。満洲国の建国という「新事態」にあたり、米中ソ三ヵ国の動向は楽観を許さない。日本に隙があれば、その三ヵ国は「合従」して、日本に「襲来」し、「対満政策破綻」の原因となる。そのため、「対蘇国策を確立」することが急がれる、と。

ちなみに、この手紙には、日露協会幹事の田中清次郎の意見書が同封されていた。田中は、満鉄創業時の理事で、伊藤に付き添ってハルビンで負傷し、後藤のソ連訪問にも同行した人物だ。その田中は意見書で、ソ連と手を結んで、中国に圧力をかけ、「反省」させるよう訴えた（「対蘇国策ニ関スル意見」）。要するに、斎藤も田中も、説くのはソ連との提携だ。

斎藤は首相になってからも、こう述べている。

「日露間に風雲を巻起すようなことは、両国いずれにとっても不利益なことはもちろんである。私は両国間に何等か安心の出来る方法を取ったがよいという論者だ。今ちょうど両国間の空気が軟〔和ら〕いでいるから、この機会に進んで安心の出来るようにしたいので条約問題を考究している次第だ」(『東京朝日新聞』一九三二年一〇月二三日)

橋本左内の継承者

満洲事変で世界から孤立してゆく日本にとって、ソ連は数少ない外交の切り札になっていた。

ソ連側も、トロヤノフスキー駐日大使が、日露協会副会頭の加藤寛治《かとうひろはる》元海軍大将を通じて、斎藤首相に日ソ関係改善を働きかける。加藤は日露戦争前にロシアで駐在武官の経験があり、シベリア出兵にも深く関与した。日本海軍の軍縮が求められたロンドン海軍軍備制限条約には、最後まで強く反対して、現役をしりぞく。米英への対抗心が強い彼が、ソ連と斎藤首相をつなぐパイプ役となった。ちなみに、加藤は福井出身であり、同郷の橋本左内への敬意が篤かった。序章で紹介した左内の手紙を引用して、加藤はこう記す。

加藤寛治（アメリカ議会図書館蔵）

「之が有名な橋本左内の日露同盟論で、故伊藤博文公も、此の論者でありました」（加藤「橋本左内」二二六頁）

一九三二年八月三〇日、トロヤノフスキーと会談した加藤は、「日本の政策は、今や明快である。日本はソ連との友好を望んでいる」と語る。そして荒木《あらき》貞夫《さだお》陸相、元老の西園寺公望、牧野《まきの》伸顕《のぶあき》内大臣、枢密院議長の倉富勇三郎《くらとみゆうざぶろう》といった昭和天皇を補佐する重臣や、満洲事変を起こした石原莞爾《いしわらかんじ》陸軍大佐も自分に賛同しているという。そのうえで、斎藤首相と「全ての問題についてオープンな対話」をするようにすすめた（ДВП СССР. Т. 15. С. 498）。

松岡、国際連盟へ

不可侵条約を結ばずに、その条約の効力がある声明をお互いに発表するという、アクロバティックな駆け引き。この交渉を任されたのが、松岡である。内田外相は、日中問題を討議する国際連盟臨時総会へ派遣される全権委員となるよう、松岡へ要請した（『内田康哉

関係資料集成』〔二〕一九三三年七月九日条）。

ともに後藤の影響を受けた斎藤首相と松岡が、この時期に対ソ外交を担うことになった。

引き受けた松岡も、連盟総会に強い関心があった。要請の一ヵ月前には、議会で斎藤首相にこう述べていた。

「国際連盟の総会は、私は我国の開国以来最も重大なる関ケ原に臨むのであると、斯様《かよう》に信じて居る」。また、「満蒙問題などのある今日、日露の国交と云うものを安定さすように御願したい」（衆議院本会議、一九三二年六月三日）

連盟総会とソ連外交を重視する松岡には、内田の頼みは渡りに舟だっただろう。

陸軍を代表して、「松岡の補佐と監視のために」全権団に加わった土橋勇逸《つちはしゆういつ》中佐は、松岡は適任だったと回想している。

「その度胸、頭のキラメキ、腹芸のウマサ、外交官としての経験、国際的な会議にも慣れており、特には子供時代をアメリカで過ごし、英語でケンカに慣れているその語学力、そして満鉄副総裁であった関係上、満洲を知りまた満洲に愛着を持っていることなど、代表としては申分なしであろう」（『現代史資料』〔一一〕八八〇頁）

この大任を任された松岡は、牧野内大臣に語る。満洲国外交部次長の大橋忠一が話をまとめて、関東軍はソ連と不可侵条約を結ぶのに同意した。関東軍が満洲国内を安定させるのに忙殺されて、ソ連まで引き受けられないからだ。さらに、東京の陸軍中央も、条約の締結にほぼ同意している（『牧野伸顕日記』一九三三年一〇月一六日条）。

のちに松岡は、この時、ソ連に不可侵条約を提案することは、内田外相と荒木陸相が事前に同意していたと、スターリンへ語っている（三輪「〈資料〉日ソ中立条約に関するスターリン・松岡会談ソ連側記録」一〇三頁）。

日ソ提携をつぶした陸軍

松岡のいうように、日ソ不可侵条約に賛成する軍人たちも、いなかったわけではない。参謀本部第二部長の永田《ながた》鉄山《てつざん》少将も賛成だ。第二部部員だった武藤《むとう》章《あきら》中佐によれば、「第二部としては一部反対の意見はあったが、即時応諾すべしと云うのであった」。だが、「他の有力な反対があって、国策として採用せられなかった」（武藤『比島から巣鴨へ』二一～二二頁）。

「有力な反対」を唱えたのは誰だったのか。その筆頭は、参謀本部第三部長の小畑《おばた》敏四郎《とししろう》少将だろう。小畑は、永田に対抗する派閥の中心人物である。大橋たち外交官との宴席で、不可侵条約の話になると、小畑は、「陸軍伝統の対ソ政策を破り、国体に反するソ連と不可侵条約を結ぼうなどと計画する奴等は国賊だッ」と席を立ってしまった（大橋「陸軍とケンカをしながら　私はこうして北満鉄道を買った」三五頁）。

大橋によれば、その小畑の猛抗議に、内田外相も屈したという。

「内田さんっていうのは、ゴム人形って言って、非常な良い人ですがね、弱いんだね。ことに、小畑には苦手らしいんだ、やられちゃってね」（『大橋忠一関係文書』四九九頁）

だが、陸軍の反対論には、もっと切実な事情もあった。条約に賛成していた関東軍参謀長の小磯国昭《こいそくにあき》中将が、その内情を明かしている。

「ソ連と不可侵条約を結べば、国内に軍事予算削減論が出るだろうが、軍に不可侵条約に対する反対があるとすれば、ひっきょうこの点に出づるものと思われる」（森島『陰謀・暗殺・軍刀』一〇二頁）

つまり、ソ連が仮想敵でなくなれば、予算が減らされるかもしれない、という陸軍の「省益」が絡んでいた。

このように、陸軍が外交を左右した当時の様子を、芳沢元外相はこうふりかえっている。

「満洲事変以来日本の陸軍というものは単に国防機関であったばかりでなく、日本の最強最大の政党であった。この政党が頭を横に振れば何事も出来ない」（服部「日ソ不可侵条約問題」一三八頁）

ソ連との交渉にも、陸軍の反対が色濃く差していた。

憶測をよぶソ連行き

一九三二年九月一五日、斎藤内閣は満洲国を正式に承認した。もはや日本が後戻りのできない道に進んだのを見届けて、松岡は一〇月二一日に日本を発つ。

スイスのジュネーヴにある連盟本部に行くには、当時二つのルートがあった。一つが、太平洋を渡り、アメリカを横断して、大西洋を船で渡る。もう一つは、シベリア鉄道でソ連を横断する。松岡は、近道の後者を取った。ソ連のカラハン外務人民委員代理からも、モスクワでオペラ「カルメン」を観劇しては、と招待されていた。しかし勘の鋭い記者は、松岡のソ連行きは「多分の政治的色彩があるのを見逃せない」と言い当てている（『大阪朝日新聞』一九三二年一一月五日）。

一一月三日の夜、松岡の一行はモスクワに着く。松岡はモスクワで、連盟理事会が一週間延期されたことを知った。そこで松岡は、「あまり早くゼネヴァ［ジュネーヴ］に着くのも手持無沙汰であるのみならず、一週間遅れて東京を発った吉田《よしだ》［伊三郎《いさぶろう》、駐トルコ］大使をどこかで待たねば修正された意見書が入手出来ず、ゼネヴァに行っても仕方がない」と、ソ連滞在を延長した（『東京朝日新聞』一九三三年一月三日）。松岡には、そのあいだにモスクワで、どうしても話したいことがあった。

ソ連訪問の目的

松岡は帰国後の一九三三年四月に、昭和天皇への上奏文で、モスクワ訪問の目的は、「若し出来得べくんば、『ジュネーヴ』到着以前、同国政府をして、満洲国を承認せしめんとするに在りたる」と明かしている（JACAR: B02030021700）。

要するに松岡は、連盟総会が開かれる前に、ソ連に満洲国を承認させたかった。連盟総会が開かれれば、日本が批判にさらされるのは、目に見えている。その前に、世界に先駆けてソ連が満洲国を承認してくれれば、日本と満洲国の立場は強化される。そう松岡は踏んだ。さらに、ソ連の満洲国承認は、斎藤内閣から注文された、不可侵条約の代わりにもなる。

そこで松岡は、リトヴィノフやカラハンといった外交官たちと会談を重ねた。

松岡は、もしソ連側が日本との友好関係を「平和的基礎の上に」強固にしたいのであれば、単に言論だけではなくて、「事実」を示すことが重要だと説いた。具体的には、「迅速満洲国正式承認」をソ連側に勧めた（JACAR: B02030426300）。

松岡はこうも語る。もしソ連が、連盟総会の前に満洲国を承認すれば、日本にとって有利であり、「大に之を多とすべき」、すなわち感謝するものの、もし総会後の承認となれば、特に有り難いと思うところは少ない、と（JACAR: C05022006700）。

しかしソ連側は、不可侵条約の締結と、満洲国承認は切り離せないという考えを変えなかった。このことを松岡は、上奏文でも述べている。

「帝国政府に於て不侵略条約を締結するの用意なき限り、『ソヴィエト』政府の満洲国承認は、之を迅速に得られざるべきことを確め得たると同時に、連盟が如何なる態度に出づるにもせよ、同政府は満洲国問題に深く関与せざるべしと確信をも得たり」（JACAR: B02030021700）

ソ連は満洲国を承認せず

満洲国は承認しないと、スターリンはあらかじめ決めていた。一九三二年六月七日、政治局員のラーザリ・カガノーヴィッチが、スターリンに電報を送る。大橋が満洲国を代表して、ソ連による満洲承認を求めているという内容だった。

スターリンは、「我々は法的に満州国家を承認すべきではない」と返す。その理由は、「もし承認するならば中国と仲たがいすることになるだろうし、承認を拒否すれば満州政府と仲たがいすることになる。狡猾ではあるが浅はかな知恵で日本人はこのように判断しているのだ」、と警戒心をむき出しにしている（寺山「スターリンと満州」一〇〇頁）。

折しも、一九三二年六月から、三年前の奉ソ紛争のために断交していた、中国とソ連の国交回復交渉が始まっていた。

その交渉で中国は、ソ連が満洲国を承認するのを阻止しようと働きかける。こうした事情から、ソ連が満洲国を承認する確率は、松岡が交渉をはじめる前から低かった。

さらに致命的だったのが、日本がソ連との不可侵条約を拒んでいたことだ。このことを松岡に説明したのが、カール・ラデックである。ロシア革命前後にはドイツで活躍し、国際政治に通じたラデックは、一度は失脚したが、松岡と会見したころには、スターリンに外交問題で意見できる立場にあった。ラデックは一九三二年五月にも、日本への接近を促す署名記事を、新聞に寄稿している（*Известия*. 15. 05. 1932）。

ラデックと松岡は、一一月六日に会談した。ラデックによれば、満洲国の承認だけを先に求める松岡の意見では、ソ連国民の了解を得るのは難しい。けれども、不可侵条約の締結と同時に、ソ連が満洲国を承認すれば、すぐに国民にも了解されると説いた（外務省欧亜局第一課編『日「ソ」交渉史』二八七頁）。

だがラデックの出した条件では、松岡はのめない。こうして、松岡の目論見は失敗した。

松岡は赤の広場で開かれた、革命記念日の軍事パレードに招待される。ここで松岡は、スターリンを見かけ、その印象を記者に語った。
「写真で見ていた通り、輪廓のはっきりした、真に強いよい顔をしている」（『大阪毎日新聞』一九三三年一月一日）
松岡たちは、その日の夜行列車でモスクワを発つ。この日の日記に、松岡は記す。
「露都滞在四日間、なすべきをなし、見るべきを見、遺憾なし」（松岡洋右伝記刊行会編『松岡洋右』四三九頁）
なぜ松岡は、満足気なのか。彼は満洲国の承認は勝ち取れなかったものの、ソ連と親し気な様子を世界にみせつけた。これが、国際連盟で松岡の「武器」になる。

ソ連との提携で脅す

モスクワを発ち、ジュネーヴに到着した松岡は、国際連盟の特別総会で熱弁をふるった。一二月八日には、「十字架上の日本」と呼ばれた有名な演説をしている。満洲事変で国際社会の非難にさらされる日本を、磔《はりつけ》にされたキリストになぞらえ、同情を買おうとしたのだ。
この演説で、松岡はソ連にも触れる。私が東京を発った時には、日ソ不可侵条約についての議論は「微弱」であった。しかし、ジュネーヴに着くころには一変し、日本では不可侵条約を締結しようという議論が、いまとても盛んだ。それは、ソ連が日本の主張や満洲国の実情に理解を示しているためだ。国際連盟も、ソ連の態度から「ヒント」を得てはどうだろう。そして、こういい放つ。

「日露の接近するや一に懸って連盟の態度如何にあり」（『日外』［満洲事変三］一七四頁）

要するに、国際連盟で日本の主張が認められなければ、日ソは手を結ぶぞ、という脅しである。出席している各国代表は、連盟に加入していない共産主義の国家、ソ連を警戒している。そこで松岡は、ソ連との接近をほのめかし、日本の主張に耳を傾けさせようとした。ソ連と手を結び、欧米諸国と対峙する。一九四一年に松岡がくりひろげた外交の原点は、ここにある。

しかし、松岡の脅しはすぐに無効となる。演説から四日後の一二月一二日、ソ連と中国が国交を回復する。その翌日、内田外相はソ連との不可侵条約を正式に拒否してしまった。ジュネーヴの松岡は、はしごを外された。

スターリンを称賛する

一九三三年二月二四日、国際連盟の総会は、日本軍の満鉄附属地への早期撤退や、満洲における中国の主権を承認するといった勧告案を、大差で可決する。松岡は、日本の全権団を引き連れて退場した。帰国後の上奏文で、松岡はこう記している。

「連盟に留るの一事は完全に失敗に帰したること遺憾に堪えず」(JACAR: B02030021700)

日本政府は連盟事務総長へ、三月二七日に連盟脱退を通告した。四月二七日、失意の松岡が横浜港へ着く。岸壁の群衆は、大歓声で出迎えた。満洲国の建国を支持する彼らにとって、連盟の「不当な」勧告案を蹴った松岡は、英雄だったのである。

すっかり人気者となった松岡は、日本各地で講演に招かれた。聴衆が聞きたがったのは、連盟脱退に関する松岡の威勢のいい啖呵だ。松岡も期待に応えたが、そんな演説中に、ソ連への称賛を織り込む。松岡が強調したのは、ロシア人の不屈さと、ぶれない政治方針だった。

この夏のロシアに於けるウクライナ地方の飢饉の如きは恐るべきものである。数百万人の餓死者があったと伝えられております。数百万人も自分の領土内にあって餓死すると云うのに、スターリンは、仮令《たとえ》如何なる事があっても、産業五ヵ年計画は断固として実行せざるべからずとして、予定通り進めている。スターリンの真似を、日本でなし得る人が何処におるか。日本に於て数百万人ではなく、二、三万人の餓死者があったとすれば大変である。それが数百万人の餓死者を出しおっても微動だにしない。予定の行動を敢てやる。このロシアと云う国は非常に偉い国である（松岡「非常時に際し国民に愬《うった》ふ」七頁）

松岡のソ連への称賛は、「非常時」でありながら、あいかわらず政党が足を引っ張り合う日本の政治への、不満の裏返しだったのかもしれない。

日ソ緊張の最前線へ

帰国後に松岡は、政党解消運動に奔走する。既存の政党に愛想を尽かした国民の支持を当て込んだ、全体主義的な政治運動だ。旗印は「昭和維新」だが、ソ連を見てきた影響もあるのかもしれない。しかし、運動は広がらず、松岡は政界で孤立した。

松岡に手を差し伸べたのは、関東軍司令官の南次郎である。南は松岡と同じく、日露戦争直後に関東都督府に勤務していた。満洲国を支配下におく南は、満鉄の力を削ぎ、関東軍の力をさらに強めようとしていた。そのため松岡は、満鉄は満洲国内では経済活動に専念するように、という南の要求をのんで、一九三五年に満鉄総裁に就任する。

その満洲では、ソ連との国境付近で、日ソの軍隊が軍備を増強していた。松岡はこれを危険視する。一九三四年一二月の講演では、こう述べている。

両方とも戦争をしかける考えがないと云うことは、余り平和の保証にはならない。そんな考えがなくとも、現に見るが如く、日露、境を接して、益々兜の緒を引き締め、剣を磨くと云う事、そのことが一番問題であるのだ。戦備あって初めて戦争は防げるのであるが、其の戦備と戦備が北満国境に於けるが如く、近接して整えられた場合に、何かの事からして、ヒョッと剣光が閃《ひらめ》かぬと誰が保証するか（松岡『昭和維新』一一九頁）

不可侵条約の締結に至らなかったこともあり、国境の緊張は日増しに高まった。実際、一九三五年から、満洲国ではソ連との国境紛争が頻発する。この時期の日本で、もしソ連と戦ったならば、という架空戦記や分析が流行したのも、緊張の表れだ。

一九三九年三月まで満鉄総裁だった松岡も、満洲で日ソ関係の悪化を身に染みて感じたのだろう。斎藤良衛によると、当時、松岡は、後藤新平には「随分可愛がられた」と語った。そして、「後藤さんを親『ソ』主義者としたのは私だと思っている。そんな訳で私の日『ソ』親善主義はもう余程古い頃からのことで、満鉄総裁となってからは猶更《なおさら》其の必要を痛感して居る」と述べたという（「三国同盟締結事情、松岡の構想」）。

政経分離で懸案解決

昭和天皇は、ソ連との不可侵条約は「必ずしも不可ならず」、という考えだった。不可侵条約を結んでおきながら、ソ連が攻勢に出るならば、こちらに大義名分ができるとも語る（『本庄日記』一九三四年一月一二日条）。

さらに、ソ連の扱いも「寛容」にして、日本に手出しをしないように、「高処大処より彼を遇する方適当ならずや」と、侍従武官長の本庄繁《ほんじょうしげる》陸軍大将に語った。昭和天皇は、「疑心暗鬼」が「不祥事件」に発展するのでは、と不安をもらす（同前二月二日）。

だが一九三三年に外相となった広田弘毅は、問題を一つずつ解決する方針だ。そのため、懸案を包括的に解決する不可侵条約には、消極的になっていた。彼はいう。

「日露不侵略条約問題に関しては、我輩は、日露間に横たわる各種外交懸案の解決を見たる結果として、始めて交渉に応ずべきで、逆に各種懸案を一掃するために、不侵略条約を締結すべきではないとの見解を有している」（『東京朝日新聞』一九三三年九月一五日）

広田が先に解決するべき問題として挙げたのが、「北満鉄道問題、北樺太石油、漁業問題」だ。北満鉄道とは、満洲国内に残るソ連の利権、中東鉄道のことだ。広田はこれをソ連から買おうとして、ついに一九三五年三月に、広田の立ち会いのもと、中東鉄道はソ連から満洲国へ売却された。

広田の名声は高まる。アメリカの駐日大使、ジョセフ・グルーも、その手腕を称えた。「日本が一九〇四年から〇五年に〔日露〕戦争によって得ようとしたものを、広田は平和的なやり方で手に入れた」(FRUS 1953: 107)

しかし、広田も他の問題は解決できず、ソ連も日本への警戒を緩めなかった。

スターリンは、中東鉄道の売買がまとまった直後の三月二九日に、イギリスのアンソニー・イーデン国璽《こくじ》尚書(閣僚の一員)と会見する。スターリンは、敵はドイツと日本だと明言し、こうつづけた。

「日本が満州を消化するには多分ほんの少しは時間もかかることだろう、それは本当だが、自分としては日本がそれだけの征服に満足しておとなしくしてはいないものと信じている」

こう語るスターリンは、中東鉄道の売却も、「それでうまくやったことだけではまだ極東の平和を保証するには十分でないと付け加えた」(イーデン『イーデン回顧録』〔三〕一四五〜一四六頁)。

広田首相への期待

結局のところ、中東鉄道の売買は弥縫策《びほうさく》にしかならなかった。その後も、満洲における日ソ関係の緊張がつづく。特に、ソ連の軍事力が関東軍のそれを追い越したことは広く知れわたり、日本では「三五、六年の危機」がささやかれる。ソ連との戦争が、その時期に起きるかもしれないという噂だ。

一九三六年二月二六日に陸軍の部隊が起こしたクーデター（二・二六事件）も、内大臣秘書官長の木戸幸一《きどこういち》は、「三五、六年の危機」が関係していると分析した。満洲に派遣されることが決まっていた部隊が反乱の中心だったので、決起した青年将校たちは、ソ連との戦争になった場合、装備の劣勢な自分たちは犬死すると考え、その前に重臣たちを襲撃したと、木戸は推測した。

的を外した分析だと思うが、重要なのは、木戸がソ連との関係改善を重視して、クーデター後の組閣をリードしたことだ。

まず一木喜徳郎《いちききとくろう》枢密院議長が、広田外相を推薦する。

「広田さんはどうでしょうか。あの人ならソ連に大使としていって居たから、ソ連との関係もうまくやっていけるのではないかと思うが」

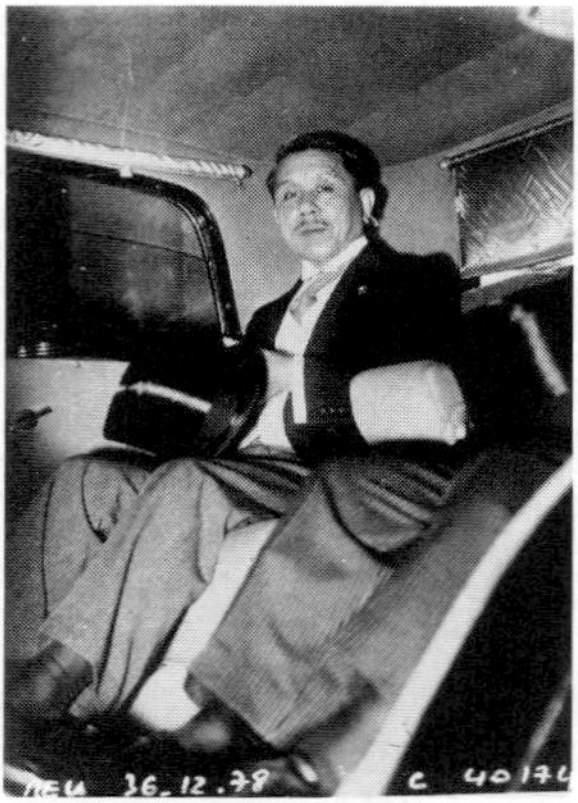

広田弘毅（1936年、フランス国立図書館蔵）

広田ならば、「ソ連との国交調整に当り充分なる成果を期待し得る」と、木戸も納得する。そこで木戸は、首相就任を断っていた親友の近衛文麿などを動かし、広田への大命降下に至る（『木戸幸一関係文書』一〇三～一〇六頁）。

しかし、ソ連との関係改善を期待された広田内閣が、さらなる関係の悪化を招く。

日独防共協定

一九三六年三月、スターリンは、「日本がモンゴル人民共和国に対する攻撃に出た場合、ソ連は一九二一年の場合と同じく、モンゴルの独立をあくまで擁護する」とアメリカの新聞のインタヴューに答えた。それからまもない三月一二日に、ソ連はモンゴル人民共和国と相互援助議定書を結ぶ。スターリンは、日本との衝突に備え、国境の防衛をさらに固めた。

広田内閣の外相、有田《ありた》八郎《はちろう》は、こうしたソ連の行動を非難し、五月六日には、日ソ関係は「明朗」ではなく、その責任は、極東で軍事力を増強するソ連にあると議会で演説した。これに、ソ連のラデックが嚙みつき、まず関東軍が挑発的な行動をやめるべきだと記事を書く。売り言葉に買い言葉がつづいた（『日外』〔昭和期Ⅱ・二―五〕一八～一九、二八頁）。

そこで有田外相は、反共産主義の「防共外交」を掲げて、ソ連包囲網を作ろうとする。「防共外交」の看板は、国際的に孤立する日本が、連帯する国を集めるための、隠れ蓑でもあった。そのため、中国やイギリスにも参加が呼びかけられたが、応じたのはドイツだけだった（NHKスペシャル取材班編著『日本人はなぜ戦争へと向かったのか』四四～五一頁）。

有田八郎（1936年、フランス国立図書館蔵）

日独防共協定は、一九三六年一一月二五日に結ばれた。この協定は、日独はコミンテルンに対抗してゆく、と定めていた。しかし秘密付属協定では、軍事上、ソ連の負担を軽くするような措置はとらないことを約束している。仮想敵はソ連だった。

駐英大使の吉田茂は、イギリスを防共協定に加えようとしたが、失敗した。ドイツとの提携は米英仏の反感を招き、日本の外交の選択肢は狭まる。

一九三七年一月一六日に吉田は、ソ連のマイスキー駐英大使を訪ねた。防共協定を推進したとして、陸海軍をこっぴどく批判した吉田は、日本人は自らの「愚行」に、多大なる代償を支払わなければならないだろう、と予言した（Gorodetsky, *The Maisky Diaries*, pp. 74-75）。

ソ連の猛反発

ソ連は防共協定について、東京とベルリンに置いていた諜報員から、秘密議定書を含む全文を入手していた。そこでボリス・ストモニャコフ外務人民委員代理は、一九三六年一一月一七日に、防共協定は単なる口実で、ソ連に対抗するための新たな日独協定に過ぎないことをソ連政府は知っている、また協定は日ソ関係に「甚大な打撃」を与えると有田外相に警告するよう、東京のコンスタンチン・ユレーネフ駐日大使に指示した（ДВП СССР. Т. 19. С. 591）。

折しも、後藤新平が尽力して、一九二八年に調印された日ソ漁業条約の、八年間の有効期限が切れようとしていた。リトヴィノフ外務人民委員は、新しい漁業条約を結ぶ代わりに、防共協定の調印を先延ばしにする取引を日本側にもちかけるとスターリンに提案し、了承された（斎藤『リトヴィーノフ』一二八〜一二九頁）。

しかし、有田外相はこうした揺さぶりを無視して、防共協定を結ぶ。ソ連は報復として、漁業条約への調印を拒否する。そこで有田外相は、ソ連と満洲国の「国境委員会で〔日本が〕多少譲歩して、漁業条約の方を成立させる」という交換条件を出す。しかしソ連側は、二つの問題をリンクさせるのを拒否した（『西園寺公と政局』一九三六年一一月二一日条、外務省欧亜局第一課編『日「ソ」交渉史』三八三頁）。

ここで、幣原喜重郎元外相が動く。彼はユレーネフ駐日大使に、漁業条約が調印拒否となれば、来春には戦争になると警告し、暫定協定を結ぶことを提案した（服部『幣原喜重郎と二十世紀の日本』一九一頁）。

この線で話はまとまり、一九三六年一二月二八日に、暫定協定がモスクワで調印された。その代わり、北洋漁業で日本の船が操業するには、漁業権を一年ごとに更新しなければならなくなる。議会でこの顚末を報告した有田外相には、「惨憺《さんたん》たる外交失敗史だ」と野次が飛んだ（衆議院本会議、一九三七年一月二一日）。

防共協定の波紋はさらに広がる。

ソ連領の北樺太で、石油と石炭を採掘していた日本企業は、ソ連側の業務妨害にさらされる。ソ連にある日本領事館も、日本にあるソ連領事館と同じ数にすべき、というソ連側の主張で、いくつか閉鎖を余儀なくされた。

日中戦争で敵対

一九三七年三月に広田内閣が退陣すると、林銑十郎《はやしせんじゅうろう》内閣の佐藤尚武《さとうなおたけ》外相は、ソ連との関係修復に努めた。佐藤は、防共協定は日ソ関係にとって「不幸で遺憾な事態」であったと演説し、日ソ友好を唱えたが、ドイツには言及さえしなかった。ドイツの駐日大使は佐藤を詰問したが、日ソ関係の悪化で漁業交渉も不可能となり、世論も不安に思っていたから説明したまで、と佐藤はかわした（石田『日独伊三国同盟の起源』五五〜五六頁）。

一九三七年五月三一日に林内閣が総辞職すると、近衛文麿が首相となる。新たな外相は広田だ。それから一ヵ月後の七月七日にはじまった日中戦争で、日ソ関係はさらに悪化する。

六年前の満洲事変では、日本を恐れて中立を維持したソ連も、日中戦争では中国に肩入れする。一九三七年八月二一日には、中ソ不可侵条約を締結した。ソ連は武器や借款を支援し、航空機のみならず、ソ連人パイロットまで派遣し、中国の抗戦を支えた。

ソ連の方針が変わったのは、日ソの軍事バランスの変化が背景にある。満洲事変当時は関東軍が有利だったが、三七年になると、ソ連側が優位に立っていた。スターリンの大幅なてこ入れの結果だ（麻田「スターリンと石原莞爾」二五〇頁）。

陸軍は、中国に肩入れするソ連を敵国とみなす。一九三八年七月三日付で、陸軍省が近衛文麿首相に提出した要望書が、その一例だ。ここでは、ソ連を日中戦争に「積極的に」参加させないことが大前提となっている。さらに、ソ連の「不信行為」を米英仏で宣伝し、その国際的地位を落とすことも掲げられた。そして、最後にはこうある。

「日『ソ』不可侵条約は締結せず」（『現代史資料』［九］二六四頁）

ソ連・満洲・モンゴル国境周辺図（『日本外交史別巻4　地図』鹿島研究所出版会をもとに作成）

ノモンハンの「戦争」

高まる日ソの緊張は、一九三七年の乾岔子島《カンチャーズ》事件、三八年の張鼓峰《ちょうこほう》事件といった満洲国、朝鮮での大規模な国境紛争につながる。三九年には、満洲国とモンゴル人民共和国の国境に位置するノモンハンで、さらに大規模な武力衝突が起こる。ノモンハン付近の国境は、日本側はハルハ河を、モンゴル人民共和国は、河をはさんだ対岸も自国領だと主張して、未解決のままになっていた。

関東軍は一九三九年四月に、「満ソ国境紛争処理要綱」を部隊に示し、ソ連やモンゴル人民共和国の軍隊が越境してきたら、徹底的にこらしめること（膺懲《ようちょう》）を命じた。それからまもない五月一二日に、ノモンハン付近でハルハ河を越えたモンゴル軍と満洲国軍が衝突する事件が起きる。これがきっかけとなって、モンゴルを支援するソ連と、満洲国の背後に控える関東軍は部隊を集結させ、大規模な戦闘が九月一五日の停戦協定成立までつづいた。

この衝突によるソ連側の死傷者数は二万五六五五人、日本側の死傷者数は一万八〇〇〇から二万人と見積もられている（花田「ノモンハン事件・日ソ中立条約」一七八頁）。日清戦争での日本軍の死者数は、軍夫も含めると、二万人強と見積もられている。であるならば、近代日本にとって、ノモンハンは「戦争」と呼んで差し支えない規模だろう。しかし、「支那事変」と呼ばれた日中戦争と同じく、「ノモンハン事件」の名前で、実態は矮小化された。ちなみにロシアでは、「ハルハ河戦争」と呼ばれている。

激戦がつづいていた一九三九年七月九日に、スターリンは蔣介石へ手紙を書く。

「中国との二年にわたる戦争で、日本は正気を失い、いら立って、イギリスやソ連、モンゴル共和国に攻撃をしかけています。これは日本の弱体化を露呈するものです。このよ

うな行動で日本は酬《むく》いを受けるでしょう」(呂編『蔣中正先生年譜長編』[六] 一〇八〜一〇九頁)

その「酬い」は早くやってきた。ノモンハンで戦いがつづいていた一九三九年七月二六日、アメリカが日米通商航海条約の破棄を日本へ通告する。中国で、日本軍によるアメリカ人への暴行事件や、アメリカ権益の侵害がつづいた結果だった。

裏切りの独ソ不可侵条約

さらに、日本陸軍が同盟の相手国として期待したドイツは、同年八月二三日にソ連と手を握る。独ソ不可侵条約だ。それまで敵対してきた独ソが手を結んだのは、両国のあいだに横たわる東ヨーロッパを分割するためだった。日本では、頼みとするドイツに裏切られたショックが大きく、平沼騏一郎《ひらぬまきいちろう》内閣が退陣する原因となった。

当時、外務人民委員だったモロトフは、晩年に独ソ不可侵条約を誇らしげに語った。

「スターリンはもっとも偉大な戦略家だった。結局ヒトラーは、日本の同意を得ることなく我々と不可侵条約を結んだのだ。スターリンがそうさせたのだ。日本はドイツに憤慨し、同盟から全く利益を得ることがなかった」(Resis, *Molotov Remembers*, p. 21)

一方、ドイツのヨアヒム・フォン・リッベントロップ外相は、独ソ不可侵条約を結んだことを、大島浩《おおしまひろし》駐独大使へ弁解する。ドイツとしては、ポーランド問題や、英仏との抗争で態勢を整える必要があり、「至急蘇連《ソ》を中立化」させる他なかった。さらに、「自分としては日独蘇三国間に不侵略の約束を作り、英国に対抗すること最も得策なりと信ず」と述べた。そして、ドイツは日ソ間を仲介する用意がある、と持ちかける（伊藤編『高木惣吉』一九三九年八月二三日条）。

日独ソ三ヵ国の提携へと誘う、ドイツ外務省の工作がはじまる。

ソ連とも手を結ぶべし

孤立する日本でも、独ソが手を組んだのを一つのチャンスと見る、逆転の発想が出てくる。平沼内閣が総辞職した日には、『朝日新聞』のコラム「天声人語」も、ドイツに加え、いっそソ連とも手を結ぶべきだと論じた。

ソ連があくまで宿敵たるは異議なきところだが、戦わずしてこれを制御する道を講ずる点についても少しは思いをめぐらして見るがよい。伊藤公は、日露再戦の危機を何とか緩和したいと考え、老軀《ろうく》を提げて露都へ直談判に赴く、これ主上の恩寵に対《こた》え奉る道とした。不幸、ハルビン駅頭の兇弾に逢って所懐を果さず。桂公また後藤新平伯らを従え、露都行を敢行したが、明治天皇の崩御のため空しく帰還した前例もある。北樺太の買収と、出来れば沿海州の買収折衝がどうして最初からできない相談なのであろうか（『大阪朝日新聞』一九三九年八月二八日）

記事が出てまもなく、朝日新聞幹部の緒方竹虎《おがたたけとら》のもとに、駐日ドイツ大使のオイゲン・オット陸軍少将が訪ねてくる。そして、日本が「対ソ戦準備未だ成らざる間」、ソ連との関係を「緩和」するため、ドイツとともに「日ソ不侵略同盟を結ぶことを勧め」た（『小川平吉関係文書』一九三九年九月一〇日条）。

日本の外務省でも、ソ連への接近が唱えられる。東郷茂徳《とうごうしげのり》駐ソ大使は、一九三九年一一月に、日ソ不可侵条約の締結を考慮するよう、外相の野村吉三郎《のむらきちさぶろう》海軍大将へ意見する。日ソ不可侵条約が結ばれれば、蔣介石は日本と戦う意欲を低下させ、日中戦争を終わらせる機運が作り出される。さらに、アメリカが日本へ圧力をかけてくるのを、「反省」させることができる。ソ連の力を背景に、外交を打開しようというのが、東郷の意見だ。

さらに、一九三九年一〇月に帰国した白鳥敏夫前イタリア大使は、壮大な構想を提唱する。白鳥は、日独伊ソの四ヵ国の同盟を提唱した。しかし、阿部信行《あべのぶゆき》首相や野村外相は強く反対し、話は流れた（『外務省の百年』〔下〕四七一〜四七二頁、『西園寺公と政局』一九三九年一〇月二一日条）。

これまで、ソ連との接近にもっとも反対してきた陸軍でも、流れが変わる。

参謀本部ロシア班長だった甲谷悦雄《こうたにえつお》少佐は、「多くの同僚たちや先輩の人たちから、日本もドイツにならって、ソ連と不可侵条約を結べといって圧力をかけられた」という。甲谷は、不可侵条約は日本が断ったので、中立条約ではどうかという案を、上司の土橋勇逸少将や、外務省の官僚たちに提示し、受け入れられた（甲谷「日ソ中立条約への回想と教訓」六二～六三頁）。

米内光政とソ連

日本がソ連との中立条約の交渉に乗り出すのは、阿部内閣が倒れ、米内光政《よないみつまさ》海軍大将が首相となってからだ。

米内は第一次世界大戦中に、ロシア大使館で武官補佐を務めた。ロシア滞在中、とりわけ語学に熱心で、「米内海軍少佐は露語の進歩著《いちじる》しく、其の勤勉なると進歩の状況とは露語教師を驚かしつつあり」と、当時の上司は海軍省に報告している（JACAR: C10100787700）。

一九一七年にロシア革命を見聞してから帰国すると、シベリア出兵中はウラジオストクで裏工作に携わるなど、ロシアとは縁が深い。米内が「ロシアに興味を持って」、「ロシア文学を好んで読んだことは、折々の話にも出た」とは、付き合いのあった学者の証言である（小泉『現代人物論』一〇八頁）。

そのためか、米内は「日ソ親善を主張」し、ソ連とは「戦をする手はない」とかねてから話していた（新名編『海軍戦争検討会議記録』六四頁）。

日独防共協定にも米内は反対で、協定が成立すると、「馬鹿なことをしたものだナア」、「なぜソ連と仲良くせぬのか」と話していたと、部下だった井上成美《いのうえしげよし》は回想している（『ＧＨＱ歴史課陳述録』［下］五七七頁）。

一九四〇年五月末に、米内内閣から交渉を委ねられたのは、東郷茂徳駐ソ大使である。しかしモロトフ外務人民委員は、中立条約を結ぶ前に、日ソ基本条約で日本に譲った北樺太の利権（炭鉱や油田の採掘権）をどうするつもりなのか、日本側の考えを知りたいと回答する。

東郷は、利権を解消してでも条約を結ぶよう、東京に打電したが、その交渉中に、米内内閣は陸軍によって総辞職に追い込まれた。

3　日ソ中立条約の締結

外相のポストへの執着

一九四〇年のドイツは、向かうところ敵なしであった。前年からはじまった戦争は、ヒトラーの統率のもと、ドイツ軍がヨーロッパ中を席巻した。一九四〇年六月にフランスを屈服させたのは、その象徴的な出来事であり、ドイツでのヒトラーの人気は頂点に達した。

今や、ヨーロッパでドイツに抗いつづけるのは、ドーバー海峡の向こうのイギリスだけである。フランスを打倒したヒトラーは、イギリスに講和を呼びかけたが、ウィンストン・チャーチル首相は、断固拒否した。

一方、一九三九年の独ソ不可侵条約から、ドイツと日本の関係は冷え切ったままだ。そのドイツが、日本とソ連とドイツの提携を熱心に勧めてくる。ドイツには不信感がある人びとにも、それは外交的な孤立からの脱却を期待させる、魅力的な提案と映る。

独ソとの関係改善が急がれるなかで、その交渉役に名乗り出たのが松岡である。

一九四〇年七月二二日、第二次近衛文麿内閣が誕生した。松岡は組閣に先立って、近衛のブレーンである同盟通信編集局長、松本重治《まつもとしげはる》と接触する。そして、伊藤博文にとっての陸奥宗光、桂太郎にとっての小村寿太郎のように、近衛を補佐したいと伝えてくれ、と頼みこんだ。

「いまの日本の外交では、おれ以外にはないと思う。そのためには、近衛さんに出馬してもらいたい」

挙句の果てには、「どうしても自分が外務大臣になるのだ。そのためには近衛内閣が必要なんだ」という。これでは話の順番が逆だと、松本を呆れさせた。結局、松岡は近衛に直訴したようだ（松本『近衛時代』四六頁）。

じつはこの二年前に、松岡は外相になり損ねていた。第一次近衛内閣で、宇垣一成《うがきかずしげ》陸軍大将が一九三八年九月に外相を辞職すると、後任に内閣参議だった松岡の名前が挙がる。しかしこの時は、池田成彬《いけだしげあき》蔵相の反対で、話は「消滅」した（「出淵勝次日記」一九三八年一〇月六日条）。

元老の西園寺公望も、松岡はパリの講和会議で使った覚えがあるが、どうも不安がある、と難色を示していた（伊藤編『高木惣吉』一九三八年一一月三日条）。

外相就任に反対続出

第二次近衛内閣でも、松岡の外相就任には反対が多い。近衛の側近として、内閣書記官長を務めた富田健治《とみたけんじ》によると、「松岡と同郷で同氏を熟知しているからということで」、木戸幸一内大臣、伊藤博文の息子の文吉らが、「極力その採用をいさめた」。さらに昭和天皇からも、「松岡の外務大臣はどうだろうかと二度までもお言葉があった」（富田『敗戦日本の内側』六〇頁）。

しかし近衛の推薦で、松岡が外相に決まる。近衛は、国民に人気があり、軍部にも受けの良い松岡に、以前、首相だったときにコントロールできなかった軍部を抑える役割を期待したと思われる。松岡も、外交で力をふるうのに、近衛首相という後ろ盾を必要とした。

組閣に先立つ七月一九日に、近衛の邸宅に、松岡と吉田善吾《よしだぜんご》（海相予定）、東条英機《とうじょうひでき》（陸相予定）が集まる。ここで、新内閣の方針が決定された。ソ連とは、「日満蒙間国境不可侵協定」を結んで、その条約が有効のあいだに、「対蘇不敗の軍備を充実す」と決められた（『太平洋戦争への道』［資料編］三二〇頁）。

つまり、ソ連と条約を結びつつ、そのあいだに、ソ連に負けないだけの軍備を充実させるという、陸軍に配慮した時間稼ぎだ。

「方便的な親ソ主義者」

外務大臣に就任した松岡はこう考えた。ソ連と手を結んでいるドイツと同盟し、それを後ろ盾にソ連とも手を結ぶ。外務省顧問として呼び戻した親友、斎藤良衛にはこう語る。

僕の握手しようとする当座の真の相手は、ドイツでなくしてソ連である。ドイツとの握手は、ソ連との握手のための方便にすぎない。それならば、はじめからソ連と手を握ったらよいというかも知れぬが、今日の日、ソ両国の関係は、それを許さない。幸いにして独、ソ両国は、独ソ不可侵条約締結以来、きわめて良好な間柄であるから、ドイツの仲介によって日ソ関係を調整しうる見込みがある。独ソを味方につければ、いかな米、英も、日本との開戦を考えようはずがない（斎藤『欺かれた歴史』一二二頁）

松岡といえば、三国同盟の印象が強い。しかし、三国同盟はソ連との関係改善の手段だというのが、松岡の説明だ。

松岡は、一九四〇年九月のある会議で、こうもいっている。
「自分も蘇連とは国交断絶をやる方がよしと思う位なり。然れども現在は一時の権道として、蘇連と国交調整を行う要ありと考うるものなり」（『日外』［日中戦争二］一一二四頁）
「権道」とは、方法は道に外れているが、結果からすれば正道にかなっていることを指す。「松岡は親米主義者であったと同時に、方便的な親ソ主義者でもあった」（斎藤『欺かれた歴史』一三五頁）と評されるのは、このような戦略が先に立ったソ連接近論だったからだ。

近衛首相の賛同、昭和天皇の懸念

松岡の構想は、「対ソ警戒論者」を自認する近衛首相をも魅了した。

手記『平和への努力』で、近衛はこう書いている。第二次近衛内閣の重要な課題は、アメリカとの関係改善だった。しかし、こじれた日米関係は、「松岡外相の言える如く、最早礼譲とか親善希求とかいう態度のみでは、国交改善の余地はない」。そこで、ソ連と手を結ぶことが必要となる。

「唯一の打開策は、むしろ米国の反対陣営たる独伊と結び、さらにソ連と結ぶことによりて、米国を反省せしむるほかはない。独伊だけでは足りない。これにソ連が加わることによりて、初めて英米に対する勢力の均衡が成り立ち、この勢力均衡の上に、初めて日米

の諒解も可能となるであろう」（近衛『最後の御前会議／戦後欧米見聞録』一二九頁）

近衛が恐れたのは、米ソを同時に敵に回すことだった。そこで、ソ連を味方にしようと考えたと、近衛の側近が未公刊の手記で書いている。

蘇連が将来日独伊側に付くか、米英側に付くか向背不明の立場に置かるる時は、我国としては米蘇を同時に敵とすると云う最悪の場合を予想せねばならず、我国際的地位は極めて不安となる。故にどうしても蘇連を味方に引入れて日独伊蘇の連携を固めることは、日米問題解決の上からも又我国際的地位を安全強固ならしむる上からも、絶対に必要となって来たのである（「番外　日米交渉手記」）

この構想は「四国連携」と名づけられている。

近衛がソ連を重視していたことは、木戸も証言している。

「ソ連をも同調せしめる件は、所謂バランス・オブ・パワーの観点から相当重要視されており、近衛首相は特にこの点を重視していた」（「元内大臣侯爵木戸幸一氏からの聴取書」）

一方、昭和天皇の懸念は、日独伊ソの連合を形成することで、蚊帳の外に置くアメリカにあった。

就任からまもなく、松岡は葉山の御用邸で昭和天皇に謁見する。一時間の予定が、二時間一五分にも長引いた。翌日に昭和天皇は、木戸内大臣へ感想をもらす。「外務大臣が外交一元化に努力し、孤立外交に陥ることを極力回避するという考えは評価するが、米国に対する見通しが十分でないことを遺憾とする」(『昭和天皇実録』一九四〇年八月八日条)

「理論はいいけれども、実行はなかなか難しいね」とも、昭和天皇は木戸にもらしたという(『西園寺公と政局』一九四〇年八月一九日条)。

松岡人事

そうした懸念をよそに、松岡は自らの構想を実現しやすくしようと、大規模な人事異動を発令した。

松岡は、まず駐ソ大使の東郷を辞職に追い込み、彼の進めていた交渉を白紙に戻す。もし東郷の手で条約が結ばれていれば、日独伊三国同盟は成立しなかっただろう、とは歴史家の萩原延壽《はぎはらのぶとし》の嘆きだ。先に日ソ中立条約が結ばれていれば、それだけでアメリカを牽制できたと萩原は見る(萩原『東郷茂徳』二七五頁)。

だが松岡は、先にドイツと結べば、その威を借りて、北樺太の利権を失うことなく日ソ中立条約を結べると考えていた。のちに松岡は、スターリンとの会見でも、北樺太の買収を提案する強気の姿勢を崩していない。さかのぼれば、北樺太の買収は、一九二三年にヨッフェが来日したとき、後藤新平もソ連側に提案しており、松岡にとっても悲願だったのだろう。

東郷に代わる駐ソ大使として、満鉄参与を務めた坂本直道《さかもとなおみち》や、楢橋渡《ならはしわたる》といった松岡の友人たちが推薦したのは、久原房之助だった。しかし、「いろいろの事情で」元陸軍中将の建川美次《たてかわよしつぐ》に決まった(『東久邇日記』一九四一年二月二七日条)。

建川は、山中峯太郎《やまなかみねたろう》のベストセラー小説『敵中横断三百里』のモデルとして知られていた。この小説は、日露戦争のさなかに、ロシア軍の背後奥深くまで偵察した、建川斥候隊の活躍を描いたものだ。松岡が国際連盟に派遣されたときに、建川が連盟常設委員会陸軍代表だったという縁もあるが、国民に人気のある建川に日ソ交渉を進めさせることで、ソ連嫌いの世論を黙らせようとしたのではないか。

難航したのは、駐米大使だった。松本重治に断られ、つぎに頼み込んだのが、元外相の野村吉三郎である。野村は、自宅を訪ねてきた松岡に、こう口説かれたと回想する。

米国へ特派大使になって行って貰いたい。と言うのは支那事変は実に厄介な状態になってをる《ママ》ので此際、日独伊三国同盟を強化し、之に蘇連を加え四国同盟にして、その圧力で欧洲の平和を取戻し、更に支那事変をも円満に終結する積りである。そこで日米国交を調整する必要がある（「日米交渉と松岡外相（極秘）」）

三国同盟を結びながらアメリカと関係を改善する松岡の構想は、「到底問題にならない」と野村は断る。野村が相談した吉田海相も同じ意見だった。しかし、病気の吉田に代わり、及川古志郎《おいかわこしろう》が海相になると、野村は同郷の豊田貞次郎《とよだていじろう》海軍次官の説得を受ける。さらに松岡は、もう昭和天皇に内奏してしまった、と野村に告げた（同前）。

こうして、野村は一九四〇年一一月に駐米大使に就任した。野村を強引に口説き落とした松岡だが、アメリカとの直接交渉を何より重視する野村とは、のちに犬猿の仲になる。

三国同盟の七つの目的

松岡がまず取り組んだのは、ドイツとの同盟である。松岡は、同盟締結にはつぎの目的があったと回想している。

①松岡の勘定では二〇〇〇万人余りになるドイツ系アメリカ人が、「ベルリン指揮の下に日米戦争宣伝を目的とし活動せん事」を恐れた。そこで、ドイツに接近すること

で、こうした動きを阻止しようとした。
②勢力範囲の分割。「ドイツをして大東亜を日本の勢力範囲と認めしめ、戦禍を極力この方面に及ぼさしめざらん事を期す」
③、④アメリカの参戦防止。「米国の如き強大なる国の参戦を防ぎ、世界戦争に至らしめざらん事を期す」。「極力日米戦争防ぐ事」

松岡とリッベントロップ外相（オーストラリア・ウォー・メモリアル蔵）

⑤「日ソの国交改善にドイツの斡旋を用うる事」
⑥「行々《ゆくゆく》は米国と協力して英独戦争を終わらしめん事を期す」
⑦「日米戦は宿命的に不可避なり。而《し》かも何《いず》れにしても遠からずと予感あり」。「かかる最悪の場合」には、同盟国として「当時求め得るはドイツのみなりとの結論に達す」（「訪欧関係」。ただし、「第七項は削除」とも書かれている）

一方、ドイツ側で同盟を推し進めたのは、リッベントロップ外相である。彼はイギリスに対抗するため、前々から日独伊ソの団結を訴えていた。だがヒトラーは、日本と正式な同盟を締結して、東南アジアで日本にフリーハンドを与えるのに反対だった。

転機は、対英戦での苦戦だ。ヒトラーは、ドイツが優位に立ち、イギリスと和平を結ぶことをめざしたが、イギリスの頑強な抵抗は、彼の悲願を打ち砕いた。イギリスは和平案を受け入れないとわかり、アメリカの即時参戦も心配されたので、ヒトラーも外相の案に耳を傾けて、日本との交渉が指示された（カーショー『ヒトラー』［下］三六二頁）。

日独接近＝日ソ接近

外相自らがドイツへ渡り、交渉すべきという意見もあったが、松岡はしりぞけた。ドイツがイギリス本土への上陸作戦に失敗した時に、焦ったドイツから申し込ませれば良い。そうすれば日本にとって、「外交初頭に於ける我方の一勝利」になるというのが松岡の考えだったと、斎藤良衛は回想する（JACAR: B04013490200）。

ドイツはイギリス本土上陸に必要な制空権を握ろうと、七月からイギリスと航空戦をくりひろげていたが、苦戦していた。

すると、松岡の狙い通り、九月七日に、ドイツからハインリッヒ・シュターマー特使が来日する。オット駐日大使に連れられて、シュターマーは、現在の将棋会館のそばにあった、千駄ヶ谷の松岡宅を訪れた。

松岡は戦後に、会談での発言を回想している。

余はソ連邦に関連し「日本はここ数年の間ソ連と不侵略条約又は中立条約を成立せしむべく交渉を行っているが未だ成功しない」といった。余はスターマー〔シュターマー〕氏に、日本はこの二国の間に横わる顕著な不愉快な沢山の問題を片付け、その関係を調整したいのだが、独逸《ドイツ》はこの点において一肌脱ぎ日本を助けることが出来るかと聞いて見た。ス氏は即座に、独逸はそれが出来ると答えた（「松岡外交の足跡（小林俊三）」）

シュターマーは、ドイツは日ソ親善を仲介するからと、同盟締結に日本を誘った。外務次官だった大橋はこう回想している。

「スターマー特使の提案の、この条約へのソ連引込案は、日本に対しても非常な誘惑であった。この独側がソ連引込への、オーネスト、ブローカー〔正直な仲買人〕となることとの約束と、日米の危機はこの同盟によってこそ回避されるのだとの説明が、この条約をスラスラと成立させたものである」（「元外務次官大橋忠一氏からの聴取書」）

松岡に説得された海軍

日本海軍は、この条約が英米との戦争の導火線になると強く反対した。渋る海軍を動かしたのは、松岡の説得だった。反対だった米内元首相も、松岡に説き伏せられたと回想している。

「三国同盟はソ連の参加によって四国同盟になるだろうということであり、さらに松岡外相は日米交渉を開始する企図もあきらかにし、ドイツは対英戦に日本の援助をもとめないといい、また対米戦の回避に努力しようというので、海軍はしだいに説得されていった」（高木『海軍大将米内光政覚書』五七頁）

豊田海軍次官は、他国に攻撃されたら他の締結国も参戦するという自動参戦義務を負うことはできないと、松岡に直談判して了承させた。さらに、「もう一つ大事なことは、ソ連を同盟に入れることだ」と強調した。海軍軍令部総長の伏見宮博恭《ふしみのみやひろやす》王も、九月一九日の御前会議で、「本同盟の成立により日ソ国交調整に寄与する程度如何」と松岡に尋ねる（細谷「三国同盟と日ソ中立条約」二六三頁）。

なお、海相だった及川古志郎は、当時こう考えたという。

三国同盟を結べば、アメリカがヨーロッパの戦争に介入するのを防げる。また、日中戦争を解決できるし、「対蘇親善関係の確立」も期待できる。けれども、恐ろしいのは「対英米戦誘発」だ。ドイツの戦争に巻き込まれる自動参戦義務にも、「絶対反対」だった。

だが松岡が、ドイツはアメリカの参戦防止に熱意を持ち、日独は協力できるという。またドイツは日本の参戦は求めない。そして、ドイツが日ソの「極力友好的了解増進に努めること等の諒解に達した」と、松岡がいった。だから海軍は反対する理由がなくなった。そこで自分は閣議で、「現下の局面を打開するには、海軍としては他に名案を持たず」といった（「日米交渉と海軍の態度」）。

山本五十六の懐疑

海軍首脳は、アメリカとの戦争回避と、ソ連も加わって「四国同盟」になるのを、条約締結の大前提としていた。松岡はそれに太鼓判を押し、彼らを説き伏せる。豊田によると、「条約が決まれば松岡外相は早速ソ連へ行くことを引受けた」ともいう（防衛庁防衛研修所戦史部編『戦史叢書　大本営海軍部大東亜戦争開戦経緯』〔二〕一〇四頁）。

賛成というより、反対の理由のなくなった当時の心境を、豊田はこう回想している。

支那事変解決の為、日本の孤立を防ぐ為、米国の参戦を防止する為には、ソ連を加えて四国同盟の外《ほか》なく、此の度は自動的参戦の条件もなくなり、平沼内閣当時海軍が反対した理由は尽《ことごと》く解消したのであって、出来た時の気持ちは外に方法がないということだった（「三国同盟に関する座談会記事」）

そんな首脳部を、醒めた目で見ていたのが、連合艦隊司令長官の山本五十六《やまもといそろく》中将である。彼は西園寺公望の秘書に、こう語った。

「ソヴィエトと不可侵条約を結んでも、ソヴィエトなどというものは当てになるもんじゃない。アメリカと戦争している内に、その条約を守って後から出て来ない、ということをどうして誰が保証するか」（『西園寺公と政局』一九四〇年一〇月一五日条）

昭和天皇の不安

三国同盟に不安な昭和天皇は、近衛にこう語りかけた。

「今暫らく独蘇の関係を見究めた上で締結しても遅くはないではないか」（「番外　日米交渉手記」）

昭和天皇は、近衛にこうも尋ねた。

「こうなった以上近衛も休戚《きゅうせき》［喜びと悲しみ］を頒《わか》つ覚悟があるか」（「元内大臣侯爵木戸幸一氏からの聴取書」）

また昭和天皇は、三国同盟を結ぶことで、アメリカと戦争になって敗北したらどうすると、近衛に不安をもらしたともいう。そこで近衛は、日露戦争の開戦直前に、明治天皇と伊藤博文がかわした会話を披露する（第一章参照）。近衛は、自らを伊藤になぞらえて、「自分も及ばずながら誠心御奉公申上げる覚悟でございます」となだめた。このやり取りを近衛が閣議で話すと、松岡は声をあげて泣いた（『西園寺公と政局』一九四〇年九月一〇日条）。

こうして一九四〇年九月二七日に、ベルリンで三国同盟が調印された。この日、オット駐日大使は松岡に書簡を送り、ドイツはいつでも日ソを仲介し、「力の及ぶ限り友好的了解を増進するに努む」と約束する（「松本俊一宣誓供述書三国同盟締結事情」）。

三国同盟の標的はアメリカ

なお、三国同盟の第三条は、軍事同盟であることを示している。特に重要な後半のみを記す。

「三締約国中、何れかの一国が、現《あ》に欧州戦争、又は日支紛争に参入し居らざる一国に依て攻撃せられたるときは、三国は有らゆる政治的、経済的、及軍事的方法に依り、相互に援助すべきことを約す」

しかし、第五条では、ソ連は例外だと記す。

「日本国、独逸国及伊太利国は、前記諸条項が三締約国の各《おのおの》と『ソヴィエト』連邦との間に現存する政治的状態に、何等の影響をも及ぼさざるものなることを確認す」

この条文は、ソ連は敵視していないとアピールし、狙いはアメリカにあるというメッセージだった。アメリカはこの時点では、まだ第二次世界大戦に参戦していない。

ソ連への留保をつけさせたのは、ソ連と提携するためだと、松岡は議会で述べている。

三国同盟条約を締結致しました時は、あの締結それ自身の一つの大きな目的が日「ソ」国交調整にあったのであります。随《したがっ》て第五条にわざわざ明文で表示したように、「ロシヤ」との関係は何も関係がないのだと云うことを、条約に書入れたが宜いと云う合意が成立つまでに、我より見れば日「ソ」国交調整、それから「ドイツ」「イタリア」から見れば親善関係を「ソ」連と維持して行きたい。斯《こ》う云うことが一つの大きな根本の考えであったのであります（衆議院予算委員会、一九四一年二月四日）

ソ連を誘惑する

九月二八日、外務省は「帝国外交方針要綱」を作成した。「日蘇国交の飛躍的改善調整」のため、ポーツマス条約や日ソ基本条約を破棄して、新しい条約を結ぶ。そして、ドイツとソ連の圧力を利用して、日中の「全面的和平」を達成する、という目標を掲げた。最終的には、日独伊ソ米英で「平和機構を確立し、世界平和の再建を期す」という大風呂敷も広げている（『日外』［第二次欧州大戦と日本・二―上］五七～五九頁）。

これが、陸海軍と外務省が協議して作成した「日蘇国交調整要綱案」に発展するが、松岡はこの案をさらにシンプルにして、ソ連への要求を四つに絞る。相互不可侵の約束、蔣介石への援助停止、ソ連は米英に味方しない、そして国境紛争の拡大防止である（滝田「日本陸軍と『北方問題』」一四九頁）。

国内での根回しも終えた松岡は、ソ連との外交に取り組むと宣言する。一九四〇年一〇月七日の地方長官会議で、こう訓示した。

「わが国とソ連邦とは従来色々の理由で関係が面白くなかったのであるが、今日の如き世界革命というべき変局に当っては、双方とも東亜の一角でいがみ合っている時ではない。誤解があれば解き、懸案があれば解決して、もっと大きな目標に向って協力すべきであると信ずる」（『大阪毎日新聞』一九四〇年一〇月一二日）

この演説はソ連にも届き、一〇月九日に党機関紙『プラウダ』が報じた。

さらに一〇月一三日には、ドイツのリッベントロップ外相から、日独伊ソの連合を話し合おうと誘う手紙も、スターリンに届く。リッベントロップは、さらに大きな構想を秘めていた。日独伊ソに加えて、ドイツ、イタリア、フランス（ドイツに協力するヴィシー政権）、スペインも四ヵ国の同盟を組む。そのことで、スペインから日本に跨る「ユーロ・アジア同盟」を形成し、イギリスに対抗する構想だ（Bloch, *Ribbentrop*, p. 334）。

スターリンは焦らず

あとは、日本の差し出す手を、ソ連が握るかである。だがスターリンは、三国同盟を締結したことで、日本は米英との対立が深刻になると見た。だから米英は、日中戦争で中国に味方する。スターリンにしてみれば、そうやって自ら首を絞めている日本と、あわてて条約を結ぶ必要はなかった。スターリンは一〇月一六日付の手紙で、このことを蔣介石に説明した。

私が思うに、三国同盟の締結は中国の状況を少々悪化させる。ソ連にとってもいくらかはそうでしょう。これまで日本は孤立していたわけですが、三国同盟によって孤立を脱し、ドイツとイタリアという同盟国を得ました。しかし、現在の国際情勢では、三国同盟はその矛盾した性質により、かえって日本にとって不利に働くかもしれません。なぜなら、三国同盟は、英米が日本に中立であるための土台を壊すからです。こうした面から見ると、三国同盟は中国にとってプラスになる。［アメリカの］屑鉄その他の品物の輸出禁止や、［イギリスの］ビルマルートの開放は、そのことをまさに証明するものです（Русско-китайские отношения. Т. 4. Кн. 1. С. 622）

ビルマルートとは、重慶で日本への抵抗をつづける蔣介石を英米が支援するため、ビルマ（現在のミャンマー）に開かれた輸送路だ。日本政府の要求で、一九四〇年七月にいったん閉鎖されたが、チャーチル首相は同年一〇月に封鎖を解いた。

それでも、リッベントロップ外相の唱える日独伊ソの連携は、スターリンにも考えるに値した。

問題は、ソ連の出す条件を、ドイツが受け入れるかだ。

一〇月二一日、スターリンはリッベントロップ外相に返信を書き、一一月にモロトフ外務人民委員をベルリンに派遣すると伝えた。そして、こう書き添える。

「日本とイタリアの代表も加わって諸問題を討議するのは、原則として反対しないものの、この問題については事前協議をしておくべきだと思う」（ДВП СССР. Т. 23. Кн. 1. С. 699）

ドイツによる日ソ仲介

モロトフのベルリン訪問が決まると、ドイツのリッベントロップ外相は、日独伊ソの連携に本腰を入れる。

一九四〇年一一月一〇日、リッベントロップ外相は来栖《くるす》三郎《さぶろう》駐独大使に、ソ連を日独伊に同調させることをめざすという、いわゆる「リッベントロップ腹案」を示す。そして一一月一三日には、モロトフとの会談で、日ソ独伊四ヵ国条約を提案した。

ヒトラーも、同じ日の会談で、日ソのあいだを取り持とうとする。モロトフにはこういった。

「アジアにおけるソ連の国益に鑑《かんが》みれば、ソ連は日本と協約を結ぶべきだ」、「日本はソ連と接近する希望を持っている。これは中国との戦争が関係している。日本はこのことについて話し合うことができる」。

モロトフの返事は、出発前にスターリンから与えられた指示を、忠実になぞるものだった。「中国と日本のことは、妥協的な解決を探らなければならず、何より中国にとって名誉ある解決でなければなりません。この点につき、ソ連とドイツは重要な役割を果たすことができるでしょう」(ДВП СССР. Т. 23. Кн. 2. Ч. 1. С. 71)

会談を終えたヒトラーは、ソ連への不信感を強め、部下にもらした。

「あの国［ソ連］には打算的な同盟関係さえ維持する気がない」（エンゲル『第三帝国の中枢にて』一九四〇年一一月二五日条）

なお、帰国したモロトフは、一一月二五日に、リッベントロップ外相が提示した四ヵ国条約を結ぶ条件として、多くの領土や利権の譲渡を要求する。そのなかには、日本が北樺太の石炭と石油の利権を放棄することも含まれていた。モロトフの居丈高な態度も、ドイツ側を不快にした。

ついにヒトラーは、一二月一八日に、ソ連打倒のバルバロッサ作戦を正式に命じた。ただ翌年一月一〇日にはソ連と経済協定を結んでおり、表向きは友好を装った。

もっとも、ドイツの仲介はまったくの無駄だったかといえば、そうではない。モロトフは、一一月一八日に建川駐ソ大使を招いて、日ソ中立条約を提案する。その条件として、日本が北樺太の利権を解消することを求めた。松岡はこの条件をのめず、逆に北樺太の領土買収を提議するよう建川に訓令する。この提案は、モロトフに一蹴された。交渉は行き詰まる。

ちなみに、この時期に松岡は、三国同盟締結の余勢を駆って、蔣介石との直接和平の工作に乗り出す（銭永銘《チエンヨンミン》工作）。ただ、一〇月一日に陸海軍と外務省は、蔣介石との和平に、一〇月中に「目鼻つかざれば」、独ソ両国に対する「施策に重点を転換する」ことで合意していた（『日外』［日中戦争一］五七七頁）。そのため、和平工作に失敗すると、日中戦争の解決にソ連の力も借りるべきだ、という軍部の圧力は強まり、松岡にのしかかる。

世界を四分割

運命の年、一九四一年を迎えた。議会で松岡は、ソ連とは交渉中だと明かす。

「何とかして相互の誤解を解き、出来ることならば、進んで全面的に且《か》つ根本的に国交の調整を図りたいと云う考えを以て折角努力中であります」（衆議院本会議、一九四一年一月二一日）

松岡は、昭和天皇にも外交方針を披露する。ドイツで対英作戦について協議し、ソ連との関係を改善し、そのうえで日中戦争の和平を四月までにまとめ、「その後に南方に向けて全力を挙げ」たい、と（『昭和天皇実録』一九四一年二月一日条）。

ふたたび参内した松岡は、「対独伊ソ交渉案要綱」を上奏した。それは、リッベントロップ外相の案をもとにしており、日独伊によるイギリス打倒に、ソ連を同調させることを目標にする。最終的には、世界を大東亜圏、欧州圏、米州圏、ソ連圏に分割し、日本は大東亜圏の指導者になる構想だ（同前二月一〇日条）。

前提となっているのは、イギリスがドイツに打倒され、世界の広大な地域を支配する大英帝国が解体されるという、「見込み」だ。その後は、日独米ソが世界を四分割する。松岡と似たような夢想を描く者が、もう一人いた。陸軍省軍務局長の武藤章少将だ。一九四一年元日の『朝日新聞』第一面には、彼の論説が掲載されている。

武藤によれば、南北アメリカ大陸では合衆国、ヨーロッパでは独伊、「大東亜」では日本が優位を占める。そして、「ソ連邦は欧亜北方に跨る一大ブロックを形成せんとする必然性が濃厚に看取される」とし、四極のうち一角はソ連が占めると予想した(『東京朝日新聞』一九四一年一月一日)。

松岡と武藤の世界観からは、ヒトラーにも助言したドイツの地政学者、カール・ハウスホーファーの影響を強く感じる。ハウスホーファーは、海上で覇権を握る米英に対抗するには、世界を縦に四分割してブロック化し、ドイツにとって都合のよい世界秩序を構築すべきだと考えた。それぞれの地域でリーダーとなるのは、アメリカ、ドイツ、ソ連、日本である。

では、ソ連は、日独伊と米英の、どちらの陣営に味方するのか。ソ連の動向が鍵を握ろうとしていた。

外遊を決意

そこで松岡は、自らモスクワに乗り込んで、日ソ間の条約を成し遂げようと考える。これは外相就任直後から近衛首相に話していた、松岡の秘策だった。松岡に外遊をすすめたのは自分だと、三月二九日に、東郷元駐ソ大使は、アメリカのグルー駐日大使に語っている。

昨年〔一九四〇年〕の一〇月に、ソ連と日本の政治協定は調印の一歩手前だった。〔中略〕しかし松岡は、「個人的な親友である建川」に調印の栄誉を与えようと彼をモスクワへ送り、条約を結ぼうとしていた東郷を異動させた。しかし、建川の到着後にソ連の態度は硬化し、条約には途方もなく高い条件が課された。一月に松岡は、問題を解決するためにモスクワを訪問するべきか東郷にアドバイスを求めた。東郷はソ連との条約を結ぶための唯一の方法はそれだと、訪問を強くすすめた（FRUS 1956: 925）

松岡に駐ソ大使を解任された東郷なので、「恨み節」は割り引いて考えなければならない。だが、その助言に背中を押されたのはまちがいなさそうだ。

松岡は東京裁判で、検事の取り調べに、こう話している。当時、ドイツやイタリアの国情を知りたいといってヨーロッパへ出かけた。これは事実だが、それだけなら行かなかった。できるなら、ソ連と不可侵条約か中立条約を結ぶのが目的だった。しかし、世界の注目がそこに集まるのは避けたかったので、「一種の偽装として」ベルリンとローマへ行った、と（『東京裁判却下未提出弁護側資料』〔四〕一一六頁）。

これは、当時の史料からも裏付けられる。一九四一年三月一〇日、モスクワで待つ建川駐ソ大使は、アメリカのローレンス・スタインハート駐ソ大使に打ち明けた。松岡のベルリン訪問は「カモフラージュ」で、真の目的は日本と政治協定を結ぶよう、モロトフを説得することにある。松岡はヒトラーやムッソリーニと話し合うことはまったく望んでいない、と（FRUS 1956: 915-916）。

松岡外遊をめぐる情報戦

現代では、外相の外遊は珍しくもない。しかし戦前では、現職の外相で海外へ出かけた例は、ポーツマス講和会議に出席した小村や、一九〇七年に韓国を訪問した林董など、数えるほどしかない。それだけに、松岡の外遊は世界の注目を浴びた。

グルー駐日大使は、将来の地位のために、松岡は賭けに出た、と本国へ報告した。もし彼が手ぶらで帰ったら、彼の地位だけでなく、近衛内閣とその政策にも傷がつく、と辛辣な見方をしている（FRUS 1956: 918）。

イギリスの首相として、松岡と対峙したウィンストン・チャーチルは、フランクリン・ローズヴェルト大統領に宛てた二月二〇日付の手紙で書く。
「日本についてさらに良いニュースを得ました。近々、松岡はベルリン、ローマ、モスクワを訪問するようです。これは、イギリスに対して何の行動もとらぬことを、とりつくろうための外交的な鼻薬でしょう」(Kimball, *Churchill & Roosevelt*, p.137)
当時、日本とイギリスの開戦が近いという噂が世界で流れていた(いわゆる極東危機説)。外相が日本を留守にするなら、しばらく日本が戦端を開くことはないと胸をなで下ろすところだが、チャーチルは疑いを拭えずにいた。

ゾルゲの見立て

永田町の駐日ドイツ大使館では、ジャーナリストのリヒャルト・ゾルゲが注視していた。オット駐日大使と親しく、大使館内に仕事場まで与えられたゾルゲだが、その裏の顔はソ連のスパイだった。ゾルゲが三月一〇日付でモスクワへ打った電報は、彼がいかに深く情報網を張りめぐらしていたかを物語る。

「ソ連に関する限り、松岡は独自に行動できる権限を、より一層持っている。近衛は松岡がソ連と不可侵条約を締結できるとは信じていないが、それでも彼がこの方向で何らかの成果を挙げることを期待している」(白井編著『国際スパイ・ゾルゲの世界戦争と革命』三三七頁)

この電報を、フィリップ・ゴリコフ参謀次長兼諜報局長は高く評価した。

「ラムゼイ［ゾルゲ］に回答、貴殿の……（無線通信の番号に続いて）有意義だ」（白井・小林『ゾルゲはなぜ死刑にされたのか』一七七頁）

ゾルゲは逮捕後の取り調べで、松岡の訪欧の情報を、近衛のブレーンの一人である、満鉄調査部嘱託の尾崎秀実《おざきほつみ》から得たと自白している。尾崎によれば、松岡はドイツとイタリアで、日本の行動を制約するいかなる言質《げんち》や、条約への署名を禁じられた。しかし、ソ連とは関係改善の交渉をしてもよく、条約への署名も禁じられなかった。これをモスクワに速報したゾルゲだが、「中立条約が生まれて来ようとは夢にも思わなかった」と語っている（『現代史資料』［一］二八七頁）。

なお尾崎は、松岡に同行する西園寺公望の孫、公一《きんかず》と、近衛のブレーンが集まる「朝飯会」で仲間だった。そのため、尾崎に機密情報をもらしたと、のちに西園寺も有罪になる。

シベリア鉄道の車内で

一九四一年三月一二日、いよいよ松岡は東京駅からヨーロッパへ旅立った。東京駅では、近衛首相や大勢の群衆が見送った。松岡への期待の表れだ。

モスクワに向から車中ではこういっていたと、大橋は松岡本人から聞いている。

1941年3月23日、モスクワに到着した松岡洋右（『写真週報』第165号）

「自分は長州の出身であって、先輩の桂首相の伝統を受け、満鉄を創立した後藤新平の衣鉢を継いでね、昔からロシアとの協調路線」である。「したがって、どうしても一つ、ロシアと日本と仲良くしなきゃならん」（『大橋忠一関係文書』四三五頁）。

ソ連側が差し入れたキャビアとウォッカを堪能しながら、松岡は西園寺公一へも語る。

「三国同盟は戦のための同盟じゃございません。英米陣営に対して、日本の立場を有利に展開させるための大道具ですよ」（西園寺『過ぎ去りし、昭和』一七二頁）

列車内で松岡は盗聴されているのを意識していたというから、いずれの発言もうのみにはできない。だがモスクワでも、松岡は同じ趣旨の発言をくりかえす。

三月二三日午後三時半、松岡はモスクワのヤロスラブリ駅に到着した。翌日の午前に、ドイツなど、枢軸国の駐ソ大使たちが訪ねてくる。アメリカがルーマニアの駐ソ大使から得た情報によると、松岡はこう語った。

日本は戦争を起こすためではなく、平和のために三国同盟に加入した。つまり、アメリカの参戦防止のためだ。アメリカは参戦しないと思うが、その時は、日本は枢軸国の側に立つ。アメリカの生産力は、今年の六月まで充分ではないと聞いている。それまでにイギリスは敗北を余儀なくされるだろう。そうすれば、アメリカは手を引き、自国のことに専念するはずだ（FRUS 1943: 183）。

スターリンとの初会談

松岡は、スターリンとの会談を希望し、建川大使に知らせていた。ヒトラーと会談後だと、ソ連側が疑いを抱くかもしれないという、大橋外務次官の助言に従った（『大橋忠一関係文書』四三三〜四三四頁）。建川が松岡の希望を伝えたのは三月一八日だが、モロトフ外務人民委員は、スターリンと相談してみる、というだけだった。

三月二四日午後に、松岡はクレムリンでモロトフと会談する。この席上、松岡はスターリンとの会談を申し出た。モロトフは、いつ会談したいのかとたずね、松岡は今すぐにでも、と答える。電話したモロトフは、スターリンが一〇分後に来ると告げた（ДВП СССР. Т. 23. Кн. 2. Ч. 2. С. 499）。スターリンは、出番を待っていたのだろう。

同席した建川駐ソ大使は、この時の模様をアメリカのスタインハート駐ソ大使に語った。しゃべりつづけた松岡は、じつに五八分間もスターリンたちへ「講義《レクチャー》」したという（FRUS 1956: 929）。その内容は、ソ連側の文書に詳しい。

松岡は冒頭で、「日ソ関係の改善が必要であるという確信は、三〇年来のものであり、なんら新しいものではなく、実現に断固とした決意を個人的に有している、と語った」。スターリンもまた、「日ソ関係の改善は不可欠であり十分に実現可能であると表明」する。さらに、松岡がヨーロッパから帰る途中、ふたたび松岡と会談しても良いと語った。

松岡は、一九三二年の日ソ不可侵条約の交渉は、政府内で同意があったものの、「当時の日本の世論が同条約に反対したために、自分の努力は実らなかった」と述べている。松岡は、今回は世論も乗り気であると印象づけようと、あえて過去を蒸し返したのだろう。

さらに松岡は、日本の天皇制は「道徳的共産主義」であり、日ソは反アングロ・サクソンで同じ立場にあると強調した。

これに対しスターリンは、アングロ・サクソンとは「ロシア人はかつて一度も友人であったことはないし、今もおそらく友好をそれほど望んでいるわけではない、との考えを表明した」（三輪「〈資料〉日ソ中立条約に関するスターリン・松岡会談ソ連側記録」一〇四頁）。

松岡が持ち出した「道徳的共産主義」は、一九三二年にソ連を訪問した時にも、ラデックに語っている（松岡『政党を脱退して日本国民に訴ふ』二五頁）。その場の思いつきではないが、スターリンは真面目に受け取らない。彼は四月二〇日に、コミンテルン執行委員会書記長のゲオルギ・ディミトロフらを相手に、「日本的共産主義」をネタにジョークを飛ばしている。ただ、肝心の中身は不明だ（Dimitrov, *The Diary of Georgi Dimitrov*, p. 155）。

一方、会談から戻った松岡は上機嫌だった。西園寺公一にこう語る。

「ソ連の人たちのやり方は公一さん、私の性に合ってますよ。簡単でいい。スターリンさんにしても、モロトフさんにしても、裃《かみしも》をつけたり、偉ぶったりしない。この野人松岡と同じですよ」（西園寺「貴族の退場」三二二頁）

ともあれ松岡は、米英を倒すため日ソが手を結ぶべきだと、売り込むことはできた。スターリンの返答も満更ではなかったが、具体的な話し合いは、松岡の帰路に持ち越された。

シンガポール攻撃の提案

三月二六日、松岡は大歓声に包まれてベルリンに到着する。このころ、国際情勢はまたも大きく転換しようとしていた。焦点はバルカン半島である。

ドイツを出し抜こうとギリシャに侵攻したイタリア軍は、イギリス軍のギリシャ進出で苦境に陥り、ドイツに助けを求めた。ドイツは援助に乗り出す。しかし、一九四一年三月二七日、ギリシャへの途上にあるバルカン半島の国、ユーゴスラヴィアで、三国同盟に加入しようとした政府がクーデターで倒された。リッベントロップ外相と松岡の会談は、まさにその日だった。会談中にも、外相がヒトラーに呼ばれて中座している。

あわただしい会談で、リッベントロップは日本のシンガポール攻略を希望した。ここを攻略すれば、アメリカの植民地フィリピンを、いつでも日本は攻略できる。そうすれば、ローズヴェルト大統領の威信を失墜させ、アメリカの参戦も断念させられる。また、ソ連側がドイツに何か仕掛けてきたら、数ヵ月でソ連軍を撃滅する自信があるとも大見得を切った（『日外』［第二次欧州大戦と日本・一］三三五頁）。

同じ日に会談したヒトラーも、ソ連との国境に一五〇個師団を配置していると明かした。ソ連の狙いは共産主義の拡大にある。来るべき敵はアメリカとソ連だと明言した。また、ドイツはアフリカに植民地を建設することで満足し、極東は日本に任せるともいった。しかし、そのためにはイギリスを打倒しなければならないと、日本のシンガポール攻略を希望した（同前三三六頁）。

これに対し松岡は、シンガポール攻撃はすぐにおこなうべきだと答えたが、自分の意見は国内で反対にあっているので、「いかなる行動の義務も負うことはできない」とはぐらかす。ヒトラーは失望し、松岡を「米国の聖書宣教師の偽善と、日本的、アジア人的な狡猾さを併せもつ」と、あとで酷評した（カーショー『ヒトラー』〔下〕三九八頁）。

日本を参戦に誘う

そもそも、ヒトラーがシンガポール攻略を熱心に勧めたのはなぜなのか。日本によるシンガポール攻略というアイデアをヒトラーに植えつけたのは、海軍総司令官のエーリヒ・レーダー提督だと、リッベントロップは証言している。その目的は、イギリス海軍をアジアで牽制するためだったという（『東京裁判却下未提出弁護側資料』〔四〕一三七頁）。

ヒトラーは、すでに一九四〇年七月に、ドイツがソ連を攻撃して、日本にのしかかるソ連の圧力を減らすことで、日本には英米と対決させる戦略を語っている。ヒトラーによれば、ソ連がドイツの攻撃で力を失えば、「極東における日本の力を途方もなく強める」。そしてアメリカは日本と対峙することになり、イギリスを支援できなくなる、といった（デュルファー「研究報告」八六頁）。

ヒトラーはその戦略を、松岡訪問前の一九四一年三月五日に、軍幹部へ明示した。

「三国協定にもとづく協力の目的は、可及的速かに日本を極東の戦いに誘いこむことでなければならない。それによってイギリスは多数の兵力を拘束され、アメリカもその力を太平洋へ転換しなければならなくなる。〔中略〕『バルバロッサ作戦』は、そのための政治

上・軍事上の好条件を作り出す」(『ヒトラーの作戦指令書』一〇八〜一〇九頁)

ソ連侵攻前日の六月二一日にも、ヒトラーはムッソリーニへこう書いている。

[イギリスの]戦い続ける意志は、もっぱら期待に依拠しているのです。その期待は二つの可能性に由来しております。ロシアとアメリカです。我われには、アメリカを除外する手だてがありません。ロシアを除外することができれば、極東において日本への圧力をいちじるしく減じることに役立つでありましょう。そうなれば、アメリカの意図が日本の介入によって大きく脅かされるという可能性も生じるでありましょう(『ヒトラー=ムッソリーニ秘密往復書簡』一一九頁)

ヒトラーは、日本の南進で米英の力は削られ、ヨーロッパの戦局はドイツに有利になると期待した。そのためにも対ソ戦を決意したヒトラーにとって、松岡が懐にしまう日独伊ソの連合など、無用の長物である。

なお、帰国した松岡もシンガポール攻略を唱えたが、陸海軍は相手にしない。近衛首相が、松岡がシンガポール攻略を主張しているが、と問うと、東条陸相も及川海相も「不同意」、「『既定通り平和施策』と峻拒《しゅんきょ》した(『機密戦争日誌』一九四一年四月二五日条)。

ソ連との条約にこだわる

ドイツとソ連の関係悪化に、松岡はベルリンで気づく。東京裁判の証拠資料に、松岡が巣鴨プリズンに収監される前に記した「訪欧関係」という手記がある。裁判対策の備忘録であろう。そこで彼は、こう回想している。

「余はR（リッベントロップ外相）との会談に於て、独ソの関係も極度に悪化せるを知り、非常に驚いた。然しRは、若し戦争になれば二―三ヶ月で畳み上げると云う、非常な自信を持って居た。無論、その時日本の援助等考えても居ない態度であった。余も聞き流して、何も批判はしなかった」

それでも松岡はソ連との条約を諦めず、せめてドイツからは同意を得ようとする。ドイツ外務省の会談記録によると、松岡は三月二九日の会談で、ソ連と不可侵条約か中立条約を交渉するべきかどうかたずねている。リッベントロップ外相の答えは、「現在の時局と完全にそぐわぬかもしれぬから」、できることならばモスクワで、「この問題に触れるなと松岡に警告した」（JACAR: A08071278500）。

しかし、松岡は聞く耳を持たなかった。戦後の手記で、松岡はこうふりかえる。

ベルリンに於て、独ソ国交極度に緊迫しているのを知り、帰国の途次、モスクワに於て不可侵又は中立条約を締結せんとする余が企図は倍加した。斯くする事により、両国間接近の基礎を据え、而《ママ》る後両国間各般の不愉快なる懸案事項を解決する事を企図した（「近衛手記に対する松岡説明」）

日ソ中立条約を結ぶのが、独ソを和解させる第一歩になると考えた松岡は、後世から見ると、あまりにも楽天的だった。

バルカン半島で戦争勃発

松岡は三月三〇日にベルリンを発ち、ローマでムッソリーニやローマ法王と会見した。ベルリンに戻ってきた松岡は、リッベントロップ外相に、ソ連と不可侵条約か中立条約を結ぶつもりだと話した。ドイツ外相は、「それは余程困難事である」と否定的だった。しかし松岡は、ほとんど成功は不可能だと思うが、「とにかく試みる。そしてもし簡単に出来上がる様だったら釣り上げる」と語った（「訪欧関係」）。

松岡がベルリンを発ったのは、四月五日の午後五時半である。この日、ソ連はユーゴスラヴィアと不可侵友好条約を締結した。ソ連はドイツからユーゴスラヴィアを奪った。激怒したヒトラーは、バルカン半島への出兵を命じる。四月六日の朝には、ユーゴスラヴィアの首都ベオグラードをドイツ空軍が爆撃した。

独ソ国境の駅のラジオで、開戦のニュースを聞いた松岡は、こういったという。

「君、これでモスクワの交渉はできたよ」（加瀬『日本外交の主役たち』一三八頁）

松岡は、この戦争がソ連との交渉に有利に働くと考えた。ソ連は、つぎにドイツの矛先が向けられるのを恐れる。ならば東の仮想敵、日本とは手を結ぶと踏んだ。

ちなみにドイツは、バルカン半島に侵攻したことで、五月一五日に予定されていたソ連攻撃を延期した。松岡は、一触即発の独ソのあいだを綱渡りしていた。

四月七日、松岡はモスクワに戻った。その時の一句。

「南欧のつばめつれだち露都に入る」（松岡洋右伝記刊行会編『松岡洋右』八七二頁）

「南欧のつばめ」は、バルカン半島から飛んできたのだろう。

松岡の「電撃戦」

松岡は、外遊に出発する前に、議会でこう答弁している。

「『ロシヤ』人相手の交渉と云うものは中々波瀾重畳《ママ》でありまして、紆余曲折《うよきょくせつ》に富んで居って、今日は行詰ったかなと思って居ると、明日になると突如として好転したりする、斯

様なことが往々にしてあるのであります」（衆議院予算委員第一分科会、一九四一年一月三〇日）

モスクワでの交渉は、まさにそのように進んだ。四月七日にモスクワに戻った松岡は、モロトフ外務人民委員と三回の会談を重ねたが、一向にらちが明かない。しかし、この交渉にスターリンが登場すると、状況は一変した。

松岡の手記「訪欧関係」によれば、四月一一日午後一一時頃、駐ソ大使館の宮川船夫《みやかわふねお》参事官がホテルの食堂に松岡を訪ねてきた。そして、明日、松岡外相にお目にかかりたい、外相の都合の良いときで可能だ、というスターリンからのメッセージを伝える。松岡は、「スターリン氏はモロトフ氏と交渉中の余の条約を締結する考ならんと見当をつけ」た。

翌日、松岡は建川大使と通訳の宮川だけを連れて、クレムリンにあるモロトフの執務室を訪問し、スターリンと会談する。ここで松岡は、北樺太の日本への譲渡を提案する。しかし、この話は「不成立」となる。そこで松岡は、自分の目的は「不可侵又は中立条約をブリッツクリーグ［電撃］的に外交上成立せしめんとするにありたるが」、ひとまず帰国すると告げた。

そうすると、「二、三問答の結果極めて簡単にスターリン氏は本件を成立せしめんと答う」。

この間、十数分だったという。あっさりと決まったことに、松岡は感激した。条文はその夜に外交官たちがまとめて、調印は翌日と決まる。

交渉が急にまとまったのは、独ソ関係の悪化が背景にあると、松岡は上奏文に記す。「バルカン問題を繞《めぐ》って、最近独ソの関係が頓《とみ》に悪化し来りましたことが、スターリンをして、日ソ国交調整を急がしめた最大原因であることは、申す迄もありません」(『日外』〔第二次欧州大戦と日本・一〕三六九頁)。松岡に同行した永井八津次《ながいやつじ》陸軍大佐も、同じ見方をしている(『続・現代史資料』〔四〕一九四一年五月二〇日条)。

ドイツ軍は、四月一〇日にクロアチアの中心都市ザグレブを占領、四月一二日にはユーゴスラヴィアの首都ベオグラードを包囲した。結局、ユーゴスラヴィアはその五日後にドイツとイタリアへ無条件降伏した。ソ連の方針転換は、このドイツの圧勝が原因だったのか。真相は謎だが、松岡が期待したドイツの仲介ではなく、独ソ関係の悪化が幸いしたならば皮肉な話である。

日ソ中立条約の調印

一九四一年四月一三日午後二時四〇分に、松岡と建川大使、そしてモロトフが署名した日ソ中立条約は、全部で四ヵ条よりなる。

第一条は、両国が双方の「領土の保全及不可侵を尊重」することが記されている。

第二条は、「第三国」によってどちらかの国が攻撃されたら、攻撃を受けていない国は「紛争の全期間中中立を守るべし」。

第三条は、この条約は批准した日から五年間の効力があり、期間満了の一年前に破棄の通告がないときには、さらに五年間延長されるとある。第四条は条約の批准をなるべく早くおこなうこと、そして批准書の交換は東京でおこなうことが定められている。

日ソ中立条約に調印する松岡。後列中央にスターリン（1941年4月13日）

さらに、この条約には「声明書」が付いていた。それには、「日本とソ連が、互いにモンゴル人民共和国と満洲国の領土の保全及不可侵を尊重」すると記されている。それは事実上、ソ連が満洲国を承認したことに他ならない。これこそ、松岡が一九三二年にソ連と交渉して、得られなかったものだ。

ソ連の党機関紙『プラウダ』も、調印の翌日に、声明書を高く評価した。

「これは満洲国とモンゴル人民共和国のみならず、ソ連と日本とのあいだにおいて、国境の平和を攪乱《かくらん》し、たえず紛争を起こしたすべての国境事件を終わらせる」

一方、この「声明書」に大いに落胆したのが、蔣介石である。日ソ中立条約調印の翌日の日記にはこうある。

「日ソが相互に満洲とモンゴルという二つの偽国の領土を承認し合うことは予測できなかった。自分が事柄の根本まで探求できなかったのが原因である」（鹿『蔣介石の「国際的解決」戦略』二一九頁）

ただ松岡は、代償として、数ヵ月内に北樺太の利権を「整理」、つまり利権を解消するよう解決に努力すると、ソ連側に約束もさせられる。

調印式に立ち会った加瀬俊一《かせとしかず》秘書官によれば、スターリンは、「これで、日本は安心して南進できる。さあ、南進に乾杯」と音頭を取った（加瀬『日本外交の決定的瞬間』一七頁）。

同じく、駐ソ大使館付武官の山口捨次海軍大佐も証言する。

「珍らしくも打ちとけたスターリンがシャンペンの杯をあげて、『これで日本も安心して、南進できますネ』と、松岡さんの八紘一宇《はっこういちう》に拍車をかけた」（山口「日ソ中立協定は『帰りの駄賃』」四三頁）

スターリンは、これで日本の眼は南へ向く、だからソ連は安全だと考えた。ただ、松岡はそんな単純な人間ではないのを、スターリンは知らなかった。

見送りに来たスターリン

調印式が終わったときには、帰国の列車の発車時刻が迫っていた。松岡の手記「訪欧関係」によれば、再三断ったにもかかわらず、スターリンは自ら電話して、松岡たちの乗る列車を遅らせた。

調印を終え、ドイツのフリードリヒ・シューレンベルク駐ソ大使へ別れを告げる際、松岡はこう述べた。

「日本にとって、中立条約の締結はとても重要だ。条約は蔣介石に大きな影響を与え、彼との交渉をきわめて容易にするだろう。さらに、英米に対する日本の立場も格段に強化するだろう」(Sontag, *Nazi-Soviet Relations*, p. 323)

松岡の一行は、午後六時前に駅に着く。駅には多くの人びとが見送りに来ていた。そこに突然、スターリンがモロトフを従えて現れる。松岡は、当時の驚きをこう回想する。

間もなく、突如スターリン氏余見送りの為来る。余に提供せる貴賓車にスターリン氏自ら入りこみ、各室を点検し、ロシア《マ》コックボ《マ》ーイ等にもよく気をつける様にと申しつけたる後、プラットフォームの反対側よりスターリン氏は立ち去りたり。スターリン氏自ら人を駅頭に送りたりと云う事は、革命以来最初の事にして、又或いは最后《さいご》になるか。駅にある者一同唖然たり。最初は真にそのスターリン氏なる事を疑いし程なり。

モスクワの駅で松岡を見送るスターリン（朝日新聞社提供）

スターリン氏来るや、余はスターリン氏と相《あい》擁《よう》したり（「訪欧関係」）

二人が抱き合ってかわした会話を、その間近にいた永井大佐が、帰国後に語っている。

ス氏「スターリン」が松岡外相の肩を叩いて「日本とソ連さえガッチリと結べばヨーロッパとの問題なんか自然に解決しますよ」といった。すると松岡外相がただちに応酬して「なにヨーロッパだけじゃありませんよ、東洋だってそうですよ」とやった。ところがスターリン氏がまたすかさず「いや世界全体がそうですよ」とやりかえすという有様で、全く気持ちがシックリあっていたので、あの条約も結べたのだと思う（『東京朝日新聞』一九四一年四月二三日）

永井によると、スターリンは「自分はアジア人だ、だから自分のすることはヨーロッパ人にはわからないがアジア人には必ずわかると思う」とも松岡に語った。

このときスターリンは、見送りに来ていたシューレンベルク駐ソ大使にも、「われわれは友人であらねばならぬ」と語った（ルー『松岡洋右とその時代』三〇七頁）。

スターリンは、異例のパフォーマンスで、日独との友好を世界に見せつけた。松岡と近衛の夢見た日独伊ソの連携も、ここに実現したかに見えた。

有頂天の近衛首相

交渉成立をもっとも喜んだのは、近衛だろう。

近衛は、この交渉がどれだけ難しいかを、松岡が留守中の四月八日に、地方長官会議の訓示で述べている。

近衛によれば、「三国同盟を締結しましたが、其の効果を充分発揮する為には、日蘇交渉を必要とする」。しかしソ連は、西では「英独死闘の結果、両国を衰微に導き、東に於ては日支紛争を遷延せしめて、日本を疲弊せしめる方針を急に変更する模様がありません」(JACAR: A03023584400)。ソ連は英独日が共倒れになるのを待っているので、いまの国際情勢にはあまり期待できないという近衛は、松岡が直接交渉で打開するのを、期待するしかなかった。

交渉成立が知らされたとき、近衛の側には尾崎秀実がいた。そのため、ゾルゲはその場の様子をモスクワに報告できた。

「近衛とそこに居合わせた面々は、条約締結に皆歓喜の声をあげた。近衛はすぐに陸軍大臣東条に電話で知らせた。東条は驚きも怒りも喜びも表さなかったが、陸海軍並びに関東軍は、この条約に関して何か声明を発表すべきではないという近衛の意見に同意した」(白井『国際スパイ・ゾルゲの世界戦争と革命』三三八頁)

大橋外務次官によれば、交渉成立を大橋が報告すると、近衛首相は、「松岡という人はエーブルな人だ」と、「何とも言えぬ喜色を表した」(大橋『太平洋戦争由来記』九七頁)。

調印の時期を逸してはいけないからと、近衛首相は大橋を連れてすぐに葉山の御用邸へ行き、昭和天皇から調印の許可を得た。

松岡の人気再燃

国民や新聞も松岡への賞賛を惜しまない。しかし松岡は、四月二六日に日比谷公会堂で開かれた歓迎会で、詰めかけた群衆を前に謙遜した。

「日ソ中立条約に就《つい》ては国民はいささか驚いたかも知れない。或いは非常にこれをえらいことであるように或る向きでは思っているらしいが歴代の、日ソ国交をなんとか調整しようと努力をした人達のその努力の結晶が今度の中立条約となったのである。従って松岡洋右これを自らの功ともしない」（松岡「独伊蘇の情勢と我現状」七〜八頁）

この演説で、松岡は後藤新平に言及している。

「四月一三日、而も偶々《たまたま》私の可愛がられた後藤新平伯の十三回の命日に調印したのである」

後藤が亡くなったのは一九二九年四月一三日だ。それから一二年後の調印に、松岡は運命を感じていた。松岡は帰国前の大連でも、後藤の銅像を見上げながら、こう語っている。

「後藤さんは大陸の先哲というだけでなく、その生涯の大半を日ソ両国関係調整のために捧げた人である。この不思議な因縁を知ると、今度の日ソ交渉の成功も、後藤さんが草葉の陰で守ってくれたような気がしてならない」（『読売新聞』一九四一年四月二二日）

日比谷での演説はラジオ中継された。裏方を務めた陸軍の軍人によると、「この放送は、大変人気を呼んで、その夜二回、放送局は録音放送をやったが、ラジオ屋の前は、黒山のような人だかりで、松岡さんは、すっかり英雄になってしまった」という（松村『三宅坂』一三六頁）。

昭和天皇は四月二五日に条約を裁可する。五月二〇日には、条約の批准書交換式が外相官邸でおこなわれた。

日ソ中立条約の締結で、冷え切っていた日ソ関係は好転した。六月一一日には、「日ソ通商協定と貿易及び支払い協定」がモスクワで仮調印された。日ソ基本条約で締結がうたわれたこの協定は、一六年目にして、ようやく実現した。

満洲国とソ連、モンゴル人民共和国の国境画定の交渉も順調に進む。六月一四日には、ソ連のチタで「技術協定」が調印され、六月二七日から国境標識の建設がはじめられた。一〇月一五日には、ハルビンにおいて国境に関する総合議定書が調印された。

松岡の秘めた「構想」

ソ連との関係を改善した松岡だが、日ソ中立条約は、アメリカとの交渉を容易にすることも目的だったはずだ。

では、日米交渉を松岡はどうするつもりだったのか。松岡はシベリア鉄道で帰国する車中で、西園寺公一にこう語っている。

「米国に対して此の旅行中に打って置いた石が東京に着く頃には大きな反響を起して居るに違いない」

どういうことかと尋ねる西園寺に、松岡はいった。

「東京には対米問題に関して訳も判らぬのに色々うるさく云う奴等が多いから、私が私の大きな構想でちゃんと整理して見せる。まあ暫く見ていらっしゃい」（『現代史資料』〔三〕五七二頁）

松岡の秘めていた「構想」は、本人の告白によると、つぎの通りである。

日ソ中立条約を結ぶのに成功したら、帰国後に機会を見て、自らワシントンへ行き、「大統領及び国ム《ママ》長官と膝を接し日米国交を論じ、太平洋に関する協定を成し日支問題の解決を為し、進んでは好機を捉え、ヨーロッパ戦争の調停を米国と共に協力して計らんとせり」（「訪欧関係」）。

松岡は、外務次官として仕えた大橋にも、「中立条約を終ってから米国に飛びルーズベルトとの間に於てギブ、アンド、テークの下に話合をつくるつもりであった」と回想している（『大橋忠一関係文書』二四四頁）。

すでに松岡は、アメリカでの会談に向けて手を打っていた。モスクワで会見したアメリカのスタインハート駐ソ大使に、ローズヴェルト大統領へのメッセージを託している。その内容は、「支那をして日本と交渉を為す様勧告、日本をして公正なる事を為す機会を一度だけ作られんことを望む」ものだった（「近衛手記に対する松岡説明」）。

松岡がモスクワから大連に到着すると、早々に近衛首相から電話があった。近衛は、アメリカから重大な提案があったから至急帰国されたい、と要請した。秘書官だった加瀬によれば、「外相は受話器をおくと、傍らの私を顧みて晴れ晴れと笑顔をみせ」、こういった。

「さあ、次はアメリカへ飛ぶぞ」（加瀬「松岡洋右とスターリン」三三二頁）

松岡は、大統領から返信が来たと思ったのだが、帰国した彼には、予想外の展開が待っていた。

松岡外しの日米交渉

松岡の知らぬ間に、日米交渉が進んでいた。一九四一年四月一六日、日米両国の政府関係者や民間人有志が作りあげた日米諒解案を、コーデル・ハル国務長官が野村駐米大使に渡す。皮肉にも、ハルが日本との交渉をはじめることを決意した背景には、松岡が締結した日ソ中立条約があったといわれる。

日米諒解案は、日本が中国からの早期撤兵を認めるならば、アメリカは、三国同盟を防御的なものと解釈して認め、満洲国も承認する、また日中和平交渉も仲介して、日米間の通商も復活させるという内容だ。この交渉に力を貸していた近衛首相だけでなく、軍部にも昭和天皇にも歓迎された。

近衛首相は、日米諒解案をハルビン駐在の日本総領事に転電して、帰国する松岡に伝えようとする。しかし、外務省の寺崎太郎《てらさきたろう》アメリカ局長が、ハルビンの総領事館には「電信機」がないので、情報がもれる恐れがある、と反対した（寺崎『れいめい』一一六〜一一七頁）。寺崎は、松岡の反対を見越して、知らせるのを遅らせたのではないか。

同行者の回想では、大連から日本へ帰る飛行機で、「松岡洋右外相は非常に機嫌がよかった。［中略］機上ではときどき爆笑がわきおこった」という（長谷川「非常時男・マツオカの悲劇」一二八頁）。松岡を激怒させる日米諒解案は、まだ知らなかった可能性が高い。松岡自身も、帰国してからはじめて大橋次官から聞いたと回想している（「訪欧関係」）。

日米諒解案は「陰謀」

松岡は四月二二日に帰国する。東京の立川飛行場に降り立った松岡を出迎えた近衛は、自ら日米諒解案を説明するつもりでいた。しかし、松岡が途中で皇居を拝みたいと言い出し、そろって拝む様子を写真に撮られるのを嫌う近衛は、飛行場から別の車に乗り込む。

東京へ戻る車中で、松岡は大橋外務次官から日米諒解案を知らされた。大橋が日米諒解案に賛成で、「鬼の首にてもとりたる心もちにて」喜んで話したのも、癇《かん》に障ったようだ（『小山完吾日記』一九四一年一一月二日条）。ただ松岡自身は、大橋から日米諒解案を知らされたとき、「非常な不機嫌」だったという近衛の回想は、「完全なる虚構」だと反論している（「近衛手記に対する松岡説明」）。

帰国した松岡（右）と出迎えた近衛
（『写真週報』第166号）

帰国したその日に、松岡は大本営政府連絡懇談会（以下、連絡懇談会）に出席した。大本営は、天皇が指揮をとる戦時の最高統帥機関で、陸軍部（参謀本部）と海軍部（軍令部）から成る。連絡懇談会は、その大本営と内閣が協議する場だ。

ここで、日米諒解案に賛成する陸海軍の意見と修正文を渡された松岡は、この問題は日中戦争の解決以外にも重大なことが含まれているから、慎重に考えなければならない、といって中座した（『杉山メモ』一九四一年四月二二日条）。

松岡は病気を理由に、自宅にこもりがちになる。思案するにつれ、日米諒解案は話がうますぎる、「陰謀」だと松岡は勘ぐった。

「帰朝当時日米交渉あるを聞き、だんだん調べるにつれて陰謀なる事判明し、成立公算きわめて小なるに付、直《ただち》に辞職せんと考え」たという（「訪欧関係」）。

当時も松岡は、沢本頼雄《さわもとよりお》海軍次官に、アメリカの狙いは三国同盟の破壊であり、「三国は骨抜となり重大問題となる」と語っている（「新資料・沢本頼雄海軍次官日記」一九四一年五月二六日条、以下「沢本日記」と略）。

松岡の訪欧に同行した秘書官、長谷《はせ》川進一《がわしんいち》もこう証言する。松岡は、「『あれを鵜呑みにすれば、三国同盟とは縁切りだ』と云っておられたし、『諒解案』を米の謀略ではないかと疑っていたようだ。私自身も、松岡さんが訪欧の留守の間にと米国で考えた手ではなかったかと思う」（「元東京裁判弁護人（松岡被告担当）小林俊三《こばやししゅんぞう》氏からの聴取書（第二回）」）。

しかし、政治家にかぎっていえば、「何者かの陰謀によってそうなった、というふうにいって弁解し、説明することは、自分の無能力の告白」でしかなく、「政治的な成熟度の不足を隠蔽」しているに過ぎない（丸山「政治的判断」三〇七〜三〇八頁）。

つむじを曲げた松岡

日米交渉の中断を恐れた武藤軍務局長は、松岡をひきずり出そうと、石川信吾《いしかわしんご》海軍大佐に説得を依頼する。しかし、同じ山口県出身の石川に、松岡は怒りをぶちまけた。「三国同盟の仕上げにわざわざ欧州へいったのも、日ソ中立条約を結んで来たのも、みなアメリカと交渉する土台をつくるためだ。それは三国同盟を結ぶときからの構想で、君も知ってるはずじゃないか」（石川『真珠湾までの経緯』二七〇〜二七一頁）

やはり説得に来た西園寺公一には、「岩畔《いわくろ》あたりの小僧っ子のやる事を近衛さんが取り上げてやって居るが困ったものだ」とぼやいた（『現代史資料』〔三〕四九七頁）。

岩畔とは、アメリカで日米諒解案をまとめた陸軍省の前軍事課長、岩畔豪雄《ひでお》大佐のことだ。岩畔は松岡から返事がないことにしびれを切らし、四月二九日にニューヨークから電話をかけ、日米諒解案への意見を求める。しかし松岡は、「ああわかっちょる。わかっちょる。野村〔駐米大使〕に余り〔アメリカへ〕腰をつかわぬように伝えておけ」と、取り合わなかった（岩畔『昭和陸軍 謀略秘史』三〇二頁）。

近衛首相も、松岡の説得に当たる。富田内閣書記官長は、「無精者の近衛公があれ程の努力をした事件は余りなかったように思う」と回想する（富田『敗戦日本の内側』一四三頁）。

松岡も気持ちを切り替えた。戦後、息子へこう語っている。

「日米間にかかる重要交渉が私の知らぬ間に開始され、且それが他の有力筋の容喙《ようかい》によるものである以上、外務大臣としては直ちに辞職すべきであると考えたのであるが、時局の容易ならぬを見ては、私も出来ることなら交渉を妥結せしめたいと決心するに至った」(『東京裁判却下未提出弁護側資料』〔四〕一二七頁)

相手にされなかった松岡案

ようやく五月三日の連絡懇談会に姿を現した松岡は、アメリカと「中立条約」を結ぶことを提案する。だが成功の見込みがないと、列席者から反対された。松岡は、アメリカが乗ってくれればよし、乗らなくてもよいから試したいといって、会議の大勢を無視し、アメリカへ打診する。

松岡にせっつかれた野村駐米大使は、ハル国務長官に、日米「不可侵条約」を五月七日に提案する。しかしハルは、日米諒解案にそぐわないと拒否した。また松岡がハルに宛てたメッセージも受け取らない。松岡のメッセージは、野村大使が読み上げて終わる。ハルによれば、すでに日本の暗号を解読して、アメリカがヨーロッパで参戦しないよう懇願するその内容を知っていたから、受け取ると問題になると思ったという(ハル『ハル回顧録』

一七四〜一七五頁)。

ハル国務長官は、日米中立条約に触れるのは「一切無用」と考えているようだ、という野村大使からの電報が、五月八日の午前中に東京に届く。こうして、日米交渉の主導権を取り戻そうという松岡の試みは失敗した。

その日の午後、松岡は昭和天皇に謁見した。松岡は語る。アメリカがヨーロッパで参戦すれば、日本は独伊側に立って、シンガポールを攻撃せざるを得ない。そのため、日米国交調整もすべて画餅《がべい》に帰す。またアメリカが参戦すれば長期戦となるので、独ソ衝突の危険もある。その場合、日本は日ソ中立条約を廃棄し、ドイツ側に立ち、ソ連を攻撃せざるを得ない。そこで、三国同盟に抵触する日米諒解案は結ばない。またアメリカの問題に専念するあまり、ドイツとイタリアに対して「信義」に悖《もと》るようなことがあれば辞職する他ない、と(『昭和天皇実録』一九四一年五月八日条)。

日米両国で嫌われる

松岡は、日米諒解案に基づく交渉を、天皇にすがってまで阻止しようとした。彼には、三国同盟の「信義」、すなわち条約の遵守が何よりも重かったのだ。昭和天皇が当時を回想して、つぎのように述べた理由も、そのような強引な説得にあるのだろう。

「松岡は［一九四一年］二月の末に独乙《ドイツ》に向い四月に帰って来たが、それからは別人の様に非常な独逸《ドイツ》びいきになった、恐らくは『ヒトラー』に買収でもされたのではないかと思われる」（寺崎『昭和天皇独白録』六七頁）

結局、野村駐米大使は五月一三日に、日米諒解案に基づいて交渉を進めるため、日本側に有利に修正した案を、アメリカへ提示する（日本側第一次修正案）。

それでも松岡は、アメリカに挑戦的な態度をとる。前日のローズヴェルト大統領の声明に反発して、五月二九日には、日本は三国同盟の定める義務を回避することはない、という声明を発表した。これは、アメリカがドイツとの戦争に参戦したら、日本がアメリカに宣戦布告すると脅すに等しい。

アメリカは、松岡への不信感を高めた。六月三日に、野村駐米大使と会談したハル国務長官は、松岡の声明を見た多くのアメリカ人が、日本は真剣に太平洋での平和を求めているのか疑っている、と述べている（三輪「野村駐米大使日記」六五頁）。

国内でも、あくまでも三国同盟を尊重する松岡と、周囲の歯車はかみ合わなくなっていた。

木戸内大臣は、松岡を辞めさせるべきだと近衛にいった。近衛は、松岡の意見には閣僚がみな反対だが、松岡は民衆の人気があるから、辞めさせるわけにもいかない、とこぼしている（伊藤編『高木惣吉』一九四一年五月一七日条）。

ドイツとの「信義」は裏切れず

そもそも、三国同盟はソ連を含めた四ヵ国連携のための手段で、その先には、日中戦争の解決や、アメリカとの関係打開という目的があった。だが、帰国後の松岡は、三国同盟にこだわる。なぜ手段と目的はひっくり返ったのか。

第一の理由は、松岡がドイツとの「信義」を重んじていたことだ。日独防共協定が結ばれた一九三六年から、松岡は「信義」を口にしている。

当時、松岡は、ある講演で喩え話をした。「日本丸」という船は、日英同盟を「舵」として、国際社会の荒波を渡ってきた。けれども、日英同盟が破棄されて、船は舵を失い、満洲事変という「疾風に吹きまくられて」、国際連盟で暗礁に乗り上げてしまう。しかし、日独伊防共協定こそ、新しい日本の「舵」だ。そして、世界に公表した以上は、「最早信義あるのみであります」（松岡『日独防共協定の意義』四二、五〇頁）。

松岡は、ドイツびいきの陸軍の参謀たちからも、ドイツとの「義理合の念外相特に強し」と書かれるほどだった（『機密戦争日誌』一九四一年六月二七日条）。

松岡は、このようにドイツとの「信義」を重んじるほど、外交の選択肢が狭まるのに鈍感だった。

第二に、松岡がヨーロッパで独ソ関係の緊張を悟ったことがある。自らもソ連との提携を支持し、「対独伊ソ交渉案要綱」の草案を執筆した大橋外務次官は、こうふりかえる。

私自身としても、日本が米英と対抗して行くためには、どうしてもソ連も抱き込んだ同盟が必要であると考えていた。松岡外相の訪欧からの帰国直後同外相にそのことを進言したところ、外相は、「そんなことを言っても、独ソ間の空気が悪く到底問題にならぬ」とのことであった（「元外務次官大橋忠一氏からの聴取書」）

四ヵ国の連携は破綻しつつある。ならば、三国同盟だけでも大事にしたい。したがって、三国同盟を損なうかもしれない日米交渉の妥結を、松岡は急ぎたくなかったのだろう。

しかし、松岡の三国同盟へのこだわりは、近衛首相との亀裂を深めた。

近衛首相や昭和天皇の希望は、三国同盟を守ることより、日米交渉を妥結に導くことだ。ある日、近衛は、一時的にドイツの感情を損なうことがあっても、日米諒解を遂げたいと松岡に語る。松岡は、「感情を損ねる位何でもありませぬ」と答えたものの、三国同盟への「不信」はできないと、近衛へ釘を刺したという（柴田「東条英機宛松岡洋右書翰について」二六三頁)。

4　独ソ開戦と日本の選択

開戦の警告を無視

最終的に、ドイツ軍のソ連奇襲が、四ヵ国連携の戦略を終わらせた。

松岡は、前もって独ソ開戦を知っていたのだろうか。この点は、今も見解が分かれる。

大島駐独大使は、ベルリンを訪れた松岡に、開戦の可能性があるから、ソ連とは中立条約は結ばない方が良いと話した。けれども、「私から独ソ戦が起こる可能性のあるような電報を打つと松岡外相からよく叱られたのみならず、私の打った電報は参本〔参謀本部〕の方には廻されなかったようである」と回想している(「元駐独大使、元陸軍中将大島浩氏よりの聴取書(第二回)」)。

松岡も、ヨーロッパ滞在中に独ソ関係の悪化に気づいたと回想する。しかし、「独ソ戦争に関しては、余りに馬鹿気て居る故、ブラフならんと思惟した」。

「独ソ国交悪化を知り、それならば日ソ不可侵条約又は中立条約もまんざら希望なきに非ずとひそかに思考せり」(「訪欧関係」)

つまり松岡は、ソ連に戦争を仕掛けるというのは、ドイツの脅しと受け取った。かえって松岡は、ソ連は西のドイツと関係が悪化しているので、東の日本とは宥和的になると、ソ連との条約締結に希望を抱いた。

松岡は、武力による威嚇は、ヒトラーの常套手段だと考えていたようだ。三国同盟が枢密院で審議された際にも、松岡はこう述べている。一九三九年に独ソ不可侵条約が結ばれたときにも、ヒトラーはドイツの要求が容れられなかったら、ソ連を攻撃すると脅した。それが同盟の結ばれた「動機の最も重要なる一つ」である、と(『日外』[第二次欧州大戦と日本・一]二三七頁)。

二年前と同じく、今回もドイツは、ソ連に要求をのませようと武力で脅している。松岡はそう軽く見た。

当時の史料も、それを裏付ける。四月八日、松岡はモスクワで、アメリカのスタインハート駐ソ大使に、開戦は噂に過ぎないと強調した。ドイツはソ連侵攻の準備を終えているが、ソ連がドイツへ供給している物資を減らさないかぎり、攻撃しない。ドイツがソ連を攻撃するという噂は、ソ連に約束を実行するよう脅すため、ドイツ人によって作られた、と(FRUS 1956: 933)。

松岡の自信

日ソ中立条約が結ばれてからも、独ソ関係の悪化を知らせる電報は、在外公館から松岡のもとに舞い込む。松岡も無視できず、五月二八日には大島駐独大使を通じて、ソ連との武力衝突は避けてほしいというメッセージを、リッベントロップ外相へ「友人として」伝えている。

これは近衛首相が、独ソ関係の悪化は日本政府としても黙視できないと考え、松岡外相の名を借りて送ったものだという。リッベントロップ外相の返答は、独ソ戦は「不可避」である、戦争は二、三ヵ月で終わり、その後は日本にも有利になる、と楽観的だった（「番外　日米交渉手記」）。

松岡自身は、まだ独ソ開戦に半信半疑だ。

六月五日には、大島駐独大使から開戦は確実という電報が入ったが、翌日には昭和天皇へ、独ソ関係は協定成立が六割、開戦が四割の可能性だと奏上する（『昭和天皇実録』一九四一年六月六日条）。

同じ日の連絡懇談会の席上でも、松岡はこう予想する。独ソ戦は戦争が二〇年や三〇年も長引いたときに勃発するだろうし、大義名分を必要とするドイツは、ソ連に条件を突きつけてから開戦するので、奇襲では始まらない（『杉山メモ』一九四一年六月六日条）。

だが六月も半ばを過ぎると、連絡懇談会の席上で、松岡からこんな発言も飛び出す。大島の電報によれば、独ソは来週にも開戦するという。その場合は「世界大戦争」となり、ソ連とイギリスは同盟し、アメリカもイギリス側に立って参戦するだろう（同前六月一六日条）。

これは、松岡の動揺の現れだろうか。むしろ列席者に最悪の事態を想像させて脅し、後述する南進を止めようとした発言と読める。

実際、松岡は開戦の数日前にも、ドイツはソ連を叩くでしょうか、と聞く大橋次官に、「そんな事はないよ、若《も》しあったら首をやるよ」と、あくまで強気を装う（『現代史資料』〔三〕四九四頁）。

開戦の兆候は明らかなのに、それを否定しつづける松岡は、近衛首相からも、「真意の那辺にあるやを捕捉し難き」と、戸惑いの目で見られていた（『木戸幸一日記』一九四一年六月二一日条）。

こうして、首相と外相に亀裂が走るなか、日本は重大な選択を迫られる。

バルバロッサ作戦発動

ソ連とドイツは、一九三九年に結ばれた独ソ不可侵条約によって、互いに不信感を残しつつも、同盟関係にあった。にもかかわらずヒトラーはソ連に戦争をしかけ、自ら英ソとの二正面戦争に突入したのは理解しがたい。

しかしヒトラーにすれば、イギリスを打倒するためにも、ソ連を屈服させるべきだった。イギリスは、ソ連とドイツがいずれ決裂すると望んでいる。であるなら、先手を打ってソ連を崩壊させれば、イギリスの希望は消え、戦いをあきらめるだろう、という読みだ。ヒトラーは、ソ連は二ヵ月程度で片づくと、その軍事力を過小評価していた。

ただし、イギリスとの戦争だけが、ヒトラーをソ連侵攻に駆り立てたのではない。彼は、ソ連の共産主義者はユダヤ人だと信じていた。そこで、共産主義者とユダヤ人を撲滅し、東方の「劣った」スラブ民族から、ドイツ人のための入植地（生空間《レーベンスラウム》）を奪う。この「理想」は、政権を握る前に記した自伝『我が闘争』で、すでに高らかに掲げていた。

一方、スターリンはドイツの攻撃を予告したゾルゲらの電報を、ことごとく無視した。そして、ドイツ軍への怯《おび》えを払おうとしたのか、一九四一年五月五日に、軍幹部や士官候補生へ演説する。

「軍事面から見れば、ドイツ軍は戦車も、大砲も、飛行機も、特別なものなどない。ドイツ軍の大部分が、開戦当初に有した情熱を失っている。さらに、ドイツ軍には自己満足、うぬぼれ、高慢さがあらわだ。ドイツの軍事思想は進歩せず、軍事技術は我々に遅れるだけではなく、航空機についてはアメリカにさえ追い越されようとしている」（Россия-XX век. Документы. 1941 год. Кн. 2. С. 161）

スターリンのこの「鼓舞」は、逆にソ連の軍人たちの油断を招いたようだ。

一九四一年六月二二日、バルバロッサ作戦が始まる。ドイツ軍は一週間足らずでソ連の懐深くまで侵入し、ソ連の最前線の部隊は壊滅した。

ソ連が危機に陥るなか、ドイツの要請を受けて、日本も攻撃してくるのか。スターリンは神経を尖らせた。開戦前とちがい、日独間の参戦をめぐるやりとりを伝えるゾルゲの電報に、スターリンは注意深く目を通す（ワイマント『ゾルゲ』七五〜七六頁）。

ソ連侵攻を訴える

一九四一年六月二二日、ベルリン時間の午前四時（日本時間の同日正午）に、リッベントロップ外相は大島大使へ、ソ連との開戦を告げる。

その日、松岡は、日本に協力する南京政府主席の汪兆銘《ワンチャオミン》を迎えて、歌舞伎座にいた。そこに、秘書官の加瀬俊一が、松岡へ開戦を伝えるメモを渡した。松岡は、黙ってそのメモを汪兆銘に渡した（加瀬「スターリンの微笑」八一頁）。

落ち着いた態度からは、この日が来ることを覚悟していたのでは、と感じさせる。結果的には誤報だったが、この三日前に、独ソが開戦したとのロイター通信社の報道を、松岡は木戸内大臣に電話で伝えている（『木戸幸一日記』一九四一年六月一九日条）。開戦となったらどうするのか、松岡はすでにシミュレーションを重ねていたのだろう。

いざ両国が開戦すると、松岡はあからさまにドイツへ加担する。

開戦当日の午後五時半から一時間、松岡は昭和天皇に謁見する。松岡は、日本もドイツと協力して、ソ連と「即時開戦」するよう提案する。さらに、ソ連との開戦で、南方進出は「一時手控える必要あるも、早晩戦わなければならず」、いずれソ連、イギリス、アメリカとも同時に戦わなければならない、とも述べた。

これに対し昭和天皇は、あらかじめ木戸内大臣と打ち合わせた返事をする。奏上した内容は近衛首相とも事前に相談したのか、と松岡に尋ね、近衛との協議を命じた。

松岡が去ったあと、昭和天皇は木戸内大臣に、松岡の方針では、南北いずれにも積極的に進出することになると、「御憂慮の御言葉」を述べた（『昭和天皇実録』一九四一年六月二二日条）。

松岡は近衛首相とこの日の夜一〇時に会うが、酔った松岡は、「世界情勢より日本は早晩南北両面に戦わざるべからず、この儘《まま》進めば内閣はもたぬ」と自説をくりかえしたとい

う（「沢本日記」一九四一年六月二四日条）。

六月二三日の午後、近衛首相は昭和天皇へ、「昨日の外相の奏上は外相個人の最悪の事態に対する見通し」だと説明する。松岡の過激な発言に不安を抱く昭和天皇を、近衛は安心させようとした。

三国同盟を破棄したい近衛

近衛は、独ソ開戦で四国連携の構想は破綻し、日本と独伊とは交通が遮断されて、三国同盟はその効力の大半を失ったと考えた。むしろ、このままではアメリカとソ連、どちらも敵に回す危険が高いとも考える（「番外　日米交渉手記」）。

そこで近衛は、及川海相と東条陸相を招いて、自らの意見をぶつけた。近衛は三国条約破棄を口にするが、東条陸相が反対した（安井『太平洋戦争開戦過程の研究』二六一頁）。

ただ、近衛が強硬に破棄を主張できなかったのは、陸軍の反対だけが理由ではない。ドイツ軍の発表する「大戦果を見て」、ドイツが「極めて短期間に作戦を終了する」というのを「信頼し」、この戦争は八月ころまでに、ドイツの「大勝利を以て終り、其結果蘇連は崩壊するか、少くとも又起つ能わざる大打撃を受くべしと観測した」ためだ（「番外　日米交渉手記」）。

近衛もまた、ドイツの勝利に賭けたのだった。

のちに近衛は、独ソ開戦というドイツの「裏切り」で、四国提携が不可能になったのを幸いに、三国同盟に縛られずにアメリカと交渉できたのでは、と悔やむ。

私は三国同盟にはソ連が這入《はい》らなければ無意味だと考えて居た。伊太利《イタリア》は別問題としても、日独側に這入ることがどうしても必要だと考えた。若し夫《そ》れが出来なければ三国同盟は全く価値がないので、「スターマー」が来た時も会って種々話した結果、「ス」は独逸が仲介して日ソ間を提携させるというので、あの条約が出来た。〔中略〕だからドイツが対ソ戦を開始した以上、日本の対米交渉は新なる立場から出発して差支えなかった訳である（伊藤編『高木惣吉』一九四三年一〇月二七日条）

一方の松岡は、海軍の石川信吾大佐が同盟破棄を勧めると、「まさか、独の勝利を当てこんでの三国同盟ではあるまい」と、謎めいた発言をして、相手にしない（「元海軍少将石川信吾氏の話覚（第二回）」）。

もし松岡が、近衛に賛同して、三国同盟を廃棄していれば、どうなっただろうか。ヒトラーとの「心中」は回避され、アメリカとの交渉にも弾みがついただろう。しかし現実には、破棄すべきは日ソ中立条約だと松岡は主張し、近衛も破棄に踏みきれなかった。

ソ連攻撃は「トリック」

松岡は戦後に、ソ連攻撃を唱えたのは、陸海軍を牽制するための「トリック」だったと打ち明けている。

連絡会議席上、余が南西進して、英と武力衝突の危険を冒し、更に米国とも衝突する可能性ある如き行動を探るよりは、寧ろ独ソ戦に介入する方を探る方が良策なる所以を一、二度主張せることは事実である。然しこれは余が真意ではない。かく主張したのは、陸海軍に対する「トリック」として主張したのである。余は既に、陸海軍にソ連と戦端を開くの意図が皆無であったのを知悉《ちしつ》していた。海軍は極度にソ連を恐怖していた。彼等が主張する所は、若しも余儀ない場合がありとすれば、英米連合軍となれば相匹敵するの自信は有するが、その陣営にソ連の加わり来る事となるに於ては、如何《どう》しても勝利の公算は絶無であるとする。余が当時企図した所は、陸海軍が南進せんとする意図を放棄し、何れの方向にも進出せぬ様にするにあった。余が企図の実効を奏したか否かは知ぬが、余が現職に在った間は、絶えて戦争問題の論ぜられた事を聞かぬ。連絡会議は終《つい》に独ソ戦に不介入と申合わせた。余の記憶では七月二日と思われる御前会議では、余は何等発言せず、冷静なる第三者、若くは明晰なる論者には、余が企図する所が一種のカムフラーヂュ又はトリックであった事が明瞭であろう
（「近衛手記に対する松岡説明」）

海軍は英米との戦争なら互角だが、さらにソ連が参戦すれば勝ち目がないと考えている。そう推測した松岡は、ソ連攻撃を主張する「トリック」で、海軍が南に向かうのを阻止し、すべての戦争を避けようとしたのだと記す。

松岡に仕えた大橋忠一も、戦後、こう証言している。

「独ソ開戦時、松岡外相が『ソ連を撃つべし』というようなことを言っているのも、実は南仏印進駐を牽制せんがための謀略であったと彼〔松岡〕の逝去前言っていた」（「元外務次官大橋忠一氏からの聴取書」）

「余が対ソ参戦の主張は真面目なものではなかった」（「近衛手記に対する松岡説明」）

これは真実なのか。それとも、戦後に我が身を守ろうとしただけの、松岡の方便なのか。同時代の史料から検証しよう。

「第二次シベリア出兵」を主張

松岡は、いざとなれば日本はドイツを助けると、前々から話していた。ロバート・クレーギー駐日イギリス大使には、一九四一年一月にこう述べたという。第一次世界大戦では、日本はイギリスと同盟していたが、多くの日本人はドイツ側に心を寄せていた。今回、日本は高みの見物はしない。日本は同盟国の勝ち負けに関係なく、心から同盟国を支援しなければならぬ。しかしその支援は、同盟の定める、武力行使とは限らない、と(FRUS 1956: 906)。

開戦前の五月六日にも、松岡はオット駐日ドイツ大使へこう述べる。

「ドイツがソ連と衝突する場合、日本のいかなる首相も外相も、日本を中立に保つことは決してできないだろう。その場合、日本は自然に、必然性を以て、ドイツ側に立ってロシアを攻撃するように追い込まれるだろう」(*Documents on German Foreign Policy.* Vol. 12, p. 725)

独ソが開戦したら、ドイツ側に立つと松岡は決めていたと見てよい。

松岡はヨーロッパから帰国した直後に、木戸内大臣にこうもいったという。もし独ソが戦うなら、ソ連はひとたまりもなく敗れる。その結果、ウラジオストクにナチスの鉤十字の旗が翻るようなことがあれば、ソ連よりも危険だ。そのため、もし独ソが開戦するなら、「少なくともイルクーツク以東を我軍で抑え我国の勢力範囲とする必要がある」(『木戸幸一関係文書』一二五頁)。

松岡は、ソ連が打倒されるのは必至と見て、ドイツが日本海にまで勢力を広げるのを恐れた。だからこそ日本が出兵して、バイカル湖そばのイルクーツクまで占領すべきという。これでは、シベリア出兵前に後藤新平が唱えた、「独禍東漸論」と同じ理屈だ。

戦後に昭和天皇は、こう回想している。

「松岡の主張はイルクーツク迄兵を進めよーと云うのであるから若し松岡の云う通りにしたら大変なことになったと思う。彼の言を用いなかったのは手柄であった」(寺崎『昭和天皇独白録』六八頁)

のちに松岡は、昭和天皇にこんなことはいわなかったと否定している(「近衛手記に対する松岡説明」)。しかし連絡懇談会では、イルクーツクまで行けばよい、といった。その半分の距離まで侵攻しても、蔣介石に影響を与え、中国との「全面和平」になるかもしれない、と松岡は主張した(『杉山メモ』一九四一年六月二七日条)。

参戦は認められず

開戦翌日の六月二三日(日本側の記録では六月二四日)、松岡はソ連のコンスタンチン・スメタニン駐日大使と会談した。松岡は、開戦は予想していなかったと述べたうえで、日本外交の基軸は三国同盟であり、今回の戦争と日ソ中立条約が、三国同盟と矛盾するならば、日ソ中立条約は「効力を持たなくなる」と強調した。さらに、日本の最終的な立場は、あさっての会議で決定されるだろうと付け加えた(ДВП СССР. Т. 24. С. 29)。

日本は独ソ戦にどう対処するのか。その六月二五日の連絡懇談会は緊迫した。

松岡は、オット駐日ドイツ大使が日本の参戦を促そうと、極東ソ連軍が西に送られていることを知らせてきているとして、「早く国策を決めたい」と焦りを見せた。

及川海相は、英米に加え、ソ連とも戦争はできないとして、先走らないように松岡をたしなめる。杉山元《すぎやまげん》参謀総長も、ソ連と戦えばアメリカが出てくるかもしれないと、松岡に同調しなかった。松岡は激高した。

「独が勝ち、『ソ』を処分するとき、何もせずに取ると云う事は不可。血を流すか、外交をやらねばならぬ。面《ママ》して血を流すのが一番宜《よろ》しい」(『杉山メモ』一九四一年六月二五日条)

二日後の連絡懇談会でも、松岡はソ連攻撃を唱える。もしこの戦争が短期間で終わるのなら、南方よりも先に、ソ連を攻撃すべきだ。ドイツがソ連を「料理」してからでは、対ソ問題解決といっても、「外交上は問題にならぬ」(同前六月二七日条)。

戦争はドイツの勝利で終わる。だから戦後のためにもソ連を攻撃せよ、という松岡に、同調する声は上がらない。かろうじて、原嘉道《はらよしみち》枢密院議長が賛成しただけだ。

近衛首相や陸海軍からすれば、自分で日ソ中立条約を結んでから、わずか二ヵ月足らずで破棄を唱える松岡は支離滅裂に映る。また松岡は、日本がソ連と開戦しても、アメリカを三、四ヵ月くらいなら「外交的におさえる自信を持って居る」という(『杉山メモ』一九四一年六月二七日条)。だが根拠があるわけでもなく、一歩まちがえれば、日本は米英ソを相手に戦うことにもなりかねない。

連絡懇談会で旗色の悪い松岡は、六月二六日と三〇日に、それぞれ二時間にわたり、独ソ戦について昭和天皇に述べた。詳細は不明だが、六月三〇日には、独ソ戦が始まったけれども、日本は三国同盟にも日ソ中立条約にも縛られていないと説明したという(『昭和天皇実録』一九四一年六月三〇日条)。

陸軍の困惑

一方、陸軍は松岡にソ連攻撃を唱えられて、困惑していた。

日ソ中立条約が結ばれても、陸軍の仮想敵はソ連であり、ソ連との緊張緩和はかりそめに過ぎない、という意見は強かった。事実、調印翌日の局長会議で、武藤軍務局長は、「対ソ軍備を強化し、その威圧のもとにソ連の条約完全履行を実現せしむる」という方針を述べている(波多野『幕僚たちの真珠湾』五八頁)。

日ソ中立条約を審査した、四月二四日の枢密院会議でも、東条陸相は、軍備を充実させることで、条約を「益々効果的」にすると述べている。この会議で東条は、独ソ両国が大軍を国境に集結させていることも指摘した（『日外』〔第二次欧州大戦と日本・一〕三八〇頁）。大本営陸軍部で作戦を担当する田中新一《たなかしんいち》第一部長も、独ソ開戦はありえると、中立条約を冷ややかに見ていた（川田『昭和陸軍全史』〔三〕一二三頁）。

だが陸軍も、ソ連攻撃を主張する松岡を積極的には支持しかねた。陸軍の参謀たちは、外相の気持ちには同調するが、即時参戦には同意できない。なぜなら、参戦するには準備が必要だが、参戦を決意しなければ準備はできない。かといって決意するほどの確信もなく、準備ができたころには、もう「戦機」を失っているかもしれない（『機密戦争日誌』一九四一年六月二七日条）。堂々巡りである。

松岡が説得に努めていた六月二八日、リッベントロップ外相は、ソ連との戦争は短期間で終わるから、時機を逸しないよう、日本の対ソ参戦が「遠からざることを希望す」と、大島大使に電話した（『日外』〔第二次欧州大戦と日本・一〕四四一頁）。

七月一日、リッベントロップは松岡へ親書を送り、ウラジオストク攻撃を要請する。外相の指示を受けたオット駐日大使も、日本の参戦を要求した。しかし、これらはリッベントロップの独断行動だったようで、日本にはシンガポール攻撃を期待しているヒトラーに、外相は強く叱責されたという（田嶋「日中戦争と欧州戦争」一七一〜一七二頁）。

南進の阻止のために

ソ連を攻撃する北進か、東南アジアに向かう南進か。日本の方針は揺れる。

南進の目標は、フランスの植民地だったフランス領インドシナ（仏印）である。一九四〇年六月にフランスがドイツに降伏すると、日本はここに目をつけ、さっそく北ヴェトナムに「進駐」した。四一年には、その南部への「進駐」が政府内で論争になっていた。

ソ連攻撃を主張した松岡だが、その一方で南進は止めようとしたのは確かだ。連絡懇談会で松岡は、「南に手をつければ大事になる」とアメリカとの衝突をほのめかした。そして、あらためてソ連へ打って出ることを訴えた。しかし陸軍省の武藤軍務局長は、南部仏印に進駐してこそ資源が手に入ると、話がかみ合わない（『杉山メモ』一九四一年六月三〇日条）。

陸軍以上に進駐に熱心だったのが、海軍だ。石油が出るオランダ領インド（蘭印）や、イギリスの海軍基地シンガポールを攻略する足掛かりに、ヴェトナム南部は欲しい。ただ、陸軍にソ連攻撃を断念させるため、あえて強硬な「南進北守論」をぶつけた節もある（山本『日英開戦への道』二四七〜二四九頁）。

松岡は南部仏印進駐に反対した。説得に来た海軍の石川大佐にも、「進駐は戦争を呼ぶ」、「そんな馬鹿なことに賛同出来るか?」と屈しなかった。最後は、お互いに「馬鹿者」呼ばわりして、物別れに終わったという(「元海軍少将石川信吾氏の話覚(第一回)」)。

奇妙なのは、松岡が独ソ開戦後も、シンガポール攻略を主張していたことだ。その彼が、南部仏印への進駐には反対する。一見すると同じ南進であり、矛盾している。そこで、松岡がシンガポール攻撃を主張したのは、軍部の先手を取って、過激な発言で会議の主導権を取るためだったという見方もある。陸海軍にイギリスとの戦争の覚悟がないのを見越したからだ(森山『日米開戦と情報戦』一四九頁)。

さらに、松岡のソ連攻撃の主張も南進回避のため、という見方もある。ソ連攻撃となれば準備に手間取り、結果的に南部仏印への進駐が遅れる。最終的に、アメリカとの衝突を避けるのが目標だったという推測だ(河西『大東亜共栄圏』八二頁)。

南進を選んだ近衛首相

戦後、南進を止めるために北進を唱えたと松岡が主張するのに対し、近衛は、南進は北進を止めるためだったと回想している。近衛は回想録で、松岡や陸軍がソ連侵攻を唱えるのを抑えようと、「多少代償的な意味で仏印進駐を認めた」と書く。そして、こう弁明する。

「軍を抑制し、軍の要求を全面的に拒否するは、いたずらに軍との正面衝突を招き問題の解決に資することがないことと、さらに当時進行中なりし日米交渉で仏印進駐に対する話し合いは充分妥協し得る見込みであった。すなわち［アメリカとの］戦争の危険は充分防止し得る自信があったのである」（近衛『最後の御前会議／戦後欧米見聞録』五〇頁）

当時の企画院総裁、鈴木《すずき》貞一《ていいち》も、「軍は万一の場合を考えると南部仏印まで行っておらぬと困るといっているし、また陸軍が満州で『ソ』連と事を構えられても困るから」と近衛はいっていたと回想する（「元陸軍中将、元企画院総裁鈴木貞一氏からの聴取書（第二回）」）。

近衛は、あえて南部仏印進駐を認めることで、陸軍の関心を南へ向けさせ、ソ連との戦争を避けようとした。南部仏印ならば、アメリカも日本へ戦争は仕掛けてはこない、という希望的観測は、海軍でも根強かった。

北進を主張する松岡と陸軍の一部、南進に傾く首相と海軍のあいだで、溝は埋まらないまま、北進と南進はともに日本の「国策」となる。

七月一日の連絡懇談会では、対ソ戦の準備を進め、ソ連を牽制することをドイツのオット駐日大使に伝えるものの、参戦を約束しないと決める。またソ連のスメタニン駐日大使には、ソ連と「良好なる関係を継続」することを希望する、と伝えることになった。

ない。

ソ連攻撃を準備

南進と北進、両論併記のあいまいな国策のもと、日本は独ソ両国どちらの側にも立たない。

七月二日の御前会議では、対英米戦を覚悟しても東南アジア（南方）に進出するという、「情勢の推移に伴う帝国国策要綱」が決定された。この要綱ではまた、ソ連を見据えての「武力的準備」も認められた。独ソ戦が日本に有利に展開すれば、「武力を行使して北方問題を解決」すると決まる（『日外』［日米交渉―一九四一年・上］一三〇頁）。

こうして関東軍特種演習、略して関特演《かんとくえん》が始まる。演習の名を借りた、ソ連への侵攻準備だった。満洲と朝鮮の日本軍を三五万から八五万人に増強し、極東ソ連軍の戦力が半減したらソ連へ侵攻する、という作戦だ。「開戦決意」は八月一〇日、作戦開始は八月二九日が予定された。

七月三日に杉山参謀総長が参内すると、昭和天皇は関特演について質問攻めにする。不安が大きかったのだろう。七月七日には、「動員はこの際やむをえないものとして認める。但し北にも支那にも仏印にも、八方に手を出しているが、結局が重点がなくなりはせぬか」と、的確な評を下す（『昭和天皇発言記録集成』［下］四一頁）。

昭和天皇の懸念をよそに、関特演の動員は七月七日に始まった。

松岡のソ連牽制

一方の松岡は、参戦は止められても、外交上はドイツの側に立つと明言する。七月二日に松岡は、極東方面ではソ連を、太平洋では英米を牽制するという、リッベントロップ外相に宛てた声明文を、オット駐日大使に渡す。この声明文には、日本は東シベリアでの共産主義体制を撲滅することを決定した、ともあった。東シベリアとはどこを指すのか、という大使の問いに、松岡は個人的な意見だと断って、イルクーツクまでだと答えている（*Documents on German Foreign Policy*. Vol. 13, p. 74）。

さらに松岡は、七月一二日にソ連のスメタニン駐日大使へ、「今次戦争に関する限り［日ソ］中立条約は適用せられず」と明言して、大使をあわてさせた（『日外』［第二次欧州大戦と日本・一］四五六頁）。日本はいつでもソ連を攻撃できるとも聞こえる、際どい発言だった。

ソ連側も反応せざるをえない。八月一五日には、極東方面軍司令部が、日本は八月中旬に宣戦布告なしで攻撃してくるので、敵への「決定的反撃」を準備するよう、各部隊へ命じた（Русский архив. T. 18. C. 235）。

西でドイツと戦うソ連にとって、東からの攻撃に備えるのも大きな負担だ。ソ連はこの恨みを忘れなかった。一九四五年四月に、ソ連は、日ソ中立条約は有効期限の満了後に延長しないと日本に通告する。

その公表文で、こう記した。

「ソ連がもっとも苦しい時期に、ドイツとの協力を深化させつづけたという事実は、政治的にとても重要なだけではなく、実質的に、ソ連と戦うドイツを援助したことも意味する」（Известия. 07. 04. 1945）

遅すぎた日米交渉

さて、独ソ戦に不介入の方針が定まってから、ようやく松岡は、日米交渉に本腰を入れると海軍省の岡敬純《おかたかずみ》軍務局長へ語る。

「日米工作は一歩が残って居てもやる、対米親善は乃公が第一人者なりと。明日より箱根へゆく、考えて決意し、断然やると云えり」（「沢本日記」一九四一年七月五日条）

しかし、これも本気だったかは疑わしい。松岡は当時をこうふりかえる。

「七月に入り、容易に日米交渉成功せざるを感じ、或時期に一先ず交渉を打切り、次の好機会を捉え、日米交渉を再開するの他なしとの意見に到達せり」（「訪欧関係」）

松岡は、本当に好機をうかがっていたのか。いずれにせよ、日米交渉の停滞が、松岡の命取りになる。

まず、松岡と野村駐米大使の関係が険悪になっていた。きっかけは、海軍による暗号の解読である。野村がハル国務長官に、松岡の政策は国益にかなわず、いたずらにトラブルを招くと語った、という駐米イギリス大使の電報を、日本海軍が解読した。これを知った松岡は怒り、五月二四日に野村大使を電報で詰問する。野村大使は、事実無根だと強く反発した（防衛庁防衛研修所戦史部編『戦史叢書　大本営海軍部大東亜戦争開戦経緯』〔二〕二九八〜二九九頁）。

さらに六月二二日に、ハル国務長官から野村大使へ渡された、日米諒解案に関するアメリカ側の再修正案と声明文が松岡を怒らせる。この声明文には、松岡を暗に非難する文言が含まれていた。松岡は、取り次いだ野村にも非難の目を向ける。

松岡は、七月一二日の連絡会議で、ハル国務長官の声明文の即時返上をアメリカに申し入れることを主張する。これは受け入れられたが、アメリカとの交渉継続は不可能だという、松岡の主張はしりぞけられた。結局、交渉の余地を残した、日本側第二次修正案の打電が決まった。

内閣から追放

松岡は、日米交渉の邪魔者として、宮中や陸海軍からの信頼を失った。松岡がドイツに日米交渉の機密を漏洩した、あるいは首相の座を狙っているという情報も出回り、近衛首相も松岡を追放する決意を固めた。

近衛内閣は、七月一六日に総辞職する。松岡も、何も疑わずに辞表を出した。だが、閣僚を入れ替えて第三次近衛内閣が発足しても、松岡は外相に再任されなかった。これは、近衛と陸海軍の大臣たちが打ち合わせた手はずだ。さらに、「松岡だけをやめさせるわけにはゆかぬか」、ともらしていた昭和天皇の意向でもあった。

近衛は、やはり内閣改造で辞職させた秋田清《あきたきよし》拓相に、松岡の追放は三国同盟についての見解の相違だと説明している。

「三国条約に対する考え方の違っていることは其の通りで、話だけでは判らぬので、文書にしてやったら、松岡氏は、同感だと返事して来たような次第で、表面は同意見という訳だが、お互の間に考え方の相違があったことは事実である。それで斯《こ》ういうことになったのは遺憾だ」(「政変余聞」)

こうして、松岡は内閣から追放された。松岡は、アメリカに渡り、自らの手で交渉をまとめるつもりだったが、「別の経路によれる日米交渉により全く擱座《かくざ》し、余は痛く失望落胆せり」。しかし、「尚希望を失わず、たとえ外相を辞むるとも斯《かか》る機会の到来を夢見たり」と、めげない（「訪欧関係」）。

辞任直後、別荘へ療養に向かう松岡を、東京駅へ見送りにきた外務省の法眼晋作《ほうげんしんさく》には、「この戦争が終り講和会議とならば、自分は日本代表として出席する」と、「例の調子で大抱負を」話したという（法眼『外交の真髄を求めて』一四二頁）。

これが本当ならば、松岡は戦後の講和会議に、日本の命運と自らの復権を賭けたのだろう。第一次世界大戦後、日本の代表団の一員として、パリでの講和会議に列席した、松岡らしい夢である。

だが病気は思いのほか重く、松岡の気は滅入った。このころ、駐英大使を辞めて東京に帰ってきた重光葵《しげみつまもる》には、「南にも北にも、恐らく火がつく」と、松岡は予言したという（重光『昭和の動乱』［下］九五頁）。

南進にアメリカ激怒

松岡の予言は、当たらずといえども遠からずだった。

内閣改造を経ても、陸海軍は南部仏印進駐を強行しようとする。七月二一日には、つぎの要望書を近衛首相に渡して、念を押した。

「対仏印軍事的措置に関しては、統帥部として既定通り適確に（内容及期日共に）、之を実行するを要するに付、政府の諸政策も緊密に之に同調せしめられ度《た》し」（「新内閣の初連絡会議に於て統帥部よりの要望事項」）

すでに、米英との関係は悪化の一途をたどっていた。日本の南部仏印進駐の情報を得ると、七月二六日にアメリカは、日本の在米資産の凍結を発表する。イギリスとオランダ領インドもそれにつづいた。しかし、日本が七月二八日に南部仏印進駐を強行したため、八月一日にアメリカは、日本を含む「侵略国」への石油禁輸を発表する。

近衛は、見通しが甘かったと悔やむ。「日米国交調整」には、蘭印ならばともかく、「仏印なれば大して故障なかるべし」という見通しが陸海軍にあった。しかし、その見通しがまちがったため、このような事態になったのは「遺憾至極」である、と八月三日の手紙に書く（「近衛文麿書翰　有田八郎宛」）。

当時、海軍省軍務局長だった岡敬純は、戦後こう述べている。

「事件解決次第仏印から撤兵する、また両国首脳会談が実現して、支那から撤兵をする保証を与えれば、仮令《たとい》南仏に進駐しても著しくアメリカの態度を悪化させるようなことはあるまいと思っていた。ところが、アメリカはすかさず、資産凍結と出て、最悪の事態に直面した。こちらの見方があますぎたと云われてもしかたない」（「元海軍中将岡敬純談」）

ここでいう「両国首脳会談」とは、一九四一年八月に、近衛首相がローズヴェルト大統領に会談を申し込んだことを指す。しかし、原則で合意してからでないと会談はしないと、アメリカの事実上の拒否にあって実現しなかった。

北進の中止

北進も行き詰まる。

独ソ戦は、まだドイツ軍の優位がつづいていた。八月五日にはドイツの中央軍集団がモスクワから西に四〇〇キロのスモレンスクを占領し、八月二一日には、北方軍集団もソ連第二の都市、レニングラードまで二〇キロに迫った。

しかし、対ソ開戦の前提となる極東ソ連軍の西送が小規模にとどまったため、予定されていた「開戦決意」前日の八月九日に、年内のソ連攻撃中止を陸軍は決めた。

ゾルゲはその三日後に、モスクワへ打電した。

「ドイツ軍が、日本の支配層に約束したように先週日曜日までにモスクワを攻略することができなかった事実は、日本の熱中を弱めてしまった」(『ゾルゲの見た日本』一七三頁)

この情報の出所は定かではないが、確かに大本営陸軍部戦争指導班では、ドイツ軍はスモレンスク周辺で一ヵ月も停滞していると、不安が高まっていた(『機密戦争日誌』一九四一年八月六日条)。さらにソ連攻撃の中止が決まった日には、ゾルゲの記述を裏付けるように、「六月二十二日以来の興奮も消失せり。情勢判断は的中せざりき」と書いている(同前八月九日条)。

陸軍の軍人たちの多くはドイツへ期待していただけに、失望はそれ以上に大きかった。

開戦に一喜一憂

自らの手で戦争の火ぶたを切るのが嫌な近衛は、一〇月一六日に総辞職した。首相には、陸相だった東条英機が就く。そして一二月一日の御前会議で、日本政府はアメリカ・イギリス・オランダとの開戦を正式に決定した。

日本が真珠湾を攻撃し、米英との戦争に突入した一二月八日、斎藤良衛に「病にやつれて眼に涙をためて」、松岡が嘆いたのは有名だ。このエピソードは斎藤の『欺かれた歴史』にあるが、その元となった論文では、ソ連についても言及している。

三国同盟締結は僕一生の不覚だ。此の同盟によってアメリカを牽制し、その参戦を思い止まらせ、日ソ両国の国交を調整し、以て平和を維持し、我国を泰山の安きに置こうとしたのだが、私のこの真剣な試みは、遂に何等実を結ばなかったばかりか、こん度のようなことに立ち至って終わった。誠に遺憾千万だが、皆僕の不敏浅慮の致すところ、国家の将来誠に憂慮に堪えざるものがある。之れを思うと、死んでも死に切れない（斎藤「日独伊三国同盟裏面史」一〜二頁）

同じく一二月八日に訪れた外務省亜米利加局第一課長の加瀬俊一には、「戦争だけは避けたかった！」といって、松岡は「暗然たる表情」をしていたという（加瀬『日本外交の主役たち』一三八頁）。この日、松岡が意気消沈していたのは確かなようだ。

だが松岡は、一二月一〇日に、ジャーナリストの徳富蘇峰《とくとみそほう》へ、興奮気味の書簡を送る。「開戦第一日丈《だけ》の収穫にても、ど偉い事で、恐らく世界戦史特に海戦史上空前の事でしよう。『ル』〔ローズヴェルト〕大統領色を失うと、伝う。左《さ》もありなん。今日又『シンガポール』にて英の東洋艦隊主力撃滅、マニラ上陸、マレー上陸、実に痛快、壮快！」（高野『蘇峰への手紙』二二三頁）

文面には過去への反省は一切なく、日本軍の快進撃に躍り上がらんばかりだ。英米を「震撼」させ、ドイツから見ても日本の地位は上昇し、「ソ連も対英米関係に於て、これで牽制出来ると信じます」と、松岡は戦勝がもたらす外交上の得点も並べ立てる。さらに、ローズヴェルトのことを「自惚《うぬぼ》れの強い馬鹿な先生」と罵る一方、「東条首相を褒めてやって下さい」とも書く。

開戦のニュースに沈んでいたのが、快進撃を聞いてはしゃぐ。本人は機を見るに敏なリアリストのつもりなので、罪悪感はない。しかし周囲からすれば、昨日とは真逆のことを平然といって恥じない松岡は、信用できなかっただろう。

ドイツ外相に踊らされて

真珠湾攻撃に歓喜した男が、もう一人いる。ヒトラーである。

彼の見通しでは、日本の参戦がアメリカを太平洋に縛りつけ、イギリスは日本の攻撃で弱体化すると見た。側近の宣伝相ゲッベルスも、これでドイツの戦争も楽になると、日記に書く。

「日米戦争の勃発によって、世界の全体像は一変した。米国はもはや価値ある物資を英国、ましてやソ連に輸送する状況ではなくなった」(カーショー『ヒトラー』[下] 四七四頁)

一月七日にヒトラーは、「イギリスは、シンガポールを失ってしまえば、日本と戦っても勝ち目があるとはとても思えない」、「イギリスが戦争をやめるかもしれない」と口走った(『ヒトラーのテーブル・トーク』[上] 二七三頁)。

しかし、同年二月にシンガポールが陥落しても、イギリスは粘り強く戦いつづけた。ヒトラーは、イギリスの底力を見誤っていた。チャーチルは、松岡はそんなヒトラーに踊らされたのだと評している。

「彼はナチ運動と戦前のドイツの力から強い印象を受けていた。彼はヒトラーの魔術にかかっていた」（チャーチル『第二次大戦回顧録　抄』九五頁）

これは正確ではない。松岡を踊らせたのは、リッベントロップ外相の四ヵ国連携の構想だった。そして、日独の外相が立てた構想を壊したのは、ヒトラーである。

松岡は晩年に、三国同盟と日ソ中立条約の破綻を見届けることになった。戦後の手記で、彼は自らの挫折をこうふりかえる。

「余の三国条約より日ソ中立条約に進み、更に進んで日米協定を遂げ、支那問題を処理し、ヨーロッパ戦争の調停をなさんとする夢、その半《なかば》にも到達せざるに停頓したり。これ運命と云うの他なし」（「訪欧関係」）

開き直りとも読める松岡に対し、近衛の側近は、反省を記す。

三国条約なるものは、将来蘇連を同盟側に引入れると云う構想を基礎とし、其第一歩として、独逸は日蘇関係の調整に努力すると云う約束の下に締結されたのである。此独逸の約束は、翌十六年六月の独蘇開戦に依りて履行不能となり、三国条約の大前提はここに崩壊したのであるが、今から考えると、我々は三国条約の締結に際し、今少しく慎重の態度を採［取］るべきであったと思う（「番外　日米交渉手記」）

松岡の戦略の弱点

松岡が外交の表舞台に上がったときには、後藤新平のように、中国との摩擦のなかで、満洲権益をいかに保持するか、頭を悩ます必要はなかった。満洲国の誕生がそれを「解決」していたからだ。そこで松岡は一九三二年に、満洲国をソ連に承認させ、その立場を強化しようと試みる。それは後年に至っても、松岡の基本戦略であった。

さらに松岡は、ソ連との提携と日独伊の同盟を掛け合わせ、日中戦争の解決や、対米交渉に活かそうとする。そうすれば、アメリカや中国と、優位に立って交渉できる、と考えた。

「最後は外交と雖も力です。力のない外交では、何事も解き得ないことは私が申すまでもないことであります」（衆議院予算委員会、一九四一年二月一七日）

「外交は力でござんすよ。枢軸外交は力を得るための方便です」（西園寺『過ぎ去りし、昭和』一七二頁）

こう語る松岡にとって、三国同盟にソ連を加えれば、鬼に金棒である。

松岡の構想は、アメリカが日本への経済制裁を強めれば強めるほど、魅力的に映る。日米関係の改善は難しいと考えた日本の指導者たちは、究極の一手として、松岡の構想に望みを託したからだ。しかし、アメリカが日米諒解案を示して、対話の窓口を開くと、アメリカと直接話し合う方が好ましいと、昭和天皇、近衛首相、陸海軍は考える。

松岡は、そうたやすく方向転換できない。松岡には、最初に四ヵ国連携という構想がある。諸情勢が変わっても、その構想を揺るがす情報は無視すらした。彼が日米交渉に消極的だったのも、四ヵ国連携を損なう可能性があったからだ。

結局、独ソ開戦が四ヵ国連携を潰す。そこで松岡は方向転換を図り、日米交渉に本腰を入れると宣言するが、遅すぎた。周囲との溝は埋めようもなく、大臣の椅子を追われる。

だが、松岡を追い出した面々も、終戦に際して、ふたたびソ連と向き合うことを余儀なくされる。

終章　ソ連に託された希望
——終戦前後

降伏条件について話し合う関東軍とソ連軍の将校（ロシア連邦外交文書館蔵）

日米ソの三角関係

独ソ戦の勃発と、太平洋戦争の開戦で、ソ連は米英中の陣営に加わる。これで、米英中ソの連合国と、日独伊の枢軸国が対決する、第二次世界大戦の図式が定まった。

しかし、連合国と枢軸国のあいだで、完全に外交が閉ざされたかといえば、そうではない。日ソ間の国交は維持されていた。ローズヴェルト大統領や蔣介石は、一九四一年一二月に、スターリンへ対日参戦を要求したものの、断られている。

アメリカはスターリンに、日本軍のソ連侵攻が近いという情報を流すことで、両国の仲を裂こうとする。一九四二年一二月三〇日には、ローズヴェルト大統領がスターリンに親書を送り、日本がソ連極東を攻撃したら、およそ一〇〇機の爆撃機を提供すると申し出る。ローズヴェルト大統領は、「日本がソ連を攻撃するという明白な情報はないが、最終的には起こりそうなことです」と警告した（Butler, *My Dear Mr. Stalin*, p. 109）。

だがスターリンは、翌年一月五日の返信で、いま飛行機が必要なのは極東ではなく、ドイツとの戦線だと書く。当時、スターリングラード（現在のヴォルゴグラード）攻防戦が終盤に差しかかっており、ソ連としては、とても日本に目を向ける余裕はなかった。

ソ連はいつ、日本との戦争を連合国に約束したのか。諸説あるが、一九四三年一〇月のモスクワでの外相会談、一一月のテヘラン会談で、スターリンは対日戦を明言した（長谷川『暗闘』四〇〜四三頁）。

米ソの主導権争い

しかし、ソ連が本腰を入れるまでには、さらなる時間を要した。

一九四四年二月二日にも、アメリカのアヴェレル・ハリマン駐ソ大使が、アメリカの爆撃機をソ連の沿海州などに配備させて欲しいと頼んだが、スターリンは断る。極東の軍備が整っていないので、対日戦には協力できない、というのがその理由だ。そして、スターリンはいった。

「目下、ソ連軍は西で多忙である。西でドイツの抵抗が弱まりはじめたら、師団は極東へ送られるだろう。今夏の終わりまでに、師団の輸送が可能かどうかは明らかになる」（"Memorandum of Conversation," Feburary 2, 1944）。

駆け引きはつづく。一九四四年六月に、ハリマン大使はスターリンへ、対日戦のため、ローズヴェルト大統領はソ連の空軍との共同作戦を望んでいると伝えた。そこでスターリンは、極東にソ連の部隊を送るため、四発エンジン搭載の爆撃機を数百機、譲ってもらえないだろうかと持ちかけた。ハリマンは、もしシベリアに空軍基地を提供してもらえるならば、大統領は考慮するでしょう、と答える（"Memorandum of Conversation," June 10, 1944）。

ついにスターリンが、ドイツ敗北後に対日戦へ加わる、と明言したのは、一九四四年九月二三日だ。しかし、アメリカに沿海州で空軍基地を提供するのは、「最重要な問題ではない」と、はぐらかす。代わりに、ソ連軍の二五から三〇個師団を、極東へ送る必要があると語った（"Memorandum of Conversation," September 23, 1944）。

最終的に、スターリンは基地提供に同意するのだが、なぜ彼は渋ったのか。一つは、ソ連の中立を維持し、日本の攻撃を避けるためだろう。さらに、アメリカへ沿海州の空軍基地を提供すれば、対日戦は米ソの共同作戦になる可能性が高い。しかしスターリンは、主導権をアメリカに渡しかねないので、共同作戦は望まない。あくまでソ連軍を主人公とするため、極東の軍備増強が、彼のつぎなる課題となる。

モスクワへの特使派遣

一方の日本は、独ソ間の和平を企てていた。ドイツの目を米英に向けさせるのが、その最大の目的だった。東条内閣の東郷茂徳外相はこの方針を推し進めたが、食うか食われるかの死闘をくりひろげる独ソ両国が、日本の提案に関心を示すことはなかった。

そのあとの日本は、ソ連を刺激しないことをモットーにする。「対ソ静謐《せいひつ》」である。太平洋での戦局が、日を追うごとに悪化していたからだ。

東条内閣が、サイパン島陥落の責任を取って、一九四四年七月に総辞職すると、ソ連に日ソ中立条約を守らせ、あわよくば独ソ戦を仲介しようという動きが活発になる。九月四日には、ソ連との交渉のため、広田元首相を派遣することが最高戦争指導会議で決まった（『重光葵　最高戦争指導会議記録・手記』五一頁）。なお最高戦争指導会議は、小磯国昭内閣によって、大本営政府連絡会議に代わって設置された。

しかし、東久邇宮稔彦王《ひがしくにのみやなるひこ》は他を推す。杉山陸相に、「スターリンに対して、互角に話の出来る人」として、彼に会ったことのある松岡洋右と久原房之助の名を出し、松岡は病気だから、久原が適任だと述べた（『東久邇日記』一九四四年九月一四日条）。

唐突なこの提案は、じつは久原から働きかけたものだ。あいだに立ったのは、久原と親しい石原広一郎《いしはらこういちろう》という実業家である。石原は、「ソ連をわが方に有利に利用」するために、久原がモスクワへ行き、一九二七年に断念した、あの緩衝地帯構想をスターリンに持ちかけることを提案した。久原も「最後の御奉公」だと意気込む（柴田「昭和十九年久原房之助対ソ特使派遣問題」五九〜六〇頁）。

だが松岡は、ソ連を通じた和平工作を冷ややかに見ていた。木戸内大臣に宛てた一九四四年九月二七日の手紙で、スターリンが交渉に応じるはずがないのは、火を見るよりも明らかだと書く。交渉の手土産には、少なくとも樺太、千島列島、北海道を差し出さなければならない。手土産も考えずにこんな外交を企てるのは、「世間知らずの素人論」だと切り捨てた(『木戸幸一関係文書』六一七頁)。

結局、広田特使の派遣もソ連側に断られて、話は振り出しに戻る。ならばと、一九四四年一〇月二五日の最高戦争指導会議で、小磯首相は、久原をソ連に派遣したいと提案した。しかし、派遣するのも、スターリンと会うのも難しいという理由で、重光葵外相は賛成しなかった(『重光葵　最高戦争指導会議記録・手記』一七二頁)。

作戦計画の立案

特使派遣が日本で討議されていたころ、ソ連は一九四四年六月にバグラチオン作戦を成功させて、ドイツの主力部隊に壊滅的な打撃を与え、ベルリンへ進軍していた。時を合わせて、ノルマンディー上陸作戦も成功し、スターリン念願の、ドイツに対する第二戦線も開かれた。

西での勝利が確実になると、スターリンは東へ目を向ける。九月上旬には参謀本部へ、極東での軍の集結と物資の補給について計算するよう命じた。参謀本部のセルゲイ・シテメンコ大将によると、この命令を出したとき、スターリンは最後に、「急ぐ必要があるようだ」といった。スターリンは、まもなくモスクワに来る、チャーチル首相らイギリス代表団と作戦を協議する前に、資料を整えたかった（*Штеменко*. Разгром Квантунской армии. С. 42)。

一九四四年一〇月一五日、スターリンはアメリカのハリマン駐ソ大使、モスクワに駐在するアメリカ軍事使節団団長のジョン・ディーン陸軍少将、それにイギリスのイーデン外相と会談した。議題は対日戦だ。

まずソ連のアレクセイ・アントーノフ参謀総長が、想定される六つの侵攻ルートと、日ソの戦力を比較する。つづけてスターリンは、補給について不安をもらした。

「極東の備蓄の大半は西の戦線へ送られ、たった一ヵ月分の備蓄しかない」

だがスターリンは、物資と鉄道さえあれば、日本を打倒できると請け合った。それは、参戦の前に、アメリカからできる限り援助を引き出すためのアピールでもあった。

ソ連軍を一ヵ月から一ヵ月半支えることのできる十分な軍需物資は、三ヵ月で備蓄できると信じている、とスターリン元帥はいった。日本に止めの一撃を加えるのにはこれで十分だろう。一九〇四年と一九四四年に、似たところは一つもない。一九〇四年にロシアは孤立していたのに対し、日本は好きなところへ自由に動くことができた。ロシアはもう孤立していない。孤立しているのは日本だ。

あのとき、ロシア人は航空兵力を極東で持っていなかった。今では、コムソモリスク［ナ・アムーレ］とイルクーツクで航空機を生産している。しかし、ロシア人は食糧、燃料、レール、鉄道車両を必要としている。シベリア鉄道が六〇個師団を支えられないのは事実だ。だがソ連軍が軍需物資を得て、ソヴィエツカヤ・ガヴァニ［サハリン島対岸の港］とコムソモリスク間の鉄道敷設を完成させたら、うまくゆくだろう

（"Memorandum of Conversation," October 15, 1944）

なお、ここで言及されている路線は急ピッチで敷設され、ソヴィエツカヤ・ガヴァニは、翌年の樺太攻略で基地の一つとなる。

アントーノフ参謀総長は、ソ連軍が戦備を整えるのには、二ヵ月半から三ヵ月かかると説明した。ハリマン大使は、「本日の説明で、ドイツの敗北後、ソ連は三ヵ月で対日戦に参戦できるという印象を持ちました」というと、スターリンはこう答えた。

「三ヵ月、そうだな、物資を蓄えてから数ヵ月だ」（同前）

目標は満洲での短期決戦

一〇月一七日にスターリンは、アメリカの支援が必要な軍需物資一覧をハリマンに渡す。そして、戦争の初めの段階で、日本軍はシベリア鉄道を爆撃すると予想した。そこでソ連は、ウラジオストクや沿海州から日本を爆撃する必要があると語る。さらに、満洲での作戦計画も語った。

日本人たちを打ち負かすことを真剣に考えるのなら、満洲でも制限をつけてはならない。我々は、満洲で複数の方面から直接打撃を与えるだろう。真の戦果を得たいなら、側面包囲のために、カルガン〔現在の中国河北省張家口市〕と北京を叩くことも必要だ。満洲への奇襲だけでは、真の戦果は得られない。私は、満洲でも、日本軍が中国から引き揚げるために集結する南部でも、大規模な会戦が起きるとは信じない。むしろ、日本軍が中国から満洲へ撤退するのを阻止することが問題だ。我々の目標は、中国の日本軍が、満洲の日本人によって利用されないようにすることだ（"Memorandum of Conversation," October 17, 1944）

スターリンは、中国に駐屯する支那派遣軍が関東軍と合流するのを懸念していた。アントーノフ参謀総長も、開戦となれば、日本は中国の二一個師団から一〇個師団、さらに旅団二〇個も満洲に転用するとはじき出している。ソ連としては、その前に関東軍を壊滅させたい。

なおこのとき、ハリマン駐ソ大使は、ソ連の輸送路を確保するため、日ソ戦が始まる前にアメリカ軍が北千島を占領することを提案する。スターリンは鷹揚で、「それは連合国にとってまちがいなく大きな前進だ」と認めた。そこでハリマン大使は、もし開戦前にアメリカが北千島を占領しないなら、カムチャツカ半島に海軍と空軍の基地が欲しいという。さすがにスターリンは、よく考える必要があると、返事を保留する（同前）。

アメリカはなぜこの地域に関心を示したのか。それは、アラスカからアリューシャン列島と千島列島を経て北海道へ至るのが、アメリカ本土から日本本土へ至る最短距離だからだ。だがスターリンは、アメリカもこの地域に関心を示すのに、危機感を覚えただろう。

参戦の見返り

スターリンは、アメリカに参戦の見返りを求める。

一九四四年一二月一四日、スターリンはハリマン駐ソ大使へ、樺太南部と千島列島はロシア人へ返還されるべきだといった。その理由はこうだ。

「ウラジオストクにつながる海路は、現在、日本によって封鎖されている。ソ連はこの重要な港への連絡を守る権利がある。しかし、いま、あらゆる太平洋への出口は敵に封鎖されるか、占拠されている」

さらにスターリンは、地図で遼東半島、旅順、大連を円で囲み、これらの地域を租借し、ソ連内陸部とつなぐための鉄道も支配下に収めたい、と言った。ハリマン大使は、テヘラン会談と話が違う、大連は国際的な自由港にした方が良い、とスターリンにいう。スターリンは、「話し合うことはできる」とだけ答えた（"Memorandum of Conversation," December 15, 1944）。

テヘラン会談における夕食会。右よりスターリン、チャーチル、ローズヴェルト（1943年11月30日、オーストラリア・ウォー・メモリアル蔵）

少し時間をさかのぼり、この会話の背景を探ろう。一九四三年のテヘラン会談で、スターリンやチャーチルと昼食をともにしたとき、ローズヴェルト大統領は、ハンブルクやブレーメンといった、もとはハンザ同盟の諸都市を自由港にする案を出す。では、極東の港はどうするのか。チャーチルが、スターリンの意見をたずねた。スターリンは答える。
「ウラジオストクはなかば不凍港だが、日本の支配する海峡にふさがれているので、極東で閉じ込められていない港はない」
「ペトロパブロフスク・カムチャツキーは素晴らしい港で、不凍港だが、鉄道とつながっていない」(“Memorandum of Conversation,” Nobember 30, 1943)
これを聞いたローズヴェルト大統領はすかさず、大連を自由港にしては、と提案した。米英の指導者は、スターリンの不凍港への渇望が、対日戦へ誘う餌になると思ったのだろう。スターリンは、この提案を逆手に取り、遼東半島の租借へ要求を引き上げた。

千島列島の取引

スターリンの要求は、一九四五年二月に開かれたヤルタ会談で認められた。ローズヴェルト大統領は、日本本土へ侵攻すれば、アメリカ人将兵に多数の犠牲者が出ると見ており、それを減らすためにも、ソ連の参戦を望んでいた。そのために、スターリンの提示した見返りに、ほとんど異を唱えなかった。こうしてソ連は、ドイツ降伏から二、三ヵ月以内に参戦すると決まった。いわゆる、ヤルタの密約である。

具体的には、樺太南部の返還、大連港の利用の優先権と旅順の租借、中東鉄道と満鉄の中ソ共同経営といったことが、二月一一日に調印されたヤルタ協定に書き込まれる。これらは要するに、日露戦争前にロシア帝国が保持していた利権を、ソ連が取り戻すことを意味する。

さらにスターリンは、ヤルタの密約に、日露戦争前からの日本領である、千島列島も付け加えた。しかしアメリカは協力的で、千島列島と樺太の占領のために、ソ連へ艦船を提供し、アメリカ海軍と沿岸警備隊が中心となって、ソ連軍兵士に上陸作戦の訓練までおこなった。これは、米ソ合同の「フラ計画（Project Hula）」として遂行された（Ostrom, *The United States Coast Guard in World War II*, p. 144）。

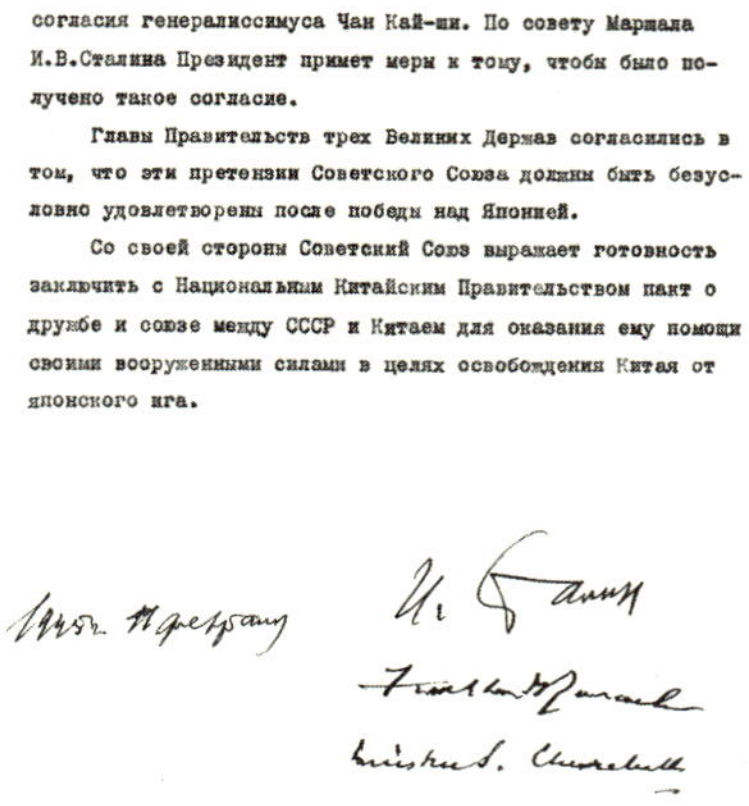
согласия генералиссимуса Чан Кай-ши. По совету Маршала И.В.Сталина Президент примет меры к тому, чтобы было получено такое согласие.

Главы Правительств трех Великих Держав согласились в том, что эти претензии Советского Союза должны быть безусловно удовлетворены после победы над Японией.

Со своей стороны Советский Союз выражает готовность заключить с Национальным Китайским Правительством пакт о дружбе и союзе между СССР и Китаем для оказания ему помощи своими вооруженными силами в целях освобождения Китая от японского ига.

ヤルタの密約への署名（ロシア外務省ホームページより）

千島列島をソ連に譲るアメリカの方針は、一九四五年四月にローズヴェルト大統領が死去し、ハリー・トルーマン大統領に代替わりしても受け継がれた。五月にヘンリー・スティムソン陸軍長官は、グルー国務次官に宛てた手紙で、華北や満洲、朝鮮、樺太と違って、千島列島のみはアメリカがソ連に先んじて占領することができるが、アメリカ人の将兵の犠牲は「受け入れられないほどになる」と見積っている（"Letter from the Secretary of War to Acting Secretary of State," 21 May, 1945）。

ソ連に和平の仲介を依頼

そのころ、日本の外務省や軍部には、在外公館や駐在武官たちから、ヤルタの密約の詳細を伝える電報が届いていたことを示す史料は少なくない。ただ、そうした情報が東京に打電されても、首脳たちの意思決定の場において、有効に活用されていない。そのことを裏付けるのが、ソ連へ仲介を依頼した、日本の終戦外交だろう。

宮川船夫ハルビン総領事は、一九四五年二月一五日に、ソ連のヤコフ・マリク駐日大使を訪問し、ヤルタ会談で話し合われたことについて、自らの予想を語った。無論、マリクは機密をもらさないが、彼の反応を見ようとしたのだろう。それだけでなく、宮川は、ソ連に終戦の仲介を依頼した。

「戦争の展開に、十分な威信と権威を有し、必要な説得力を備えた、傑出した国際活動家のうちの誰かが、調停者として登場し、すべての国に停戦を要求すべき時機が今や到来した」、「そのような権威ある活動家としては、スターリン元帥しかいない」（エドアルド

「第二次世界大戦末期から日ソ国交回復までのソ連の対日政策の展開」二二一頁)。

この提案の陰に、誰かがいたのかは不明だ。宮川は、戦後、ソ連に連行され、一九五〇年にモスクワで獄死しているので、真相は定かではない。

注目すべきは、この一週間前の出来事だ。広田元首相は、「対ソ国交の維持は戦争の終末を考えても必要」なので、佐藤大使を交代させても、誰かをソ連に派遣するべき、と昭和天皇に上奏している(『昭和天皇実録』一九四五年二月九日条)。宮川や広田の発言は、ソ連を最後の頼みの綱とする考えが広まっていたことを示している。

ソ連に頼る東郷外相

一九四五年四月に、鈴木貫太郎《すずきかんたろう》内閣の外相兼大東亜相に就任したのは、東郷茂徳だった。さかのぼれば、彼は三三年四月の意見書でも、ソ連と不可侵条約を結び、ソ連に満洲国を承認させることを訴えた経歴の持ち主だ(東郷『時代の一面』三九九頁)。駐ソ大使の時代には、ノモンハンの後始末をして、交渉相手のモロトフからも高く評価されていた。

東郷は外相となると、ソ連を仲介とする和平交渉に力を入れた。その理由を、敗戦後の同年八月一五日に枢密院で述べている。

戦争終結に際しては、「無条件降伏に非《あら》ざる和平」が必要だった。しかし、「先方は無条件降伏に非ざる和平、即ち話合に依る和平は固く之を拒否するの態度を持して」いた。

東郷は、無条件降伏だけは避けたい。そのために、ヴァチカン、スイス、スウェーデンといった、「中立国政府を仲介とする方法」を研究したが、無条件降伏をすすめられるのは、ほぼ確実だと予想した。そこで頼ることにしたのが、ソ連である。「先ず日蘇関係を改善し、蘇連邦を我方の利益に誘導する様逐次先方へ利益を提供し、之を仲介として戦争終結に導くことが得策」と考えた（JACAR: B02032979200）。

海軍のソ連への期待

戦局が厳しさを増すなかで、陸海軍でも、ソ連に期待する声が高まっていた。

一九四五年五月に、海軍は、わずかに残っていた戦艦「長門」、空母「鳳翔」、巡洋艦「利根」などをウラジオストクでソ連に引き渡し、そのかわり、ソ連から燃料付きで航空機を譲ってもらおうと計画した。ソ連はヨーロッパで勝利を収めたから、もう航空機を必要としていない。一方、海軍は本土決戦に備えて、航空機が何よりも欲しい。

これは海軍省軍務局第二課長の末沢慶政《すえざわよしまさ》大佐のアイデアだった。海軍省軍務局長の保科《ほしな》善四郎《ぜんしろう》中将は「やってみろ」と承諾し、米内海相も承知していたという。米内や保科は、ソ連を和平の仲介者として利用できるかどうか試すために、ゴーサインを出したのではないか、と末沢は推測している。

だが、相談を受けた外務省の安東義良《あんどうよしろう》政務局長は、ソ連に手の内を明かすようなものだし、ソ連は航空機を渡しはしない、と一蹴した。それでも末沢は工作をつづけ、ソ連の駐日武官と接触し、松岡洋右には特使としてモスクワへ行ってもらおうと頼み込む。しかし、モスクワからの返答がなく、話は立ち消えとなった（読売新聞社編『昭和史の天皇』［四］一八三～一八七、二九八～三〇二頁）。

陸軍の危機感

陸軍でも、ソ連への期待と懸念が高まっていた。直接的なきっかけは、ソ連が一九四五年四月五日に、日ソ中立条約は有効期限の満了後に延長しないと通告したことだ。その直後から、ソ連が極東へ兵力を集中させている、という情報が大本営陸軍部に入る。これを聞いた参謀次長の河辺虎四郎《かわべとらしろう》中将は、信じたくないという気持ちを日記で吐露した。

「予は何が故にや彼『ス』［スターリン］に此決意あるを信じ得ず」（防衛庁防衛研修所戦史室編『戦史叢書　大本営陸軍部』［一〇］一九二頁）

ただ河辺も、手をこまねいていたわけではない。四月二二日に、河辺は東郷外相と会談する。このとき、「東郷氏一生一代の至芸として対蘇大交渉」をするように要請する。そのためには、全力で支援するとも話した。これに対し東郷は、時期はすでに遅いが、考えてみようといい、陸軍は、ソ連に与える「引出物」に、どの程度を覚悟しているか、と尋ねる。河辺は、上司の参謀総長にも相談せずに来ていたので、これに答えられなかった（同前付録一頁）。

東郷としては、今の不利な戦況では、ソ連との交渉は難しいと考えていた。そのため、四月に始まった沖縄戦では勝つように、最高戦争指導会議で軍部にけしかける。「日本の交渉上の地位が、沖縄作戦に於ける好転に依って改善せられざる限り、ソ連より具体的言質を得ることは困難である」という理由からだ。東郷は和平の仲介のためにも、戦況に期待せざるを得ない、苦しい状況にあった。だが期待をかけた沖縄戦も、五月の第一週の終わりには、ほとんど望みはなくなる（JACAR: C12120164400）。

これでは東郷も、ソ連との交渉に期待がしぼむ。この頃、終戦工作に取り組む海軍の軍人には、ソ連との外交は「成否は未知数」で、「色よき返事は七、八分あるまじき覚悟必要」と打ち明けている（伊藤編『高木惣吉』一九四五年五月一六日条）。

だが、宮中や陸海軍の期待に応え、無条件降伏を回避するためにも、可能性は度外視して、東郷は対ソ外交に取り組まざるをえない。

広田・マリク会談

東郷は、広田弘毅元首相に頼んで、マリク駐日大使と会談してもらう。ソ連と「友好親善関係を強固」にして、ソ連がどこまで協力してくれるのか、「利用限度の打診」を試すためだったと、東郷は枢密院で説明している（JACAR: B02032979200）。

一九四五年六月三日、広田は「偶然」を装って、マリクを訪問する。会談で、広田はこう述べている。

「現在においては、自分の知れる多くのものは、ロシアとの提携論者なり。又過去においては、伊藤公、後藤伯の如き、何れもこの考えの持主にて、自分はその跡を承《う》くるものなり」

「自分はこの両政治家の系統に属するものにて、常に日ソ間の国交改善に努力し来れるものなり」（JACAR: B02032978700）

会談を重ねた広田は、日中ソ三ヵ国の提携を訴えた。ソ連への工作でありながら、なお重慶政府との交渉も望む、陸軍の意向をくみ取った提案だ。しかし、モスクワの指示でマリクは慎重な態度を崩さず、事実上、六月末までに交渉は失敗した（波多野『宰相鈴木貫太郎の決断』一一七〜一二六頁）。

モスクワの佐藤駐ソ大使も、ソ連とは中立を維持する他は望みがないとして、積極的ではない。いら立つ東郷は、東京からモスクワへ戻る守島伍郎《もりしまごろう》駐ソ公使を叱る。

「此の際政府は時局打開の為、ソ連に対し汎有《あらゆ》る努力をしなければならない。（私［守島］が何も手はないと言を挟むと、大臣はだまって聞き給えと叱った。）手が有るとか無いとか云って居る時期ではない」（守島『苦悩する駐ソ大使館』一一五〜一一六頁）

宮中のソ連傾斜

東郷は、守島と会った六月二二日には、鈴木首相らとともに、昭和天皇の終戦の意思を聞かされた。具体的な指示こそなかったものの、宮中ではソ連の仲介に期待する声が高まっていた。内大臣として、昭和天皇の相談役となっていた木戸幸一は、戦後こう述べている。

当時世界の大勢を支配し得る実力を有する大国にして、日本と中立関係にあるはソ連一国であった。而して太平洋の問題については、如何なる途をとりて交渉するにしても結局ソ連は之に参加し、而も重大なる発言権を行使すべきは明瞭なり。然らば最初よりソ連に依頼することは、寧ろ我国の立場を幾分にても有利にすべしと考えたるによる（『GHQ歴史課陳述録』［上］八頁）

日本の同盟国であるドイツに勝利し、ソ連は覇者となった。それが宮中に、有力な仲介国としてソ連に期待を抱かせる、倒錯した状況だった。

一方、昭和天皇は、ソ連を頼った理由をこう回想する。

「それ以外の国は皆微力であるから、仲介に立っても英米に押されて無条件降伏になる怖れがある、ソ連なら力もあるし且中立条約を締結して居る情義もある」（寺崎『昭和天皇独白録』一四一頁）

誰もが無条件降伏を回避しようとしたのは、それが国体、言い換えれば天皇制の存続に直結する、と考えたためだ。

一九四五年二月に、近衛元首相が、国体護持のためには、即時停戦が必要と主張する上奏文を提出したときのことだ。昭和天皇の反応は否定的だった。参謀総長の梅津美治郎《うめづよしじろう》大将が上奏し、「今日日本が和を乞うが如きことがあれば米国は必ずや天皇制廃止を要求して来るが故に国体も危い。結局和を乞うとも国体の存続は危く、戦うて行けば万一の活路が見出されるかも知れぬと申したが、この事を如何に考える」と、昭和天皇は近衛に質問した。

近衛は否定した。

「然らず、併《しか》し若《も》し更に継続せられ内外の諸情勢が悪化すれば、天皇制に触れて来ると思われる」（「終戦直前と余」）

この上奏文で、共産主義の脅威を説いた近衛が、ソ連への和平仲介を任せられたのは皮肉である。

近衛特使の派遣

広田とマリクの会談に並行して、木戸内大臣は奥の手として、昭和天皇のメッセージを奉じたソ連への特使派遣を、昭和天皇に上奏した。六月九日のことだ。

東郷外相も了承した。すでに日本は、一九四三年九月、四四年四月、同年九月と、三度も特使派遣をソ連側に断られている。それでも派遣に踏み切らざるをえなかったのは、戦況の悪化がある。沖縄戦も、「当初の期待に反し漸次不利」となり、空襲も激化し、生産力は落ちて、食糧も不足し、戦争の継続は「甚だ困難」となっていたと、東郷は枢密院で説明している（JACAR: B02032979200）。

昭和天皇も鈴木首相へ、和平交渉のために、特使をソ連に派遣するよう指示した。

「腹を探ると云いても時期を失しては宜しくない故、此際寧ろざっくばらんに仲介を頼むことにしては如何、親書を持ちて特使派遣のことに取運んでは如何」（『木戸幸一日記』一

九四五年七月七日条)
東郷は特使に、「蘇連にも米国にもどちらにも行ける人」として、近衛元首相を推薦した(伊藤編『高木惣吉』一九四五年七月一〇日条)。
近衛ではなく松岡を、という声もあったが、たとえ頼まれても、松岡は行かなかっただろう。スターリンと話をするのはあなた以外にいない、という新聞記者の岡村二一《おかむらにいち》に、松岡は反論したという。
「馬鹿、日本が戦に勝っておれば格別、負けている日本とロシアが手を組むと思うか。二年でも三年でも苦戦を続けて米《アメリカ》をして戦意を失わしむる外《ほか》道なし」(『最後の貴族院書記官長小林次郎日記』一九四五年七月一四日条)

近衛の出した条件

東郷は軽井沢の近衛の別荘を訪れて、特使を依頼する。東郷は近衛に、「無条件では困るけれども、それに近いようなもので纏《まと》めるよりほかないと思う」と語っている(佐藤『外務官僚たちの太平洋戦争』三二二頁)。

七月一二日、昭和天皇も近衛に自ら依頼した。近衛は承諾した。ただ近衛は、外務省からは訓令を受け取らない「強い決意を示した」と、松本俊一《まつもとしゅんいち》外務次官は回想する。

「訓令なんかいらない。自分は白紙で行く積りだ。この際は佐藤大使のいう様に無条件降伏以外には戦争終結の途はない。〔中略〕又自分はモスコーに行ったらスターリンの考を直接陛下にお伝えする考えだ」(『終戦史録』四三九頁)

もっとも、近衛自身の記録では様子が違う。

「あまり『きちん』とした訓令ではどんなものだろう」と伝えてきたのは、東郷外相だった。近衛も、「窮屈なものでは困ること。外相がそうならぬ様、六人会議〔最高戦争指導会議構成員会議〕をリードしてもらいたい」と、松本次官に伝言した。これは、「六人会議の決議を押しつけられては困る」からだったと、近衛は記している(「終戦直前の日ソ話合い」)。

東郷は、無条件降伏を避けつつ、外務省の主導のもと、話をまとめたい。だが、近衛は、無条件降伏の覚悟を固めていたうえに、昭和天皇とスターリンのあいだで、直接話をつけようと考えた。そのため、訓令に縛られないフリーハンドを望んだ。

これには先例があったと、近衛は回想する。近衛は一九四一年夏に、ローズヴェルト大統領と、中国からの撤兵について会談を設けようとした。このときにも、最後は「直接電報を以て」、昭和天皇から「御裁可」を得て条約に調印するつもりだった。会談は実現しなかったが、ソ連との交渉でも、そのときと同じ「非常手段」を用いることに、昭和天皇も同意していたという(「終戦直前と余」)。

昭和天皇の弟である高松宮宣仁親王《たかまつのみやのぶひと》も、「訓令等も政府に仰がず、直接、陛下に電報中し上げる方がよい」と近衛の秘書に話す(細川『細川日記』一九四五年七月一九日条)。

木戸も、「総《すべ》て御親政で、条件等は彼是《かれこれ》言わさぬ決心」で臨んでいた(伊藤編『高木惣吉』一九四五年七月一四日条)。

しかし木戸は、このことを東郷外相から聞かれても、「聞いたこともなければ、またあり得ない」と、とぼける。のちに木戸は、「このやり方は憲法の下ではできない」、「内閣の人たちを差し置いて陰謀をやるみたいなもの」だったから、ごまかしたと告白している。明治憲法のもと、天皇から外交大権を預かるのは、外相の自分だと自負する東郷を、木戸は刺激したくなかった(読売新聞社編『昭和史の天皇』[二] 二〇一～二〇二頁)。

ソ連との外交は、宮中と近衛のグループがリードして進む。

利用された特使派遣の要請

ところが、日本がソ連への傾斜を深めるのに反比例して、ソ連は開戦の決意をますます固めていた。

五月二八日に、スターリンはアメリカの大統領特使、ハリー・ホプキンスと会談し、軍の主力部隊は八月八日までに戦闘準備ができると語る。そして、「確実な日付はヤルタでのソ連の希望が履行されるかどうかにかかっている」として、ヤルタの密約を中国にも受け入れさせるよう、アメリカ側に念を押している。

なお会談でスターリンは、日本は「将来の侵略」のために軍人たちを温存する、「条件付きの降伏」を申し込んでくるだろう、と予想してみせた。日本の軍人たちは復讐を果たすまで片時も休まない、とも断言する（"Third meeting," Kremlin, May 28, 1945）。

スターリンの日本への不信感は、拭い難いものがあった。六月三日には、中華民国の代表としてモスクワを訪れた宋子文《ソンツーウェン》にもこう述べている。

「日本は無条件降伏を強いられた場合ですら、滅亡しない。日本人は強力な民族であると、歴史が証明している。ベルサイユ条約を結んだ後に、ドイツがもう奮起することはないだろうと、みな思った。しかし、一五年から一七年くらいで立て直したではないか。日本は膝を屈しても、ドイツが成し遂げたことを、同じくらいの期間で繰り返す」（Русско-китайские отношения. Т. 4. Кн. 2. С. 74）

スターリンは近衛特使についても、ポツダムでのトルーマン大統領との七月一七日の会談で明かし、佐藤駐ソ大使がモロトフ外務人民委員に渡した天皇の親書の翻訳も、アメリカ側に提供した。

ジェームズ・バーンズ国務長官は、日本はなぜソ連へ接近するのか、ソ連を恐れているのだろうかと尋ねる。モロトフは、ソ連の軍隊と戦車が大挙して極東に向かうのを、日本人たちも見ているはずだから、「彼らが何も疑っていなかったら驚くべきことだ」と答えた。さらに、これはソ連だけではなく、米英と、世界の世論とメディアへも向けられたものだと語る。モロトフは特使と親書を、一種のパフォーマンスと見ていたのだろう。

ポツダム会談、1945年7月17日（トルーマン記念図書館蔵）

天皇親書と近衛訪問の意図は不明確なので、率直に答えられないと返答する。そのことで、日ソはまだ戦争状態ではないと、日本政府に認識させるのはどうかと、スターリンは提案する。トルーマンは、それに「とても満足だ」と答えたが、返答はスターリンが決めることだとも突き放した（"Memorandum of conversation," Berlin Conference）。

大統領が冷淡なのは、この前日に原爆の実験に成功し、ソ連参戦は勝利に必須だ、という認識が薄れていたためだろう。

こうして、七月一八日夜に、ソロモン・ロゾフスキー外務人民委員代理は、近衛特使の使命は不明確で、「何等確たる回答をなすことは不可能」だと、書簡で日本側に通知した。

ポツダム宣言の「黙殺」

七月二六日、日本に降伏を求める最後通牒、いわゆるポツダム宣言が、米英中三ヵ国によって発せられた。しかし、宣言には、ソ連が名を連ねていなかった。じつはソ連側は、独自の宣言案を起草しており、これを議題にかけようと、宣言の発表を二、三日遅らせて欲しいとアメリカ側に要請したが、拒否されたためだ。ポツダム宣言の発表は、トルーマン大統領によって強行された（エドアルド「第二次世界大戦末期から日ソ国交回復までのソ連の対日政策の展開」二六〜二七頁）。

ソ連の署名がなかったことは、ソ連による和平仲介に、日本が希望をつなぐ原因となる。さらに、ポツダム宣言を「黙殺」する、という鈴木首相の談話が新聞で大きく報じられたことは、内外で宣言の拒否と受け取られた。日本はさらに破滅の淵へ近づく。

八月七日、モロトフは佐藤駐ソ大使に、翌日午後五時（日本時間八日午後一一時）の会見を申し込む。次の日、佐藤大使の回想によれば、「指定の時刻にいつもの通りクレムリン

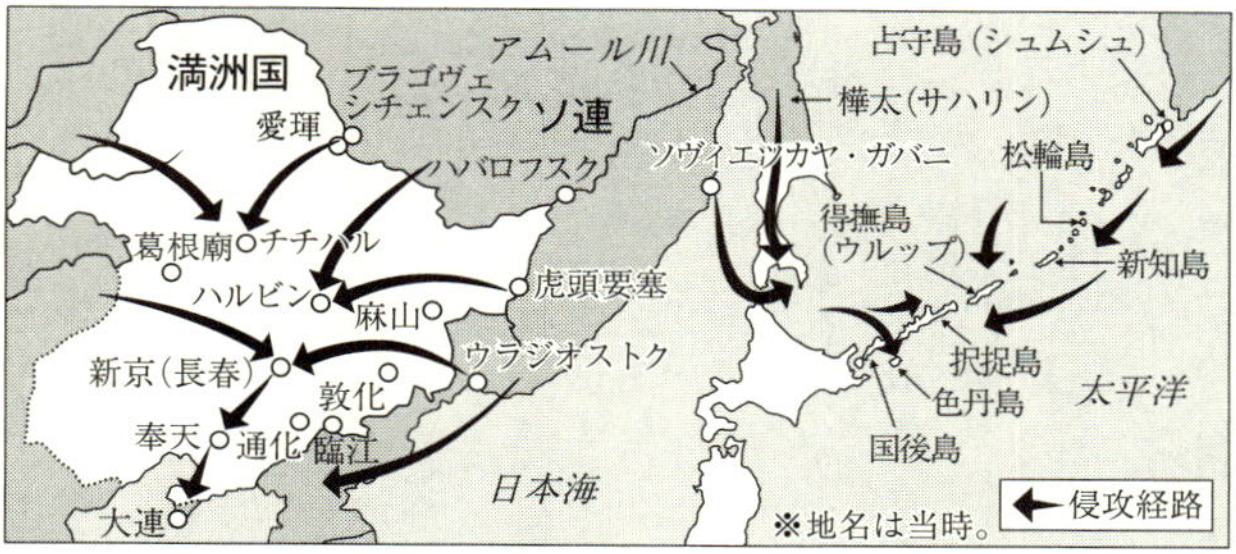

1945年8月のソ連軍の侵攻経路
（『産経新聞』2015年8月8日掲載の地図をもとに作成）

に向かったのでありますが、城門を通過する時も、また宮殿に入ってからも、普段と聊《いささ》かも異なったことはなく、モロトフ氏の書斎に案内されました」（佐藤『二つのロシア』二〇七頁）。

あらためてソ連側に近衛特使の目的について説明し、了解を求めていた最中だったので、佐藤はその返答かと思っていた。だが、告げられたのは宣戦布告だった。

スターリンと原爆

まだ日ソ中立条約が有効のあいだに、ソ連は一方的に条約を破棄した。

スターリンが対日戦の発令に署名したのは、八月七日の午後四時三〇分だとされる。前日の広島への原爆投下の知らせが、侵攻を早めたという説が有力だ。八月九日午前〇時を期して、ソ連軍は満洲国へ侵攻し、日ソ戦争の火蓋が切られた。

開戦直後に、ハリマン大使と会談したスターリンは上機嫌だった。満洲の東と西から侵攻しているが、両方とも大きな抵抗は受けていないと語る。そして、満洲の中央の日本軍が弱体化したら、ハバロフスクからブラゴヴェシチェンスクのあいだで待機する部隊も南下する。当面の目標はハルビンと新京（現在の長春）だと、あけすけに作戦を語る。

ちなみにハリマンが、原爆が日本に与えた影響についてたずねると、スターリンは答えた。

「日本人は、降伏をしようとして、いまの政府をすげ替えるための口実を探している。原爆は、彼らにその口実を与えただろう」

「ソ連の科学者たちも、［原爆の］開発を試したが、うまくいかなかった。彼らは、ドイツで見つけたある研究所でも、どうやらドイツ人が同じ問題に取り組んでいたのを見つけたが、彼らが何か成果を収めていたとは、そのロシア人［科学者］には思えなかった。もし彼ら［ドイツ人］がそれを解決できていたら、ヒトラーは絶対に降伏しなかっただろう」

（"Memorandum of Conversation," Moscow. Augut 8, 1945）

スターリンは、ただちに原爆開発を再開する。八月二〇日に国家防衛委員会決定で特別委員会が作られ、ソ連は核兵器開発に全力で動き出した（下斗米『アジア冷戦史』二八頁）。

原爆をめぐる米ソの駆け引きが始まっていた。

敗退する関東軍

関東軍は、ソ連の軍備増強を確認していたが、東京で作戦を練る大本営は、本土決戦を最優先にしていた。一九四五年八月の時点で、日本陸軍は総兵力のうち五四パーセントを本土と朝鮮、台湾に置いていた。それに対し、満洲では一二パーセントが配置されていたに過ぎない（山田『軍備拡張の近代史』一六七頁）。

極東ソ連軍と日本軍（本土防衛軍を除く関東軍、朝鮮軍、南樺太・千島駐屯軍）の兵力をくらべると、約一七五万人対一一八万人で三対二だが、大砲、戦車、航空機の保有量では、さらに差が開く。またソ連兵はヨーロッパから転戦する古参兵が多いのに対し、日本兵は最近になって動員された者がほとんどだった（加藤『「大日本帝国」崩壊』八七〜八八頁）。

圧倒的な戦力差のなか、関東軍は各地で死力を尽くすものの、敗退を重ねてゆく。

ソ連参戦がもたらす危機を、人びとは瞬時に理解できた。作家の伊藤整《いとうせい》は、こんな言葉を拾っている。

私のいる家の主人沢田なども無学で新聞も読めない者だが、戦争が、このロシアの侵攻によって極端に困難となって来たことをよく弁《わきま》えていて、「だから我々も、ドイツがロシアを盛に攻撃していた時に日本もロシアへ侵入すればよいと思っていたのだ。みすみすドイツの倒れるのを手をこまぬ《ママ》いて待っていて、今度はこっちの苦しい時に、両方から攻められるという羽目になった。どうもまずいぞ」と大きな身体で腕を組んでいる（伊藤『太平洋戦争日記』一九四五年八月一二日条）

終戦へ急転

ソ連参戦は、鈴木首相に終戦の決断を促した。

鈴木首相は同盟通信社からの電話で開戦を知る。鈴木は開戦を知ると、迫水久常《さこみずひさつね》書記官長に、「いよいよ来るものが来ましたね」と冷静に語った（『終戦史録』五六三頁）。

八月九日午前八時ごろ、東郷外相は開戦を報告しに、小石川の鈴木首相の私邸に着く。この時、東郷が、「いよいよもって戦争を終結すると言うことをはっきり決める必要がある」というと、鈴木は、「私もそう思う、直ぐそう言うことに計らいましょう」と答えた（『GHQ歴史課陳述録』［上］三二五頁）。

同じ日の朝、米内海相も部下にこういった。

「乃公は戦争をやめたョ。陛下も即時終戦の事に決定されたらしい」（同前［下］五九一頁）

昭和天皇には、八月九日午前九時三七分に、梅津参謀総長が戦況を報告した。その一八分後に、昭和天皇は木戸内大臣を呼び、戦争終結に向けて、鈴木首相と「十分に懇談」するよう指示した(『昭和天皇実録』一九四五年八月九日条)。

以上のように、対ソ戦の報告を受けると、彼らは間髪を入れず、終戦の決意を固めている。

一方、箱根では、近衛のブレーンたちがまだ特使派遣に期待して、和平条件を研究していた。しかしソ連参戦の知らせを受けると、作業を放り出して寝てしまったという(鈴木『「終戦」の政治史』一六六頁)。

ソ連参戦で、対ソ交渉の選択肢は消えた。残された道は、降伏か本土決戦しかない。降伏するならば、無条件降伏か、条件付きか。さらに、その条件はどうするのか。指導者たちは直ちに結論を出さなければならなくなる。

ポツダム宣言の受諾

八月九日の一連の会議では、東郷外相、米内海相、鈴木首相は「国体護持」だけを条件に、ポツダム宣言受け入れを主張する。

彼らは、ソ連参戦をその有力な根拠とした。

鈴木首相「ソの参戦に依り形勢一変せり」
米内海相「対米英戦には勝目なし。加うるにソ連も参戦せば既に勝目全くなし」
東郷外相「相手方と交渉に依て話を進めんとする方法は既に其の余地がありません。殊にソ連が武力を行使した故益々不可能となりました」(『GHQ歴史課陳述録』[上]二三八〜二三九、二五一頁)

だが、阿南惟幾《あなみこれちか》陸相らは、「国体護持」に加えて、武装解除と戦争犯罪人の処罰は日本側が自主的におこなう、保障占領はおこなわない、といった条件付きでの受諾を主張して譲らない。

閣議では、鈴木首相がこうぼやく場面もあった。

「ソ連に対する外交も不運なりき。早く始めて置けばよかった。組閣当初なれば可なりきに時機を失した」(同前二四五頁)

たとえ組閣当初の一九四五年四月に始めていても、結果は同じだったろう。この点に思いが及ばなかったのは、日本の指導者たちの限界だったというしかない。

八月一〇日午前〇時過ぎ、昭和天皇が臨席して、御前会議が開かれる。この御前会議に出席した海軍の保科軍務局長は、会議終了からまもない同日午前に、海軍の元帥や軍事参議官たちへ、その様子を報告した。それによると、宣言受諾の外相案に、やはり阿南陸相が反対した。

「特に道義無き蘇連の如きに対し一方的申出をする如きは同意出来ず」と、ソ連への降伏に、とりわけ強く反発した。

一方、枢密院議長の平沼騏一郎が、「空襲は頻繁、更に原子爆弾もあり。容易ならぬ事態なり。自信ありや」とたずねると、梅津参謀総長は反論した。

「従来戦果上らざりしも今後は必ず挙げる。尚空襲のみに依りては破れぬ」

しかし、昭和天皇はこういって会議を締めくくった。

「勝利の見込無し。戦争指導者を敵に渡し又民を苦めることも忍びざるも、大局的見地に立ち、明治天皇の三国干渉の例に倣い原案通決定す」(「昭和二〇年八月九日最高戦争指導会議及び御前会議に関する件」)

こうして、ポツダム宣言の受諾が決まる。この日の早朝、「天皇の国家統治の大権」を変更しないことを条件に、宣言受諾が米英中ソに伝えられた。ソ連参戦から一日足らずでの急展開だった。

ソ連の反応

日本は開戦と同時に、ソ連へ事実上の降伏を申し出る。八月一〇日午前一一時一五分に始まった会談では、まずマリク駐日ソ連大使が開戦の通告を読み上げた。東郷外相は遺憾の意を表明してから、ポツダム宣言受諾を表明した。

「天皇の統治者としての大権を変更せんとする要求を包含しおらざることの了解の下に右宣言を受諾す」(『終戦史録』五五五頁)

東郷はこれを、ソ連政府に打電してほしいとマリクに依頼する。マリクは、申し入れを受ける権限はないとしながらも、「個人的責任」で伝達に同意した。

東郷の声明は、モロトフに届けられた。モロトフは、モスクワ時間の八月一一日午前〇時(日本時間の同日午前六時)に、米英の駐ソ大使を呼び出し、ソ連としては、日本の申し入れに「懐疑的」だと表明する。なぜなら、これは「天皇の地位」について注文をつけており、無条件降伏とは思えない。ゆえに、「ソ連の満洲進攻は継続される」と宣言した。

ちょうど会談の最中に、アメリカ大使館のジョージ・ケナン参事官が、アメリカ政府から日本政府への回答案を届ける。モロトフが、この回答は明日にするというのを、ハリマン駐ソ大使は、ただちに同意するよう求めた。ダグラス・マッカーサー元帥を連合国軍最高司令官と認めるかでは論争になったものの、一一日午前二時からの会談で、マッカーサーの就任も、アメリカの回答案もモロトフは認めた（"Memorandum of Conversation," Kremlin. August 10, 1945）。

八月一二日の「天皇の国家統治の大権」に関する回答（バーンズ回答）を受けて、八月一四日に、昭和天皇は再度決断を下す。日本は、ポツダム宣言を正式に受諾した。人びとが敗戦を知ったのは、八月一五日の玉音放送による。この日、鈴木内閣は総辞職した。

戦闘はつづく

しかしソ連は、ポツダム宣言受諾を降伏とはみなさないと宣言する。八月一六日の新聞『プラウダ』には、アントーノフ参謀総長の名前で、以下の声明が掲載された。

一、八月一四日の天皇による日本降伏の通知は、単に日本の無条件降伏に関する一般的な宣言に過ぎない〔後略〕

二、天皇が麾下《きか》の部隊に戦闘停止と武装解除を命じ、この命令が実際に履行された場合にかぎり、日本軍は降伏したと認められる

三、以上の理由により、極東ソ連軍の対日攻勢作戦は継続する（*Правда*. 16. 08. 1945）

東京の大本営から関東軍総司令官へ、「即時戦闘行動を停止」が命じられたのは、八月一六日だった。東久邇宮稔彦王の新内閣が発足し、昭和天皇から陸海軍人への勅語が発布されたのは、その翌日である。ポツダム宣言受諾と、内閣総辞職で生じた日本の政治的、軍事的な空白を、ソ連側は利用した。最終的に、千島列島の占領作戦が終わる九月五日（ロシア側の主張では二日）まで、ソ連の軍事行動はつづく。

しかしその間に、米ソの関係は冷え込んでいた。北海道に関するエピソードは象徴的だ。

トルーマン大統領は、八月一五日に、降伏文書署名とともに日本政府へ渡す、「一般命令第一号」の案をスターリンへ送付した。そのなかでは、満洲、北緯三八度以北の朝鮮半島、樺太の日本軍は、極東ソ連軍総司令官に降伏するように書かれていた。千島列島は含まれていない。

スターリンは、翌日すぐに、大統領へ以下の修正を申し出た。①日本軍のソ連軍に降伏すべき地域のなかに、「全千島列島」を含めること。②日本軍がソ連軍に降伏すべき地域のなかに北海道を加えること。③北海道を釧路から留萌《るもい》に到る線で分割し、その北半分はソ連の占領地域とする。その理由として、シベリア出兵でソ連極東が日本軍に占領された過去を引き合いに出し、「日本本土のいずれかの部分に占領地域をもたないならば、ロシアの世論は大いに憤慨する」と記した。

北海道占領は中止

南樺太と千島列島の奪取は、ロゾフスキー外務人民委員代理や、マリク駐日大使といった外交官たちも、日本との講和条件として、上司のモロトフに早くから進言していた（横手「第二次大戦期のソ連の対日政策」二〇一〜二二七頁）。だが一九四五年六月に、北海道占領が軍や共産党政治局で議論されたときには、モロトフやマリクは慎重論を唱えた（富田『シベリア抑留』九三頁）。

北海道占領は、おそらくスターリンの発案である。樺太と北海道をへだてる宗谷海峡と、千島列島から太平洋へと出るための海路を、両岸から守るのが狙いだったのだろう。

対日戦を指揮するアレクサンドル・ワシレフスキー元帥は、八月一八日にスターリンへ作戦計画を送る。それによれば、北海道と、新知島《シムシル》以南の「千島列島南部」の占領は、第八七狙撃兵団に委ねられる。部隊は樺太南端の大泊《おおどまり》（現在のコルサコフ）に集結してから、空と海からの援護を受けて北海道に上陸し、九月一日までに占領を終える予定だった（Русскийархив. T. 18. C. 355-356）。

しかし、八月二〇日にアントーノフ参謀総長は、北海道と「千島列島南部」での作戦開始は、最高総司令部《スタフカ》の特別命令を待てと、ワシレフスキーに命じる（“Order by Aleksei Antonov to Aleksandr Vasilevsky,” August 20, 1945）。すべては、最高総司令官のスターリンの決断に委ねられた。

じつは八月一八日に、トルーマン大統領によって、ソ連の北海道占領は拒絶されていた。ただし大統領は、「全千島列島」を一般命令第一号に組み込むことは認める。代わって大統領は、千島列島のどこかの島で、空軍基地を置く権利をスターリンに求めた。八月二二日にスターリンは、北海道占領を認めないというのは、予想外だと大統領に書く。基地提供を拒絶したスターリンは、千島列島を南下して、北方領土までの占領を急いだ。

日本が降伏文書に調印した九月二日、スターリンは、南樺太と千島列島は「ソ連邦を大洋と直接にむすびつける手段、日本の侵略からわが国を防衛する基地として役だつ」と、ソ連国民にラジオで演説した（富田ほか編『シベリア抑留関係資料集成』三九頁）。

米ソ冷戦が激しさを増した一九五〇年には、宗谷海峡をソ連の船が通るのは危険だとして、大陸とサハリン島を結ぶ、「サハリン・トンネル」をスターリンは掘削させた。これは彼の死で未完成に終わるが、いかに太平洋への航路に執着していたかを示している（麻田「スターリンの戦後極東戦略と鉄道」一一三〜一一五頁）。

関東軍の武装解除

ソ連軍へ投降する日本兵（1945年8月28日、ロシアのサイト「勝利　1941-1945」より）

一方、満洲では、八月一八日に、関東軍が各方面軍や直属の参謀長を新京に集め、停戦と武装解除に関する命令を下した。その翌日に、総参謀長の秦彦三郎《はたひこさぶろう》陸軍中将を極東ソ連軍司令部に派遣し、話し合いを持たせた。応対したワシレフスキー元帥からスターリンへの報告書（八月二〇日付）によれば、秦は、ソ連軍ができるかぎり早く、満洲全土を占領するように要請した。関東軍と日本人を、ソ連の保護下に置いてもらうためだ。さらに、中国人や朝鮮人との関係が悪化しているので、自衛のため、武装解除は延期させて欲しいとも頼む（Русский архив. Т. 18. С. 364）。

だが、秦の要請のうち、後半は無視された。この会談の翌二〇日に、新京に到着したソ連軍の特使は、新京の部隊の集結と武装解除を命じ、通信連絡を禁止したため、関東軍総司令部の機能は、ほぼ停止した。各地では、武装解除を受けいれる部隊がある一方で、第一〇七師団のように、新京からの降伏の呼びかけを「謀略」と勘繰り、戦闘をつづけた部隊もあった。停戦が実現したのは、八月末である。

こうした遅れは日本側のせいだと、スターリンはハリマン駐ソ大使に釈明する。

彼〔スターリン〕は、約四〇万人の日本人がすでにロシア人に降伏したものの、ハルビンへの進撃はいくつか困難にぶつかった、と述べた。日本人たちは降伏に合意したものの、不誠実にもロシア人を攻撃してきたという。その結果、四万人の日本兵が殺されるか負傷した。彼はまた、ロシアの空挺団が大連に衝突も無く降り立ったことを説明した。しかし、彼がいうには、日本人たちはいたるところに武器を隠し、サボタージュに加担しており、弾薬集積所を吹き飛ばすなどしている、と語った（"W. Averell Harriman to Secretary of State," 29 August, 1945)

日本軍の武装解除を急ぐソ連側は、日本の民間人に関心が薄く、そのあいだ、戦火を逃げ惑う彼らは、誰からも保護されることなく、死線をさまよう。

民間人の惨劇

東郷茂徳は、大東亜大臣として、訓令「居留民の現地定着方針」をまとめ、満洲国や中国、東南アジアの在外公館に八月一四日に打電した。海外の日本人を現地に留めたのは、国内は空襲で食糧や住宅が不足し、受け入れの船舶も港湾も不足しているという理由だ（井上『満洲難民』三五頁）。要するに、政府は早期の帰還を諦めたわけで、ソ連軍の占領下に置かれた日本人たちは、大いなる苦難を強いられた。

日本軍と日本人に吹き荒れる暴力を見かねて、八月二二日に、関東軍の秦総参謀長は、ソ連軍の「無法なる発砲、略奪、強姦」を軍中央に訴えて、「善処」を要求した。

そこで、その翌日に、大本営と日本政府は、マッカーサー連合国軍最高司令官に、「治安不良地区」では、日本人を安全な場所に避難させるまで、「武器の保持」を認めてくれるように懇願する（『占領史録』〔上〕四二一～四二二頁）。

マッカーサーは、この件をモスクワに取り次いだ。八月二五日、日本政府と大本営から受け取ったその申し入れ（往電第二七号）の英訳を、モスクワのアメリカ軍事使節団に転送している（"Supreme Commander for the Allied Powers to US Military Mission to Moscow," 25 August, 1945）。

この翌日に、モスクワ駐在のディーン少将が、以下の日本政府の伝言をアントーノフ参謀総長に取り次いだ。

「中国には現在、病人や戦傷者、女性や子供など、少なくない日本国民がおります。彼らは食糧不足や、略奪や暴行の危険にさらされることで、病気になったり、負傷したりしております」（"John. R. Deane to A. I. Antonov," 26 August, 1945）

そのうえで、日本政府はこうした傷病者を速やかに帰国させたい、と要望している。そのために、青島《チンタオ》にある日本の艦船を、引揚げに使用する許可を求めた。しかし現地では、すでにソ連占領下の日本軍は武装解除されたうえに、ソ連へ移送されようとしていた。いわゆるシベリア抑留である。武装解除せずに、民間人を護衛させてほしいという要望は、かなうはずもなかった。

シベリア抑留

ソ連側では見当たらないが、中国側の記録によると、八月一三日の宋子文との会談で、スターリンは、日本人の捕虜を満洲の都市建設に当たらせるといっていた。「彼らはどう働けばよいか知っている」というスターリンに、宋も、「良いですね」と賛同している（"Record of Meeting Between T.V. Soong and Stalin," August 13, 1945）。

八月一六日にも、捕虜を現地に残すというモスクワからの指令がワシレフスキー元帥に届いたが、結局、八月二三日の移送命令により、彼らはソ連全土へ送られた。そもそも方針転換があったのかを含めて、そのあいだの経緯には多くの仮説が出されているが、未だ決定的な解答はない。

武装解除に目途がついた九月六日、山田《やまだ》乙三《おとぞう》総司令官ら関東軍司令部の面々も、ソ連の用意した飛行機でハバロフスクへ送られる。秦総参謀長は、その時の感慨をこうふりかえる。

「対岸の草一本の動きにも、小鳥の羽搏《はばた》き一つにも、異常な注意を傾けて見落すことなく、一瞬の油断もなく警備し続けてきた国境、今それを越えて行くのだ。すべては夢であった」（秦「関東軍の最後」三九一頁）

東京では、将兵たちがソ連に連行されるとは想定していなかった。最後の陸相として、復員の責任者だった下村定《しもむらさだむ》陸軍大将は、こう回想している。

「内地の軍隊はあまり陛下に御心配をかけずに復員が終わった」。しかし、三四〇万人もの軍人が、満洲、中国、南方地域等に残っていた。特に、「ソ連のほうは近く厳冬になりますので、一日も早く引き揚げをしなければなりません」。

そこで、海外に派遣できる船三五万トンのうち、五分の三を引揚げ用にして、ソ連に送る。

先ず ソ連の方面に差向けましたが、ソ連は全く受付けず、抑留者と国内との交通も許しませんし、抑留者の消息も知らせません。私共は非常に心配いたしまして、マックアサー司令部、国際赤十字、中立国に斡旋をたのむなど、あらゆる手段を講じましたがソ連は一向聞入れません。

このことを陛下はたいへん御心痛になり、拝謁の度毎にソ連のほうはなんとかならないかとおたずねになり、私はいつも暗い気持で御前を下がったのであります（下村「終戦当時を顧みて」一一〇〜一一一頁）

結局、引揚げは、「やむを得ず予定を変更して、満洲以外の中国と南洋方面からの引揚げを先にすることになった」（下村「終戦処理を回顧して」六〇頁）。

下村の書くように、確かに当初の方針では、引揚げの順番で筆頭に上がっていた満洲と朝鮮半島だが、一九四五年九月中旬からは、フィリピンを中心とする南方が優先されている。フィリピン駐留のアメリカ軍を復員させるのに、障害にならないようにするためだったと見られている（加藤「敗者の帰還」一一二〜一一三頁）。

スターリンの「人質」

九月二日、日本の降伏文書への調印式が、東京湾に停泊する戦艦「ミズーリ」でおこなわれる。

スターリンには、八月二七日に、ハリマン駐ソ大使からこの式典の説明があった。スターリンは、マッカーサーの司令部に署名に来させれば良いではないか、といったが、ハリマンはやんわりと断っている。

さらに、アメリカの艦隊が東京湾に入るに際して、日本代表がその準備のために艦隊へ来たとハリマンが話すと、スターリンはいった。

「日本人はとても不実な民族だから、私なら人質を取っただろう。三八年前［日露開戦なら四一年前］、彼らは不実にもロシアを攻撃し、三隻のロシア海軍の船を沈めた。太平洋で海軍の力を強めるためだ。彼らは真珠湾でも同じことをくりかえしたではないか。ワシントンで交渉しているあいだに、不実にもアメリカ人を

降伏文書へ調印する重光葵外相（1945年9月2日、オーストラリア・ウォー・メモリアル蔵）

攻撃した」（"Memorandum of Conversation," Kremlin. Augut 27, 1945）。

このような、日本へ向ける厳しい眼差しが、シベリア抑留という「人質」へつながったのかもしれない。

スターリン自身は、抑留をつぎのように説明した。一九四五年一二月三〇日に会談した蔣介石の息子、蔣経国《ジャンチンクオ》が、日本の再起に触れたときだ。

「もちろん、それは起こる。日本は人口が多く、復讐心の強い民族だからだ。日本は再起を願っている。だからそれを防ぐためにも、五〇万から六〇万人の将校と、一万二〇〇〇人の日本の将軍たちを捕虜に取っておかなければならない」(Русско-китайские отношения. Т. 4. Кн. 2. С. 339)

だが、抑留者のほとんどは兵士たちだった。

その数は、日本人や朝鮮人など約六一万人で、「飢え、寒さ、重労働」のシベリア三重苦で、約六万人が亡くなった。だが、いつ、どこで、どのように亡くなったのか、今も判然としない犠牲者は多い。結局、最後の抑留者が帰国できたのは、スターリン死後の一九五六年である。

冷戦のカーテンが下りる

シベリア抑留という想定外の事態に、アメリカも介入する。

一〇月一二日に日本政府は、連合国軍総司令部に、満洲、北朝鮮、樺太、千島列島、カムチャツカ半島にいる日本人の帰還をソ連側に促すよう、要望を提出した。特に、一〇月以降は航海が難しくなること、七万人の北朝鮮の日本人が飢えていることを理由に、急ぐように切願している。そこで連合国軍総司令部は、アメリカの在モスクワ軍事使節団がソ連から回答を得て、それを東京にまわすように求めた（"SCAP to US Military Mission to Moscow," 12 October, 1945）。

満洲から物資を運び出すソ連兵（1946年、アメリカ議会図書館蔵）

しかしスターリンは、問い合わせをすべてシャットアウトする。一〇月五日には、東京の対日理事会のソ連代表代理に、スターリンの指示が伝えられた。

「満州・朝鮮情勢などに関する質問をマッカーサーが、又は彼の依頼によってアメリカの上級将校か士官の誰かが貴下に問う場合は、貴下は何らかの問題を解決する全権がないと回答すべし」（エドアルド「戦後初期の米ソ関係における日本ファクター」七頁）

日本政府は、ソ連の占領地域の惨状を救おうと、日本へ進駐したアメリカ軍の力を借りてソ連へ働きかけたが、却下された。結果的に、現地に残された日本人たちは「棄民」と化し、引揚げまでに、多くの命が失われることになる。

わずか一ヵ月足らずの戦争でありながら、日ソ戦争は多くの人びとの運命を狂わした。全財産を捨てても、帰国できた人はまだ幸いというしかない。帰国の途中で命を落としたり、肉親と生き別れた人は、枚挙にいとまがない。戦後も中国や北朝鮮、樺太で暮らし、帰国を念願しながら、果たせず亡くなった人びともいる。何より、日ソ戦争で受けた肉体的、精神的な傷は「集団的な記憶」となって、多くの日本人のロシア観を決定づけた。

日本のみならず、中国共産党の躍進や、朝鮮半島の分断など、アジアのその後も左右した戦争だが、日中戦争や日米戦争といった昭和の他の戦争とくらべ、研究は十分ではない。近年は、体験者から最後の証言を掘り起こそうと、さまざまな試みがなされているが、学術的な探究もつづくべきだろう。

途切れた系譜

ロシアに接近した政治家たちの系譜は、敗戦でいったん途切れる。

近衛と松岡は、その最後も対照的だった。二人は東京裁判にかけられることになったが、近衛は出頭命令を受けると、自宅で青酸カリを服毒して、自殺した。遺書には、「戦争犯罪人として米国の法廷に於て裁判を受けることは堪え難い」と記している。

一方、松岡は、息子に青酸カリを渡されたが、「俺はこれを飲むべきことをした覚えはまったくない」と、渡されたつぎの日、息子に返した（松岡「松岡洋右はなぜ青酸カリを返したのか」一四一頁）。松岡は、判決前の一九四六年六月二七日に病没した。

なお、半ば諦めながらも、ソ連に終戦の望みを託した東郷茂徳は、東京裁判で有罪になり、一九五〇年七月二三日に獄中で病没した。

日独防共協定が締結された際に首相だった広田弘毅は、絞首刑となる。しかし、死刑判決の評決には、ソ連判事のイワン・ザリャノフ少将は加わっていない。

ソ連の検事団が、ジョセフ・キーナン首席検事に起訴を強要したのは、張鼓峰事件の際に駐ソ大使だった重光葵と、関特演の際に関東軍司令官だった梅津美治郎である。重光は禁錮七年、梅津は終身刑を受けて、一九四九年一月八日に獄死した。

罪悪感からか、キーナンは、重光が刑期満了で出所すると、無罪にならなかったのには「困惑した」と、重光へ手紙を寄せたという（清瀬『秘録東京裁判』一六八～一六九頁）。その重光が、五〇年代の日ソ国交回復の交渉では、外相としてソ連と渡り合うことになる。

一一年間の断交を経て、日ソ両国の国交は一九五六年に回復した。その後は、本書の冒頭で記したように、新たな担い手たちによって系譜が紡がれてゆく。平和条約なき「奇妙な平和」がつづく冷戦期から現代にかけては、また別に論じよう。

エピローグ

冒頭の吉田茂の「大原則」に照らせば、本書で取り上げた政治家たちは、日本外交のアウトサイダーでしかない。もう一つの傍流であるアジア主義とくらべても、細々とした流れだ。

彼らが主導した対露外交の多くも失敗に終わったが、今に至るまでつづくその系譜は、日本外交の一潮流として、無視できないと考える。日本にとって、米英との関係が死活的に重要なのは、戦前も戦後も変わらない。しかし、隣国との関係は、ときに世界の覇権国家との関係以上に、その国の命運を左右する。彼らは、そのことに自覚的だった。

ふりかえると、戦前の日露の対立には、民族や宗教の相違や、貿易の不均衡といった経済的要因は、ほとんど絡んでいない。イデオロギーの相違も、一九二五年の日ソ国交樹立を妨げるまでには至らなかった。

突き詰めれば、自国の安全保障の問題が絡んだときのみ、日露両国は激しい角逐をくりひろげてきた。しかし、明治時代前半や、日露戦争後のように、国境が定まり、勢力圏を分け合うと、「昨日の敵は今日の友」となる。本書で取り上げた政治家たちは、その妥協点を探るのに心血を注いだともいえよう。

日本は、これからも隣国でありつづけるロシアと、いかにして対等な関係を築き、友好関係を深めるのか。時代は異なる現代でも、本書に登場した政治家たちが追求したのと同じ問いはついてまわる。本書が、それを解き明かす一助になれば幸いである。

参考文献一覧

はじめに・序章

足立栗園『近世日本国防論』下巻、三教書院、一九四〇年
石井孝『日本開国史』吉川弘文館、二〇一〇年
稲生典太郎「近世日本に於ける親露説の系譜」『国史学』第六〇号、一九五三年
加藤九祚「プチャーチン考」『創価大学人文論集』第三号、一九九一年
加藤九祚「ロシアの日本海進出とムラヴィヨフ＝アムールスキー」『白山史学』第三一号、一九九五年
上垣外憲一『勝海舟と幕末外交』中公新書、二〇一四年
佐藤昌介、植手通有、山口宗之校注『日本思想大系［五五］――渡辺崋山・高野長英・佐久間象山・横井小楠・橋本左内』岩波書店、一九七一年
田中彰『吉田松陰――変転する人物像』中公新書、二〇〇一年
チェルニャフスキー、セルゲイ「ロシアによる沿海州獲得とウラジオストク港の建設（ロシア海軍文書館文書より）」『東京大学史料編纂所研究紀要』第二四号、二〇一四年
外川継男「若き森有礼のロシア観をめぐって」『スラブ研究』第三二号、一九八五年
中村喜和『ロシアの空の下』風行社、二〇一四年
福沢諭吉『民情一新』慶應義塾出版社、一八七九年
福沢諭吉編訳『世界国尽［三］――欧羅巴洲』慶應義塾、一八六九年
麓慎一『日本歴史叢書――開国と条約締結』吉川弘文館、二〇一四年
松本健一『開国・維新　一八五三〜一八七一』中央公論社、一九九八年
三上一夫「幕末の大野・越前両藩の蝦夷地観――関連的把握を中心に」『若越郷土研究』第二一号、一九七六年
三上一夫「横井小楠・佐久間象山の海防論――両論の異同性を中心に」『福井工業大学研究紀要　第二部』第二三号、

一九九三年
安岡昭男『幕末維新の領土と外交』清文堂出版、二〇〇二年
吉田茂『回想十年　改版』上巻、中公文庫、二〇一四年

第一章

【未公刊史料】

アジア歴史資料センター（JACAR）
A15110449500: 欧洲駐在参議伊藤博文ヲ特派全権大臣ト為シ露国皇帝即位式上ニ参列セシム・二条○随行員太政官大書記官山崎直胤外二名［国立公文書館］
B13080067500:（一二）露帝難ヲ免レシ慰問［外務省外交史料館］
B13080065300: 慶賀弔喪勅電勅語例輯第一巻　第三　露国［外務省外交史料館］
B13080049200: 御親書第一巻　一・露国［外務省外交史料館］
国立国会図書館憲政資料室
「海陸軍の事件御下問に付愚意を条陳す」（「黒田清隆関係文書」R4）
「露国皇太子遭難事件関係資料雑纂」（『憲政史編纂会収集文書』）
ロシア国立歴史文書館
РГИА, Ф. 1622. Оп. 1. Д. 703［Записка Безобразова по поводу событий предшествующих Русско-Японской войны, составленная в декабре 1905 года］.

【公刊史料】

秋月俊幸『日露関係とサハリン島――幕末明治初年の領土問題』筑摩書房、一九九四年
秋月俊幸『千島列島をめぐる日本とロシア』北海道大学出版会、二〇一四年
天野尚樹「サハリン流刑植民地のイメージと実態」『境界研究』第一号、二〇一〇年
有栖川熾仁親王『熾仁親王日記』第五巻、高松宮家、一九三六年

有馬卓也「岡本韋庵覚書」『徳島大学国語国文學』第一二巻、一九九九年
石山基陽「九歳より奉仕して」大日本雄弁会講談社編『明治大帝』大日本雄弁会講談社、一九二七年
伊藤博文『伊藤公手記秘録』松坂屋、一九三五年
伊藤博文編（栗野慎一郎、平塚篤校訂）『秘書類纂』外交篇下巻、秘書類纂刊行会、一九三五年
伊藤博文関係文書研究会編『伊藤博文関係文書』塙書房、全九巻、一九七三〜一九八一年
伊藤博文公伝記編纂会編『伊藤博文公遺墨集』巧芸社、一九三〇年
伊東文書を読む会「資料紹介『伊東巳代治関係文書』所収伊藤博文書翰翻刻（上）」『参考書誌研究』第四七号、一九九七年
伊藤之雄「日露戦争と明治天皇」日露戦争研究会編『日露戦争研究の新視点』成文社、二〇〇五年
伊藤之雄『伊藤博文――近代日本を創った男』講談社学術文庫、二〇一五年
井上馨関係文書講読会「『井上馨関係文書』所収伊藤博文書翰翻刻（続）」『参考書誌研究』第六八号、二〇〇八年
井上馨侯伝記編纂会『世外井上公伝』第四、五巻、内外書籍、一九三四年
井上寿一『山県有朋と明治国家』NHKブックス、二〇一〇年
ヴィッピヒ、ロルフ＝ハラルド「東アジアにおける邂逅――日清・日露戦争とドイツ」工藤章、田嶋信雄編『日独関係史――一八九〇―一九四五I』東京大学出版会、二〇〇八年
大江志乃夫『世界史としての日露戦争』立風書房、二〇〇一年
大谷正『日清戦争――近代日本初の対外戦争の実像』中公新書、二〇一四年
大山梓編『山県有朋意見書』原書房、一九六六年
小川原宏幸『伊藤博文の韓国併合構想と朝鮮社会』岩波書店、二〇一〇年
小川原正道「伊藤博文への博士号授与と日米外交――『文明』の普及をめぐって」慶應義塾大学法学研究会『法學研究』第八七巻一〇号、二〇一四年
大日方純夫「対外問題・対外政策と明治天皇――日清戦後から日露戦後へ」安在邦夫、真辺将之、荒船俊太郎編著『明治期の天皇と宮廷』梓出版社、二〇一六年
海軍省編『山本権兵衛と海軍』原書房、一九六六年

外務省編『日本外交文書』日本国際連合協会
外務省編『日本外交年表竝主要文書』上巻、原書房、一九六五年
外務省編『小村外交史』上巻、原書房、一九六六年
外務省政務局第三課編『日露交渉史』上下巻合本、原書房、一九六九年
カサートキン、ニコライ（中村健之介ほか編訳）『宣教師ニコライの全日記』全九巻、教文館、二〇〇七年
カサートキン、ニコライ（中村健之介編訳）『ニコライの日記――ロシア人宣教師が生きた明治日本』上中下巻、岩波文庫、二〇一一年
加治木常樹編『西郷南洲書簡集』実業之日本社、一九一一年
片山慶隆『小村寿太郎――近代日本外交の体現者』中公新書、二〇一一年
勝田政治『大久保利通と東アジア』吉川弘文館、二〇一六年
加納格『ニコライ二世とその治世――戦争・革命・破局』東洋書店、二〇〇九年
川上淳「日露関係のなかのアイヌ」菊池勇夫編『日本の時代史［一九］――蝦夷島と北方世界』吉川弘文館、二〇〇三年
岸信介、矢次一夫、伊藤隆『岸信介の回想』文春学藝ライブラリー、二〇一四年
木戸孝允関係文書研究会編『木戸孝允関係文書』第一巻、東京大学出版会、二〇〇五年
宮内庁編『明治天皇紀』全一二巻、吉川弘文館、一九六八～一九七七年
黒沢文貴「日露戦争への道――三国干渉から伊藤の外遊まで」『外交史料館報』第二八号、二〇一四年
クロパトキン『日露新戦史』第一輯、報知社出版部、一九〇八年
合田一道『古文書にみる榎本武揚』藤原書店、二〇一四年
講談社編『榎本武揚　シベリア日記』講談社学術文庫、二〇〇八年
児島惟謙『大津事件手記』築地書店、一九四四年
小林隆夫『一九世紀イギリス外交と東アジア』彩流社、二〇一二年
小林道彦『児玉源太郎――そこから旅順港は見えるか』ミネルヴァ書房、二〇一二年
ゴンチャロフ、イワン（井上満訳）『日本渡航記――フレガート「パルラダ」号より』岩波文庫、一九四一年

坂本辰之助編『男爵西徳二郎伝』坂本辰之助、一九三三年
佐々木雄一『帝国日本の外交　一八九四〜一九二二――なぜ版図は拡大したのか』東京大学出版会、二〇一七年
佐々木揚編訳『一九世紀末におけるロシアと中国――「クラースヌィ・アルヒーフ」所収史料より』巖南堂書店、一九九三年
佐田白茅編『樺太評論』忠芬義芳楼、一八七五年
サトウ、アーネスト（長岡祥三訳）『アーネスト・サトウ公使日記I』新人物往来社、一九八九年
サルキソフ、コンスタンチン（鈴木康雄訳）『もうひとつの日露戦争――新発見・バルチック艦隊提督の手紙から』朝日新聞出版、二〇〇九年
サルキソフ、コンスタンチン（鈴木康雄訳）「伊藤博文のペテルブルグ訪問（一九〇一年一一〜一二月）」下斗米伸夫編著『日ロ関係歴史と現代』法政大学出版局、二〇一五年
シュラトフ、ヤロスラブ「ポーツマスにおけるサハリン――副次的戦場から講和の中心問題へ」原暉之編著『日露戦争とサハリン島』北海道大学出版会、二〇一一年
春畝公追頌会『伊藤博文公年譜』春畝公追頌会、一九四二年
春畝公追頌会『伊藤博文伝』上中下巻、原書房、一九七〇年
尚友倶楽部児玉源太郎関係文書編集委員会編『児玉源太郎関係文書』同成社、二〇一五年
尚友倶楽部山縣有朋関係文書編纂委員会編『山縣有朋関係文書』第一巻、山川出版社、二〇〇五年
副島種臣「明治初年外交実歴談」島善高編『副島種臣全集』第三巻、慧文社、二〇〇七年
ソコロフ、A・R（有泉和子訳）「日本の皇族と政府高官に対するロシアの叙勲」『東京大学史料編纂所研究紀要』第一九号、二〇〇九年
ソボレフ、V・S（有泉和子訳）「一九世紀末朝鮮における露日両国の帝国権益対立の歴史――ロシア国立海軍文書館所蔵史料より」『東京大学史料編纂所研究紀要』第二〇号、二〇一〇年
醍醐龍馬「マリア・ルス号事件をめぐる国際仲裁裁判――日本初勝訴への道」『まちかね法政ジャーナル』第一号、二〇一一年
醍醐龍馬「明治政府とマリア・ルス号事件」中村喜和、長縄光男、沢田和彦、ピョートル・ポダルコ編『異郷に生きる

――来日ロシア人の足跡』第六巻、二〇一六年
醍醐龍馬「明治新政府と日露関係――樺太千島交換条約とその時代」博士論文（大阪大学、一四四〇一甲第一八七二五号）
高松宮家編『熾仁親王行実』下巻、高松宮家、一九二九年
瀧井一博『明治国家をつくった人びと』講談社現代新書、二〇一三年
多田好問編『岩倉公実記』下巻、皇后宮職、一九〇六年
千葉功『旧外交の形成――日本外交　一九〇〇～一九一九』勁草書房、二〇〇八年
千葉功「日清・日露戦争」『岩波講座日本歴史』第一六巻、岩波書店、二〇一四年
千葉功「西徳二郎と近代日本」小風秀雅、季武嘉也編『グローバル化のなかの近代日本――基軸と展開』有志舎、二〇一五年
中條直樹、宮崎千穂「ロシア人の見たロシア人士官と稲佐のラシャメンの〝結婚〟について」名古屋大学大学院国際言語文化研究科編『言語文化論集』第二三巻二号、二〇〇二年
角田順『満州問題と国防方針――明治後期における国防環境の変動』原書房、一九六七年
帝国弘道館編『明治聖徳録』帝国弘道館、一九一三年
東京大学史料編纂所編『保古飛呂比――佐佐木高行日記』第一〇巻、東京大学出版会、一九七八年
東京府教育会編『日露戦役秘録――金子堅太郎閣下講演』博文館、一九二九年
長岡新治郎「山県有朋の露国派遣と日露協定」『日本歴史』第五九号、一九五三年
中山和芳『ミカドの外交儀礼――明治天皇の時代』朝日選書、二〇〇七年
日本史籍協会編『大久保利通文書』第四・五巻、日本史籍協会、一九二八年
波多野勝、黒沢文貴、斎藤聖二、櫻井良樹編・解題『海軍の外交官　竹下勇日記』芙蓉書房出版、一九九八年
林董『後は昔の記』時事新報社、一九一〇年
坂内知子「岩倉使節団とロシア宮廷の謁見儀礼」『異文化コミュニケーション研究』第一五号、神田外語大学、二〇〇三年
坂内知子「ロシアにおける岩倉使節団と『米欧回覧実記』――書かれなかった皇帝午餐会」『ICU language research

bulletin』第二二巻、二〇〇七年
平岡雅英『日露交渉史話』筑摩書房、一九四四年
平山晋編著『明治勲章大図鑑』国書刊行会、二〇一五年
広野好彦「セルゲイ・ウィッテとポーツマス講和会議」『大阪学院大学国際学論集』第二〇巻二号、二〇〇九年
福地惇「山県有朋の国防構想の変遷――日清戦争以前」伊藤隆編『山県有朋と近代日本』吉川弘文館、二〇〇八年
福家勇『樺太とはどんな処か』樺太日日新聞社代理部、一九三三年
佛教大学近代書簡研究会編『宮津市立前尾記念文庫所蔵 元勲・近代諸家書簡集成』宮津市、二〇〇四年
麓慎一「維新政府の北方政策」『歴史学研究』第七二五号、一九九九年
麓慎一「明治初期における国際情勢と北海道政策」北海道・東北史研究会編『石狩場所とアイヌ』北海道・東北史研究会、二〇〇一年
麓慎一「明治政府の対外政策――樺太・朝鮮・台湾」『東京大学史料編纂所研究紀要』第二五号、二〇一五年
ベルツ、トク編（菅沼竜太郎訳）『ベルツの日記』上下巻、岩波文庫、一九七九年
穂積陳重『法窓夜話』有斐閣、一九一六年
堀口修監修・編集・解説『「明治天皇紀」談話記録集成』ゆまに書房、全九巻、二〇〇三年
本多熊太郎「講和外交秘話」『日露戦争を語る――外交・財政の巻』時事新報社、一九三五年
本多熊太郎『先人を語る』千倉書房、一九三九年
国際ニュース事典出版委員会、毎日コミュニケーションズ編『外国新聞に見る日本――国際ニュース事典』全四巻、毎日コミュニケーションズ、一九八九〜一九九三年
陸奥宗光『蹇蹇録』中公クラシックス、二〇一五年
明治神宮監修『昭憲皇太后実録』全三巻、吉川弘文館、二〇一四年
毛利敏彦『明治六年政変の研究』有斐閣、一九七八年
毛利敏彦『明治維新政治外交史研究』吉川弘文館、二〇〇二年
森順次「大津事件と滋賀県」『彦根論叢』第一五三号、一九七一年
安岡昭男『明治前期大陸政策史の研究』法政大学出版局、一九九八年

保田孝一『最後のロシア皇帝ニコライ二世の日記』朝日新聞社、一九八五年（現在は講談社学術文庫に収録）
保田孝一「明治時代の日露関係――皇室外交と満韓交換提案を中心に」原暉之、外川継男編『講座スラブの世界［八］――スラブと日本』弘文堂、一九九五年
山本四郎編『寺内正毅日記　一九〇〇～一九一八』京都女子大学、一九八〇年
横手慎二『日露戦争史――二〇世紀最初の大国間戦争』中公新書、二〇〇五年
李成市、宮嶋博史、糟谷憲一編『世界歴史大系――朝鮮史［二］近現代』山川出版社、二〇一七年
ルコヤノフ、I・V（藤本健太朗訳）「世紀転換期のロシアと日本」五百旗頭真、下斗米伸夫、A・V・トルクノフ、D・V・ストレリツォフ編『日ロ関係史――パラレル・ヒストリーの挑戦』東京大学出版会、二〇一五年
和田春樹『ニコライ・ラッセル――国境を越えるナロードニキ』上下巻、中央公論社、一九七三年
和田春樹『テロルと改革――アレクサンドル二世暗殺前後』山川出版社、二〇〇五年
和田春樹『日露戦争――起源と開戦』上下巻、岩波書店、二〇〇九～二〇一〇年
Izvolsky, A. P. *Recollections of a Foreign Minister: Memoirs of Alexander Izvolsky*（Garden City, N.Y.: Doubleday, 1921）.
Oye, David Schimmelpenninck van der, *Toward the Rising Sun: Russian Ideologies of Empire and the Path to War with Japan*（DeKalb: Northern Illinois University Press, 2001）.
Roman Rosen, *Forty Years of Diplomacy*, Vol.1（New York: Alfred A. Knopf, 1922）.
Витте С. Ю. Воспоминания. Полное издание в одном томе. М., 2010.
Великий князь Александр Михайлович. Книга воспоминаний. М., 1991.
Елизарьев В. Н. От «Временного соглашения об острове Сахалин»（1867 г.）к Санкт-Петербургскому договору（1875 г.）. // Россия и АТР. 2007. No. 1.
Самойлов Н. А. Российско-японские отношения в 1906-1916 гг.（поматериалам из фондов Российского государственного исторического архива）//*История Петербурга.* 2015. No. 1（71）.
Симанский П. Н. События на Дальнем Востоке предшествовавшие русско-японской войне（1893-1903 гг.）. Ч. 1. СПб., 1910.
Строева М. В. Россия и Япония: о визитах японских государственных деятелей в Россию в середине 70-х конце 80-х годов

XIX в.（на основе документов АВПРИ）// Вестник Санкт-Петербургского университета. Серия 13.Востоковедение. Африканистика. 2009.

第二章

【未公刊史料】

アジア歴史資料センター（JACAR）
B04120031000: 帝国ノ対外政策方針決定ノ件（明治四一年九月二三日閣議決定）［外務省外交史料館］
C15120397300: 帝国在郷軍人会本部編　小冊子　連明脱退と国民の覚悟等　昭和八・二～九・六［防衛省防衛研究所］
国立国会図書館憲政資料室
「明治四二年一二月一三日午後二時木挽町官邸ニ於テ露国大使ト会談ノ要領」『後藤新平関係文書』九‐七‐一
「後藤子爵発チチエリン氏宛書翰（大正一三年一月三〇日附）」『後藤新平関係文書』一七‐一〇
DVD版　後藤新平書簡集
「後藤新平発西園寺公望宛書簡　一九二五年五月初旬」（発翰二四五）
ロシア国立社会政治史文書館
РГАСПИ. Ф. 17. Оп. 162. Д. 6 [Протоколы No 1/1-оп-50/49-оп заседаний Политбюро ЦК ВКП（б）за 22 декабря 1927 г. - 12 ноября 1928 г.].
ロシア連邦国立文書館
ГАРФ, Ф. 543. Оп. 1. Д. 304 [Всеподданнейшей доклад министра финансов В. Н. Коковцова о поездке на Дальний Восток осенью 1909 г. изаписка министра финансов «Приезда князя Ито и его убийства»].

【公刊史料】

麻田雅文『満蒙──日露中の「最前線」』講談社選書メチエ、二〇一四年
浅野豊美「日ソ関係をめぐる後藤新平と幣原喜重郎──体制共存・変容をめぐる政治経済史の視点から」杉田米行編

『一九二〇年代の日本と国際関係――混沌を越えて「新しい秩序」へ』春風社、二〇一一年
阿部直道『岩手県一百人』第二編、東北公論社、一九〇七年
引頭末治「日露協会会頭後藤新平伯を偲ぶ」奥州市立後藤新平記念館編『後藤新平追想録（改訂版）』奥州市教育委員会、二〇一六年
大井涼「石井外交の対露政策に関する一考察〔三〕――ロンドン宣言加入問題及び第四回日露協約締結交渉を中心に」『政治経済史学』第四七八号、二〇〇六年
大川周明「後藤伯爵」『吾等の知れる後藤新平伯』東洋協会、一九二九年
大隈重信「シベリヤ出兵論」『一大帝国』第三巻九号、一九一八年
岡義武、林茂校訂『大正デモクラシー期の政治――松本剛吉政治日誌』岩波書店、一九五九年
尾崎行雄『咢堂清談』未來社、一九四七年
桂太郎「桂太郎自伝」今井庄次編『現代日本記録全集〔七〕――政治と外交』筑摩書房、一九七一年
加藤高明「彼是議論す可らず」『経済時報』第一五二号、一九一五年
加藤高明「日露協約と日英同盟」『経済時報』第一六四号、一九一六年
加藤高明「面白からぬ政府の態度」『憲政公論』第三巻六号、一九二三年
加納格「ロシア帝国と極東政策――ポーツマス講和から韓国併合まで」『法政史学』第七五号、二〇一一年
川上俊彦「ハルビン遭難当時の回顧」国民新聞編輯局編『伊藤博文公』啓成社、一九三〇年
菊地昌典『ロシア革命と日本人』筑摩書房、一九七三年
北岡伸一『後藤新平――外交とヴィジョン』中公新書、一九八八年
久原房之助「超人スターリン」『新聞月鑑』第五巻五一号、一九五三年
久原房之助伝記編纂会編『久原房之助』日本鉱業、一九七〇年
黒沢文貴『大戦間期の日本陸軍』みすず書房、二〇〇〇年
後藤一蔵「後藤伯児玉大将追憶の句碑除幕式次第」『児玉文庫年報』第四〇、一九四一年
後藤新平「吾輩は伊藤公によりて社会党の誤解を除かれたり」『実業之世界』第六巻一三号、一九〇九年
後藤新平「本邦と西比利亜鉄道」『経済評論』第一〇巻一一号、一九一〇年

後藤新平述、平木照雄編『処世訓』如山堂、一九一一年
後藤新平「現内閣に大事は托せない」『経済時報』第一五二号、一九一五年
後藤新平「拙劣極る外交――後藤新平男談」『東京パック』第一一巻一四号、一九一五年
後藤新平「日露協約と軍備」『経済時報』第一六三号、一九一六年
後藤新平『帝国国防に関する私見――大正一三年七月一八日大日本国防義会に於て』後藤新平、一九二四年
後藤新平「国難来る」『実業』第四巻六号、一九二四年
後藤新平「日露内交渉の顚末」『実業』第五巻二号、一九二四年
後藤新平「日露交渉に就いて」東京市編『露西亜問題』東京市、一九二五年
後藤新平「日露復交と太平洋政策の確立」『外交時報』第四一巻四号、一九二五年
後藤新平「余が今回の訪露に就て」『少年団研究』第四巻一二号、一九二七年
後藤新平「日支の外交」『日支』第一巻一号、一九二八年
後藤新平述『ロシアより帰りて』朝日新聞社、一九二八年
後藤新平「桂公に随伴渡欧せる岩下君の心事」故岩下清周君伝記編纂会編『岩下清周伝』近藤乙吉、一九三一年
小林幸男『日ソ政治外交史――ロシア革命と治安維持法』有斐閣、一九八五年
時事新報社政治部編『手紙を通じて』宝文館、一九二九年
尚友倶楽部編『大正初期山県有朋談話筆記［続］』芙蓉書房出版、二〇一一年
徐賢燮「ロシア資料から見た駐露公使李範晋の自決」長崎県立大学『研究紀要』第九号、二〇〇八年
高橋義雄『萬象録――高橋箒庵日記［四］――大正五年』思文閣出版、一九八八年
拓殖大学創立百年史編纂室編『後藤新平――気骨のある国際人』拓殖大学、二〇〇一年
立石駒吉編『後藤新平論集』伊藤元治郎、一九一一年
館森鴻「後藤棲霞伯」『吾等の知れる後藤新平伯』東洋協会、一九二九年
田中清次郎「満鉄創業当時の追憶」『新天地』第二二巻三号、一九四二年
駄場裕司『後藤新平をめぐる権力構造の研究』南窓社、二〇〇七年
鶴見祐輔「人としての後藤新平伯」『婦人公論』六月特輯号、一九二九年

鶴見祐輔『正伝　後藤新平』全八巻、藤原書店、二〇〇四～二〇〇六年
寺山恭輔「戦前期ソ連の対日政策――既刊史料集の再検討」『東北アジア研究』第一五号、二〇一一年
東京朝日新聞社政治部編『その頃を語る』東京朝日新聞発行所、一九二八年
徳富猪一郎編『公爵桂太郎伝』坤巻、故桂公爵記念事業会、一九一七年
富田武『戦間期の日ソ関係――一九一七～一九三七』岩波書店、二〇一〇年
新渡戸稲造「五〇年後に於ける伊藤公の歴史的価値如何」『実業之世界』第六巻一三号、一九〇九年
服部龍二「日ソ不可侵条約問題」佐藤元英、武山眞行、服部龍二編著『日本外交のアーカイブズ学的研究』中央大学出版部、二〇一三年
原暉之『シベリア出兵――革命と干渉　一九一七～一九二二』筑摩書房、一九八九年
藤本和貴夫「一九二〇年代後半の日ソ関係――東北アジアにおける日中ソ関係を通して」『東アジア研究』第六一号、二〇一四年
布施勝治「露支紛争に際して後藤伯を想ふ」『外交時報』第五一巻四号、一九二九年
二葉亭四迷「入露記」『二葉亭四迷全集』第四巻、筑摩書房、一九八五年
二葉亭四迷『二葉亭四迷全集』第七巻、筑摩書房、一九九一年
古谷久綱『藤公余影』民友社、一九一〇年
保谷徹、アレクサンドル・ソコロフ編『ロシア国立歴史文書館所蔵日本関係史料解説目録』東京大学史料編纂所、二〇一〇年
三井道郎「訪露紀聞」『正教時報』第七巻五～一三号、一九一八年
水野錬太郎「後藤伯と予」『吾等の知れる後藤新平伯』東洋協会、一九二九年
満川亀太郎「故伯の日露提携意見書」『吾等の知れる後藤新平伯』東洋協会、一九二九年
源了圓『横井小楠研究』藤原書店、二〇一三年
三宅正樹『近代ユーラシア外交史論集――日露独中の接近と抗争』千倉書房、二〇一五年
山内義文、正力松太郎、藤原銀次郎、永田秀次郎『後藤伯爵追慕講演』読売新聞社、一九四一年
横澤貫水「棲霞後藤伯逸事」『吾等の知れる後藤新平伯』東洋協会、一九二九年

与謝野晶子『心頭雑草』天佑社、一九一九年
吉村道男「後藤新平最後の訪ソをめぐって」『外交史料館報』第三号、一九九〇年
若槻礼次郎『明治・大正・昭和政界秘史――古風庵回顧録』講談社学術文庫、一九八三年
モロジャコフ・ワシーリー（木村汎訳）『後藤新平と日露関係史――ロシア側新資料に基づく新見解』藤原書店、二〇〇九年
Кацура Таро, Гото Симпэй и Россия: Сборник документов. 1907-1929. М., 2005.
Международные отношения в эпоху империализма: Документы из архивов царского и временного правительств 1878-1917 гг. Серия III: 1914-1917 гг. Т. 2: 14 марта-13 мая. 1914 г. М., 1933（文中では МОЭИ と略記。以下は抄訳である。「露国政府ノ極東外交機密文書 第一巻 三」JACAR: B02030798000）
Павлов Д. Б. Русско-японские отношения в годы первой мировой войны. М., 2014.
Москва-Токио: Политика идипломатия Кремля. 1921-1931 годы: сборник документов: Кн. 2: 1926-1931. М., 2007.

第三章

【未公刊史料】

アジア歴史資料センター（JACAR）
A08071278500: A級極東国際軍事裁判記録（和文）（No.24）平一一法務 02063100［国立公文書館］
A03023584400: 昭和一六年四月一八日地方長官会議ニ於ケル近衛内閣総理大臣訓示、別 00235100［国立公文書館］
B02030021700: 松岡洋右奏上（日支問題討議ノ為ノ国際連盟臨時総会ヨリ帰ッテ）、昭和八年四月、A-1-0-0-11［外務省外交史料館］
B02030426300: 1（二）松岡代表ノ露、独、波通過ノ際ニ於ケル三国当局トノ会談、A-1-1-0-21_12_1_5_020［外務省外交史料館］
B04013490200: 日独伊同盟条約関係一件 第二巻 分割1、B-1-0-0-J/X3_002［外務省外交史料館］
C10100787700: 四年七月一日　駐在任務に関する定期報告、外駐員報、T3-9-53［防衛省防衛研究所］
C05022006700: 外国情報 蘇国在勤武官情報、海軍省－公文備考 S7-41-4288［防衛省防衛研究所］

国立公文書館
「近衛手記に対する松岡説明」(平一一法務06771100)
「斎藤良衛(外務省顧問、15-7〜16-7)宣誓供述書三国同盟締結事情、松岡の構想」(平一一法務02147100)
「三国同盟に関する座談会記事」(平一一法務05917100)
「日米交渉と海軍の態度」(平一一法務05928100)
「日米交渉と松岡外相(極秘)」(平一一法務02639100)
「松岡外相訪欧日記」(平一一法務06768100)
「松岡外交の足跡(小林俊三)」(平一一法務07219100)
「松本俊一宣誓供述書三国同盟締結事情」(平一一法務02147100)
「元海軍少将石川信吾氏の話覚(第一回)、(第二回)」(平一一法務06450100)
「元海軍中将岡敬純談　昭和三二年一〇月　財団法人水交会」(平一一法務06489100)
「元外務次官大橋忠一氏からの聴取書」(平一一法務06477100)
「元駐独大使、元陸軍中将大島浩氏よりの聴取書(第二回)」(平一一法務06418100)
「元東京裁判弁護人(松岡被告担当)小林俊三氏からの聴取書(第二回)」(平一一法務06434100)
「元内大臣侯爵木戸幸一氏からの聴取書」(平一一法務06416100)
「元陸軍中将、元企画院総裁鈴木貞一氏からの聴取書(第二回)」(平一一法務06419100)
国立国会図書館憲政資料室
「新内閣の初連絡会議に於て統帥部よりの要望事項」(近衛文麿関係文書R4)
「近衛文麿書翰　有田八郎宛」(憲政資料室収集文書1159)
「政変余聞(松岡氏の不可解な言動、陸軍大佐への長手紙)」(近衛文麿関係文書R1)
「対蘇国策ニ関スル意見」(牧野伸顕関係文書R30)
「番外　日米交渉手記」(近衛文麿関係文書R1)
「訪欧関係」(外務省文書IMT28 R.WT8)
国立国会図書館「帝国議会会議録検索システム」

ＤＶＤ版　後藤新平書簡集
「松岡洋右発後藤新平宛書簡」一九二五年三月一八日付（500-5）

【公刊史料】

相澤淳「日本海軍の戦略と三国同盟問題」三輪公忠、戸部良一共編『日本の岐路と松岡外交　一九四〇～四一年』南窓社、一九九三年
麻田雅文「スターリンと石原莞爾――満ソ国境をめぐる攻防」松井康浩、中嶋毅編『ロシア革命とソ連の世紀［二］――スターリニズムという文明』岩波書店、二〇一七年
粟屋憲太郎『東京裁判への道』講談社学術文庫、二〇一三年
イーデン、アンソニー（南井慶二訳）『イーデン回顧録［三］――独裁者との出あい　一九三一～一九三五』みすず書房、二〇〇〇年
石川信吾『真珠湾までの経緯――開戦の真相』時事通信社、一九六〇年
伊藤隆、照沼康孝編・解説『続・現代史資料［四］陸軍――畑俊六日誌』みすず書房、一九八三年
伊藤隆、沢本倫生、野村実・研究解説「新資料・沢本頼雄海軍次官日記――日米開戦前夜――開戦か避戦か〈政軍首脳部の苦衷〉」『中央公論』第一〇三巻一号、一九八八年
伊藤隆編『高木惣吉――日記と情報』下巻、みすず書房、二〇〇〇年
稲子恒夫編著『ロシアの二〇世紀――年表・資料・分析』東洋書店、二〇〇七年
稲葉正夫、小林龍夫、島田俊彦編『現代史資料［一一］――続・満洲事変』みすず書房、一九六五年
岩畔豪雄『昭和陸軍　謀略秘史』日本経済新聞出版社、二〇一五年
臼井勝美、稲葉正夫編『現代史資料［九］――日中戦争［二］』みすず書房、一九六四年
ＮＨＫスペシャル取材班編著『日本人はなぜ戦争へと向かったのか　外交・陸軍編』新潮文庫、二〇一五年
エンゲル、ゲルハルト、コッツェ、ヒルデガルト・フォン（八木正三訳）『第三帝国の中枢にて――総統付き陸軍副官の日記』バジリコ、二〇〇八年
大橋忠一『太平洋戦争由来記――松岡外交の真相』要書房、一九五二年

大橋忠一「陸軍とケンカをしながら　私はこうして北満鉄道を買った」『日本週報』第三二二号、一九五五年
岡村二一「日ソ不可侵条約と松岡洋右」『中央公論』第七九巻八号、一九六四年
小川平吉文書研究会編『小川平吉関係文書』全二巻、みすず書房、一九七三年
小幡酉吉伝記刊行会編『小幡酉吉』小幡酉吉伝記刊行会、一九五七年
小尾俊人編『現代史資料――ゾルゲ事件』全四巻（第四巻は石堂清倫編）、みすず書房、一九六二～一九七一年
カーショー、イアン（石田勇治監修、福永美和子訳）『ヒトラー［下］一九三六～一九四五――天罰』白水社、二〇一六年
外務省欧亜局第一課編『日「ソ」交渉史』巌南堂書店、一九六九年
笠原孝太『日ソ張鼓峯事件史』錦正社、二〇一五年
加瀬俊一「スターリンの微笑――特別読物日ソ外交秘史」『文藝春秋』第二八巻四号、一九五〇年
加瀬俊一『日本外交の決定的瞬間――外交の舞台に立って』日経新書、一九六五年
加瀬俊一「松岡洋右とスターリン」『文藝春秋』第五一巻九号、一九七三年
加瀬俊一『日本外交の主役たち』文藝春秋、一九七四年
加藤寛治「橋本左内」大久保康夫編『偉人を語る』三笠書房、一九三六年
加藤聖文『満鉄全史――「国策会社」の全貌』講談社選書メチエ、二〇〇六年
加藤陽子「日ソ中立条約」『歴史と地理』第五六二号、二〇〇三年
川田稔『昭和陸軍全史［三］――太平洋戦争』講談社現代新書、二〇一五年
河西晃祐『大東亜共栄圏――帝国日本の南方体験』講談社選書メチエ、二〇一六年
北岡伸一『官僚制としての日本陸軍』筑摩書房、二〇一二年
木戸日記研究会編『木戸幸一関係文書』東京大学出版会、一九六六年
宮内庁編『昭和天皇実録［八］――昭和一五年～昭和一七年』東京書籍、二〇一六年
軍事史学会編『大本営陸軍部戦争指導班　機密戦争日誌　新装版』上巻、錦正社、二〇〇八年
小池聖一、森茂樹編・解題『大橋忠一関係文書』現代史料出版、二〇一四年
小泉信三『現代人物論――現代史に生きる人々』角川新書、一九五五年

甲谷悦雄「日ソ中立条約への回想と教訓」『軍事史学』第一〇巻一・二号、一九七四年
小菅信子「東京裁判資料・『松岡洋右文書』について」『現代史研究』第三四号、一九八八年
近衛文麿『最後の御前会議／戦後欧米見聞録』中公文庫、二〇一五年
小山完吾『小山完吾日記――五・一五事件から太平洋戦争まで』慶応通信、一九五五年
西園寺公一「貴族の退場」今井清一編『現代日本記録全集［二〇］――昭和の動乱』筑摩書房、一九六九年
西園寺公一『西園寺公一回顧録「過ぎ去りし、昭和」』日本図書センター、二〇〇五年
材木和雄「『一九四一年四月戦争』とユーゴスラヴィア王国崩壊の考察」『環境科学研究』第二号、二〇〇七年
佐古丞「松岡洋右の中国認識と対応――満州事変まで」京都大学法学会『法学論叢』第一二一巻六号、一九八七年
斎藤治子『リトヴィーノフ――ナチスに抗したソ連外交官』岩波書店、二〇一六年
斎藤実「後藤伯の思ひ出」『宇宙』六月号、一九二九年
斎藤良衛「日独伊三国同盟裏面史」『会津短期大学学報』第一号、一九五二年
斎藤良衛『欺かれた歴史――松岡洋右と三国同盟の裏面』中公文庫、二〇一二年
酒井哲哉『大正デモクラシー体制の崩壊――内政と外交』東京大学出版会、一九九二年
酒井哲哉「満州事変と日ソ関係」原暉之・外川継男編『講座　スラブの世界［八］――スラブと日本』弘文堂、一九九五年
参謀本部編『杉山メモ　普及版』上巻、原書房、二〇〇五年
重光葵『昭和の動乱』下巻、中公文庫、二〇〇一年
柴田紳一「東条英機宛松岡洋右書翰について」『國學院大學日本文化研究所紀要』第八〇号、一九九七年
庄司潤一郎「『近衛上奏文』の再検討――国際情勢分析の観点から　終戦外交と戦後構想」『国際政治』第一〇九号、一九九五年
白井久也・小林峻一編（解題・石堂清倫）『ゾルゲはなぜ死刑にされたのか――「国際スパイ事件」の深層』社会評論社、二〇〇〇年
白井久也編著『国際スパイ・ゾルゲの世界戦争と革命』社会評論社、二〇〇三年
白井久也編著『米国公文書――ゾルゲ事件資料集』社会評論社、二〇〇七年

新名丈夫編『海軍戦争検討会議記録――太平洋戦争開戦の経緯』毎日新聞社、一九七六年
スラヴィンスキー、ボリス（高橋実、江沢和弘訳）『考証　日ソ中立条約――公開されたロシア外務省機密文書』岩波書店、一九九六年
高木惣吉写、実松譲編『海軍大将米内光政覚書』光人社、一九七八年
高橋勝浩「資料紹介・資料翻刻『出淵勝次日記』［五］――昭和一三年～一四年」『國學院大學日本文化研究所紀要』第八八号、二〇〇一年
高野静子『蘇峰への手紙――中江兆民から松岡洋右まで』藤原書店、二〇一〇年
滝田遼介「日本陸軍と『北方問題』――ドイツ西方攻勢から日ソ中立条約まで」慶應義塾大学大学院法学研究科内『法学政治学論究――法律・政治・社会』第一一〇号、二〇一六年
田嶋信雄「日中戦争と欧州戦争」黄自進、劉建輝、戸部良一編著『〈日中戦争〉とは何だったのか――複眼的視点』ミネルヴァ書房、二〇一七年
チャーチル、ウィンストン（毎日新聞社編訳）『第二次大戦回顧録　抄』中公文庫、二〇〇一年
デュルファー、ヨースト「研究報告――ドイツと三国軍事同盟」防衛省防衛研究所編『太平洋戦争と枢軸国の戦略――ドイツを中心に』防衛省防衛研究所、二〇一一年
寺崎太郎『れいめい――日本外交回想録』中央公論事業出版、一九八二年
寺崎英成、ミラー、マリコ・テラサキ『昭和天皇独白録』文春文庫、一九九五年
寺山恭輔「スターリンと満州――一九三〇年代前半のスターリンの対満州政策」『東北アジア研究』第九号、二〇〇四年
東京裁判資料刊行会編『東京裁判却下未提出弁護側資料』第四巻、国書刊行会、一九九五年
富田健治『敗戦日本の内側――近衛公の思い出』古今書院、一九六二年
トレヴァー＝ローパー、ヒュー・レドワルド編（滝川義人訳）『ヒトラーの作戦指令書――電撃戦の恐怖』東洋書林、二〇〇〇年
中尾裕次編『昭和天皇発言記録集成』下巻、芙蓉書房出版、二〇〇三年
萩原延壽『東郷茂徳――伝記と解説』原書房、二〇〇五年

長谷川進一「非常時男・マツオカの悲劇」『文藝春秋』第三二巻一一号、一九五四年
波多野澄雄『幕僚たちの真珠湾』朝日選書、一九九一年
服部聡『松岡外交――日米開戦をめぐる国内要因と国際関係』千倉書房、二〇一二年
服部龍二『幣原喜重郎と二十世紀の日本――外交と民主主義』有斐閣、二〇〇六年
服部龍二『広田弘毅――「悲劇の宰相」の実像』中公新書、二〇〇八年
花田智之「ノモンハン事件・日ソ中立条約」筒井清忠編『昭和史講義――最新研究で見る戦争への道』ちくま新書、二〇一五年
ハル、コーデル（宮地健次郎訳）『ハル回顧録』中公文庫、二〇一四年
ヒトラー、アドルフ（ローパー、ヒュー・トレヴァー解説、吉田八岑監訳）『ヒトラーのテーブル・トーク一九四一～一九四四』上巻、三交社、一九九四年
ヒトラー、アドルフ　ムッソリーニ、ベニート（大久保昭男訳）『ヒトラー＝ムッソリーニ秘密往復書簡』草思社、一九九六年
布施勝治『我観東亜ソ領』北方産業研究所、一九四三年
防衛庁防衛研修所戦史室編『戦史叢書　大本営海軍部大東亜戦争開戦経緯〔二〕』朝雲新聞社、一九七九年
法眼晋作『外交の真髄を求めて　第二次世界大戦の時代――法眼晋作回顧録』原書房、一九八六年
細谷千博「大正外交における正統と異端――加藤高明と後藤新平」『日本及日本人』第一六巻二号、一九六五年
細谷千博「三国同盟と日ソ中立条約」『太平洋戦争への道　新装版』第五巻、朝日新聞社、一九八七年
本庄繁『本庄日記』原書房、二〇〇五年
松岡洋右「動乱の支那を瞥見して」『文藝春秋』第五巻七号、一九二七年
松岡洋右「永久の満鉄総裁・南満洲鉄道会社副総裁」『吾等の知れる後藤新平伯』東洋協会、一九二九年
松岡洋右『政党を脱退して日本国民に訴ふ』大阪毎日新聞社、一九三四年
松岡洋右述『世界の変局と日本の覚悟』帝国在郷軍人会第一四師管連合支部、一九三四年
松岡洋右『昭和維新――道義日本確立の急務』第一出版社、一九三八年
松岡洋右「非常時に際し国民に愬ふ」『講演』第六一号、一九三四年

松岡洋右『日独防共協定の意義』第一出版社、一九三七年
松岡洋右「今にして伊藤博文公を想ふ」『実業の日本』第四二巻二〇号、一九三九年
松岡洋右「独伊蘇の情勢と我現状」大口太郎編『枢軸国に使して』葛城書店、一九四一年
松岡洋右伝記刊行会編『松岡洋右――その人と生涯』講談社、一九七四年
松村秀逸『三宅坂――軍閥は如何にして生れたか』東光書房、一九五二年
松本重治（蠟山芳郎編）『近衛時代――ジャーナリストの回想』下巻、中公新書、一九八七年
丸山眞男「政治的判断」『丸山眞男集［七］――一九五七〜一九五八』岩波書店、一九九六年
みすず書房編集部編『ゾルゲの見た日本』みすず書房、二〇〇三年
三谷太一郎『近代日本の戦争と政治』岩波書店、一九九七年
三宅正樹『スターリン、ヒトラーと日ソ独伊連合構想』朝日選書、二〇〇七年
三輪公忠『松岡洋右――その人間と外交』中公新書、一九七一年
三輪公忠「〈資料〉日ソ中立条約に関するスターリン・松岡会談ソ連側記録（一九四一年三月〜四月）〔含 解説・松岡＝スターリンの帝国主義外交〕」『国際学論集』第三八号、一九九六年
三輪宗弘「野村駐米大使日記（昭和一六年六月三日〜八月三〇日）」『九州共立大学経済学部紀要』第六六号、一九九六年
武藤章『比島から巣鴨へ――日本軍部の歩んだ道と一軍人の運命』中公文庫、二〇〇八年
森茂樹「松岡外交と日ソ国交調整――勢力均衡戦略の陥穽」『歴史学研究』第八〇一号、二〇〇五年
森島守人『陰謀・暗殺・軍刀――外交官の回想』岩波新書、一九五〇年
森山優『日米開戦と情報戦』講談社現代新書、二〇一六年
安井淳『太平洋戦争開戦過程の研究』芙蓉書房出版、二〇一三年
矢部貞治『近衛文麿』読売新聞社、一九七六年
山口捨次「日ソ中立協定は『帰りの駄賃』」『日本週報』第三三二号、一九五五年
山本文史『日英開戦への道――イギリスのシンガポール戦略と日本の南進策の真実』中公叢書、二〇一六年
ルー、デービッド・J（長谷川進一訳）『松岡洋右とその時代』TBSブリタニカ、一九八一年

鹿錫俊『蔣介石の「国際的解決」戦略　一九三七～一九四一――「蔣介石日記」から見る日中戦争の深層』東方書店、二〇一六年
呂芳上主編『蔣中正先生年譜長編』第六巻、国史館、二〇一四年
ワイマント、ロバート（西木正明訳）『ゾルゲ――引裂かれたスパイ』下巻、新潮文庫、二〇〇三年
Bloch, Michael, *Ribbentrop*（London: Abacus, 2003）.
Kimball, Warren F.（ed.）, *Churchill & Roosevelt: The Complete Correspondence*. Vol. 1: Alliance Emerging October 1933-November 1942（Princeton, N.J.: Princeton University Press, 1984）.
Resis, Albert（ed.）, *Molotov Remembers: Inside Kremlin Politics: Conversations with Felix Chuev*（Chicago: Ivan R. Dee, 1993）.
Sontag, Raymond James and Beddie, James Stuart（eds.）, *Nazi Soviet Relations, 1939-1941: Documents from the Archives of the German Foreign Office*（Washington, D.C.: Department of State, 1948）.［邦訳は、米国務省編『大戦の秘録――独外務省の機密文書より』読売新聞社、一九四八年］
Dimitrov, Georgi（intro. and ed. Ivo Banac）. *The Diary of Georgi Dimitrov, 1933-1949*（New Haven: Yale University Press. 2003）.
Gorodetsky, Gabriel（ed.）,（translated by Tatiana Sorokina and Oliver Ready）, *The Maisky Diaries: Red Ambassador to the Court of St James's, 1932-1943*（London: Yale University Press, 2015）.
United States Department of State, *Foreign relations of the United States Diplomatic Papers*［以下、FRUSと略記］*, 1935: The Far East*, Vol. 3.（Washington D.C.: United States Government Printing Office, 1953）.
United States Department of State, FRUS*: 1931-1941*. Vol. II.（Washington, D.C.: Department of State, 1943）.
United States Department of State, FRUS*, 1941:* Vol. IV: The Far East（Washington, D.C.: Department of State, 1956）.
United States Department of State, *Documents on German Foreign Policy 1918-1945*. Series D, Vol. 12: The War Years, February 1-June 22, 1941（Washington, D.C.: Department of State, 1962）.
United States Department of State, *Documents on German Foreign Policy 1918-1945*. Series D, Vol. 13: The War Years, June 23-December 11, 1941（Washington, D.C.: Department of State, 1964）.

Документы внешней политики［以下、ДВП СССР と略記］. Т. 15（1 января-31 декабря 1932 г）. М., 1969.
ДВП СССР. Т. 19.（1 января-31 декабря 1936 г）. М., 1974.
ДВП СССР. Т. 23. Кн. 1（1 января-31 октября 1940 г）. М., 1995.
ДВП СССР. Т. 23. Кн. 2. Ч. 1.（1 ноября 1940 г.-1 марта 1941 г）. М., 1998.
ДВП СССР. Т. 23. Кн. 2. Ч. 2.（2 марта 1941 г.-22 июня 1941 г.）. М., 1998.
ДВП СССР. Т. 24（22 июня 1941 г.-1 января 1942 г.）. М., 2000.
Русско-китайские отношения в XX веке. Т. 4: Советско-китайские отношения. 1937-1945 гг. Кн. 1: 1937-1944 гг. М., 2000.
Россия-XX век. Документы. 1941 год. Кн. 2. М., 1998.
Русский архив: Великая Отечественная. Т. 18（7-1）. Советско-японская война 1945 года: историявоенно политического противоборства двух держав в 30-е—40-е годы. Документы и материалы. М., 1997.

終章

【未公刊史料】

アジア歴史資料センター（JACAR）
B02032978700: 二・太平洋戦争終結に関しソ連仲介依頼関係（含、「ソ」国交調整関係）／二一 広田・マリク大使会談（箱根会談 A.7.0.0.9_55_001）［外務省外交史料館］
B02032979200: 四・第八七議会における東郷外相説明要旨／一 昭和二〇年六月九日から昭和二〇年八月一五日［外務省外交史料館］
C12120164400: 対「ソ」交渉に関する秘密討議中央・戦争指導重要国策文書 一〇〇四［防衛省防衛研究所］
国立公文書館
「昭和二〇年八月九日最高戦争指導会議及び御前会議に関する件（今村省副官記述及び新聞切抜き）」（平一一法務02474100）
国立国会図書館憲政資料室
「終戦直前の日ソ話合い」（近衛文麿関係文書 R1）

「終戦直前と余」（近衛文麿関係文書 R1　上記は目録でのタイトル。原題は「大東亜戦敗戦直前と余」）
アメリカ議会図書館
“John. R. Deane to A. I. Antonov,” 26 August, 1945, W. Averell Harriman Papers, Box 182, Manuscript Division, Library of Congress, Washington, D. C. ［以下、LC と略記］
“Letter from the Secretary of War to Acting Secretary of State,” 21 May, 1945, W. Averell Harriman Papers, Box 178, LC.
“Memorandum of Conversation,” Nobember 30, 1943, W. Averell Harriman Papers, Box 187, LC.
“Memorandum of Conversation,” June 10, 1944, W. Averell Harriman Papers, Box 172, LC.
“Memorandum of Conversation,” October 15, 1944, W. Averell Harriman Papers, Box 174, LC.
“Memorandum of Conversation,” October 17, 1944, W. Averell Harriman Papers, Box 175, LC.
“Memorandum of Conversation,” December 15, 1944, W. Averell Harriman Papers, Box 176, LC.
“Memorandum of Conversation,” Berlin Conference, W. Averell Harriman Papers, Box 181, LC.
“Memorandum of Conversation,” Moscow. Augut 8, 1945, W. Averell Harriman Papers, Box 181, LC.
“Memorandum of Conversation,” Kremlin. Augut 10, 1945, W. Averell Harriman Papers, Box 181, LC.
“Memorandum of Conversation,” Kremlin. Augut 27, 1945, W. Averell Harriman Papers, Box 182, LC.
“Supreme Commander for the Allied Powers to US Military Mission to Moscow,” 25 August, 1945, W. Averell Harriman Papers, Box 182, LC.
“Third meeting,” Kremlin. May 28, 1945, W. Averell Harriman Papers, Box 178, LC.
アメリカ国立公文書館
“Memorandum of Conversation,” Feburary 2, 1944, Moscow Embasy, Top Secret Recordes from the Office of the Ambassador 1943-50, Box1, RG59, NA. National Archives, Washington, D. C. ［以下、NA と略記］
“SCAP to US Military Mission to Moscow,” 12 October, 1945, US Embasy Moscow, 1941-63, Box73, RG59, NA.
“W. Averell Harriman to Secretary of State,” 29 August, 1945, “Telegrams Maintained by W. A. Harriman, 1944-45, Box2, RG 84, NA.”

ウィルソンセンター・デジタルアーカイブ

"Order by Aleksei Antonov to Aleksandr Vasilevsky," August 20, 1945, History and Public Policy Program Digital Archive, Library of Congress, Dmitrii Volkogonov Collection: Reel 5, containers 7 through 9. Translated by Sergey Radchenko. http://digitalarchive.wilsoncenter.org/document/122337

"Record of Meeting Between T.V. Soong and Stalin," August 13, 1945, History and Public Policy Program Digital Archive, Victor Hoo Collection, box 6, folder 9, Hoover Institution Archives. Contributed by David Wolff. http://digitalarchive.wilsoncenter.org/document/134356

フランクリン・ローズヴェルト大統領記念図書館・博物館

"Memorandum of Conversation," September 23, 1944, Franklin D. Roosevelt, Papers as President: Map Room Papers, 1941-1945, Box 35, Franklin D. Roosevelt Presidential Library & Museum.

【公刊史料】

麻田雅文「スターリンの戦後極東戦略と鉄道　一九四四～一九五〇年――中国東北・北朝鮮・サハリンを事例に」『日本植民地研究』第二六号、二〇一四年

伊藤整『太平洋戦争日記』第三巻、新潮社、一九八三年

伊藤隆、武田知己編『重光葵　最高戦争指導会議記録・手記』中央公論新社、二〇〇四年

井上卓弥『満洲難民――三八度線に阻まれた命』幻冬舎、二〇一五年

エドアルド、ポポヴィチ「第二次世界大戦末期から日ソ国交回復までのソ連の対日政策の展開」（東京大学博士論文、甲第二七三八七号）

エドアルド、ポポヴィチ「戦後初期の米ソ関係における日本ファクター――ソ連の対日政策を中心に」『ロシア史研究』第八一号、二〇〇七年

江藤淳編『占領史録〔上〕――降伏文書調印経緯　停戦と外交権停止』講談社学術文庫、一九九五年

外務省編『終戦史録』官公庁資料編纂会、一九九一年

加藤聖文『「大日本帝国」崩壊――東アジアの一九四五年』中公新書、二〇〇九年

加藤陽子「敗者の帰還——中国からの復員・引揚問題の展開　終戦外交と戦後構想」『国際政治』第一〇九号、一九九五年
清瀬一郎『秘録東京裁判』中公文庫、一九八六年
小林次郎（尚友倶楽部史料調査室・今津敏晃編）『最後の貴族院書記官長小林次郎日記』芙蓉書房出版、二〇一六年
佐藤尚武、黒田乙吉、柳沢健『二つのロシア』世界の日本社、一九四八年
佐藤元英、黒沢文貴編『GHQ歴史課陳述録——終戦史資料』上下巻、原書房、二〇〇二年
佐藤元英『外務官僚たちの太平洋戦争』NHKブックス、二〇一五年
柴田紳一「昭和十九年久原房之助対ソ特使派遣問題」『國學院大學日本文化研究所紀要』第八四号、一九九九年
下斗米伸夫『アジア冷戦史』中公新書、二〇〇四年
下村定「終戦処理を回顧して」『経済時代』第二四巻八号、一九五九年
下村定「終戦当時を顧みて」『新民』第一二巻九号、一九六一年
鈴木多聞『「終戦」の政治史　一九四三〜一九四五』東京大学出版会、二〇一一年
東郷茂徳『時代の一面——東郷茂徳外交手記』原書房、二〇〇五年
富田武『シベリア抑留——スターリン独裁下、「収容所群島」の実像』中公新書、二〇一六年
富田武、長勢了治編『シベリア抑留関係資料集成』みすず書房、二〇一七年
長谷川毅『暗闘——スターリン、トルーマンと日本降伏』中央公論新社、二〇〇六年
波多野澄雄『宰相鈴木貫太郎の決断——「聖断」と戦後日本』岩波現代全書、二〇一五年
秦彦三郎「関東軍の最後」『ソ連革命四十年』自由アジア社、一九五七年
東久邇稔彦『東久邇日記——日本激動期の秘録』徳間書店、一九六八年
防衛庁防衛研修所戦史室編『戦史叢書　大本営陸軍部〔一〇〕——昭和二〇年八月まで』朝雲新聞社、一九七五年
細川護貞『細川日記』下巻、中公文庫、二〇〇二年
松岡謙一郎「松岡洋右はなぜ青酸カリを返したのか」『文藝春秋』第六七巻一〇号、一九八九年
守島伍郎『苦悩する駐ソ大使館——日ソ外交の思出』港出版合作社、一九五二年
山田朗『軍備拡張の近代史——日本軍の膨張と崩壊』吉川弘文館、一九九七年

横手慎二「第二次大戦期のソ連の対日政策　一九四一―一九四四」慶應義塾大学法学研究会『法學研究』第七一巻一号、一九九八年
読売新聞社編（戸部良一解説）『昭和史の天皇』全四巻、中公文庫、二〇一一～二〇一二年
Butler, Susan (ed.), *My Dear Mr. Stalin: The Complete Correspondence of Franklin D. Roosevelt and Joseph V. Stalin* (New Haven and London: Yale University Press, 2005).
Ostrom, Thomas P. *The United States Coast Guard in World War II: A History of Domestic and Overseas Actions* (Jefferson, NC: McFarland, 2009).
Русско-китайские отношения в XX веке. Т. 4: Советско-китайские отношения. 1937-1945 гг. Кн. 2: 1945 г. М., 2000.
Штеменко С. М. Разгром Квантунской армии // Освободительная миссия на Востоке. М., 1976.

1914	第一次世界大戦始まる（7月）
1916	第四次日露協約調印（7月3日）
1917	ロシア二月革命（3月8日）でロシア帝国崩壊、一〇月革命（11月7日）でボリシェヴィキが政権獲得
1918	ニコライ2世と家族が処刑される（7月17日）、日本がシベリア出兵を宣言（8月2日）、ドイツ降伏（11月）
1922	日本軍がウラジオストクから撤兵（10月25日）
1923	ヨッフェが後藤新平の招きで来日（2月～8月）
1925	日ソ基本条約調印（1月20日）
1928	後藤新平とスターリンの会談（1月7日）、日ソ漁業条約調印（1月23日）、日本共産党への弾圧（3月15日）
1929	後藤新平死去（4月13日）、張学良政権とソ連が中東鉄道をめぐり紛争（7月～12月）
1931	満洲事変勃発（9月18日）
1932	満洲国の建国宣言（3月1日）、内田康哉外相が日ソ不可侵条約の提案を拒否（12月13日）
1935	ソ連が満洲国に中東鉄道を売却（3月23日）
1936	日独防共協定締結（11月25日）
1939	ノモンハン事件（5月～9月）、独ソ不可侵条約調印（8月23日）
1940	松岡洋右、外相に就任（7月22日）、日独伊三国同盟締結（9月27日）
1941	日ソ中立条約調印（4月13日）、第二次近衛内閣総辞職で松岡外相辞任（7月18日）
1945	ソ連、満洲国へ侵攻（8月9日）、日本がポツダム宣言を受諾（8月14日）、日本軍将兵のソ連移送命令（8月23日）

日露関係年表

年	出　来　事
1855	日魯通好条約［日露和親条約］調印（2月7日［安政元年12月21日］）
1868	王政復古の大号令（1月3日）、江戸城無血開城（5月3日）
1872	樺太で日本人3名が殺害される（2月15日）、ロシアが東京に公使館設置（7月7日）
1875	樺太千島交換条約（5月7日）
1891	大津事件（5月11日）、シベリア鉄道着工（5月31日）
1894	日清両国、宣戦布告（8月1日）、ロシア皇帝ニコライ2世が即位（11月1日）
1895	下関講和条約調印（4月17日）、三国干渉（4月23日）
1896	露館播遷（2月11日）、露清密約（6月3日）、山県＝ロバノフ協定（6月9日）
1898	ロシアが旅順と大連を租借（3月27日）、西＝ローゼン協定（4月25日）
1900	ロシアが満洲を占領（8月〜）
1901	伊藤博文がサンクトペテルブルクで韓国問題について交渉（12月）
1902	第一次日英同盟調印（1月30日）
1904	日本、ロシアへ宣戦布告（2月10日）
1905	アメリカのポーツマスで日露講和条約調印（9月5日）
1907	第一次日露協約調印（7月30日）、後藤新平が南満洲鉄道株式会社総裁に任命される（11月13日）
1908	駐露公使館を大使館に昇格（5月1日）、後藤新平のロシア訪問（4月〜6月）
1909	伊藤博文、ハルビン駅で暗殺される（10月26日）
1910	第二次日露協約調印（7月4日）
1911	辛亥革命（10月10日）、モンゴルの独立宣言（11月30日）
1912	第三次日露協約調印（7月8日）、明治天皇死去（7月30日）

あとがき

ロシアを初めて訪れたのは、二〇〇〇年の夏だ。シベリア鉄道に揺られ、ウラジオストクからモスクワまで横断した。経済危機さなかのロシアは、かつて冷戦で一方の盟主だったとは思えないほど貧相に映った。滞在中に、原子力潜水艦「クルスク」が、多数の乗組員とともに沈没した事故も、陰鬱な印象を強めた。

翻って、現在のモスクワでは、人びとは洒落た外食や、大型商業施設での買い物を楽しむ。消費社会とグローバリゼーションは、ロシアにもすっかり浸透した。ウラジオストクも、二〇一二年のアジア太平洋経済協力会議（APEC）の開催をきっかけに、再開発が進む。初めて訪れたときのうらぶれた様子を重ねるのは、年々難しくなっている。

だが、日露関係はどうだろうか。確かに人の往来は増え、多くの日本企業もロシアに進出したが、ほとんどの日本人にとって、ロシアはまだ「遠い隣国」だ。二〇一七年秋に実施された、内閣府による「外交に関する世論調査」によると、ロシアに「親しみを感じない」と回答した割合は、七八・一パーセントにのぼった。増減はあるものの、近年、その数字は七割以上で高止まりしている。

そうはいっても、ロシアは重要な隣国である。先程の調査でも、今後の日露関係の発展が、両国や、アジア及び太平洋地域にとって重要だと思うか聞くと、「重要だと思う」と回答した割合は、七七パーセントに達した。その数値は前年と変わらない。

日露両国は、「遠い隣国」というには、あまりにも濃密な歴史を共有している。そのことは、本書を一読された読者諸賢には明らかだと思う。日露関係の将来を見通すうえで、両国がこれまで紡いできた歴史をふりかえるのも、無駄ではなかろう。しかし、日露近代史を通史で読める新書が、これまでほとんどなかった。

こうした流行とは縁遠いテーマながらも、刊行までこぎ着けたのは、ひとえに編集者の所澤淳さんの雅量による。拙い構想の段階から、親身に向き合っていただいた所澤さんに、心より感謝申し上げる。また、関連する報告の機会をいただいた、愛媛大学法文学部、近代日本政治外交史研究会、東アジア近代史学会の関係者の方々にも御礼申し上げたい。

最後に、刊行までの日々をともにした妻と義母に、本書を捧げる。

麻田雅文

N.D.C.210.6　471p　18cm
ISBN978-4-06-288476-1

講談社現代新書　2476

日露近代史《にちろきんだいし》　戦争《せんそう》と平和《へいわ》の百年《ひゃくねん》

二〇一八年四月二〇日第一刷発行

著者　麻田雅文《あさだまさふみ》　

発行者　渡瀬昌彦

発行所　株式会社講談社
東京都文京区音羽二丁目一二―二一　郵便番号一一二―八〇〇一

電話　〇三―五三九五―三五二一　編集（現代新書）
〇三―五三九五―四四一五　販売
〇三―五三九五―三六一五　業務

装幀者　中島英樹

印刷所　慶昌堂印刷株式会社

製本所　株式会社国宝社

定価はカバーに表示してあります　Printed in Japan

「講談社現代新書」の刊行にあたって

教養は万人が身をもって養い創造すべきものであって、一部の専門家の占有物として、ただ一方的に人々の手もとに配布され伝達されうるものではありません。

しかし、不幸にしてわが国の現状では、教養の重要な養いとなるべき書物は、ほとんど講壇からの天下りや単なる解説に終始し、知識技術を真剣に希求する青少年・学生・一般民衆の根本的な疑問や興味は、けっして十分に答えられ、解きほぐされ、手引きされることがありません。万人の内奥から発した真正の教養への芽ばえが、こうして放置され、むなしく滅びさる運命にゆだねられているのです。

このことは、中・高校だけで教育をおわる人々の成長をはばんでいるだけでなく、大学に進んだり、インテリと目されたりする人々の精神力の健康さえもむしばみ、わが国の文化の実質をまことに脆弱なものにしています。単なる博識以上の根強い思索力・判断力、および確かな技術にささえられた教養を必要とする日本の将来にとって、これは真剣に憂慮されなければならない事態であるといわなければなりません。

わたしたちの「講談社現代新書」は、この事態の克服を意図して計画されたものです。これによってわたしたちは、講壇からの天下りでもなく、単なる解説書でもない、もっぱら万人の魂に生ずる初発的かつ根本的な問題をとらえ、掘り起こし、手引きし、しかも最新の知識への展望を万人に確立させる書物を、新しく世の中に送り出したいと念願しています。

わたしたちは、創業以来民衆を対象とする啓蒙の仕事に専心してきた講談社にとって、これこそもっともふさわしい課題であり、伝統ある出版社としての義務でもあると考えているのです。

一九六四年四月　野間省一

政治・社会

1145 冤罪はこうして作られる　小田中聰樹
1201 情報操作のトリック　川上和久
1488 日本の公安警察——青木理
1540 戦争を記憶する——藤原帰一
1742 教育と国家——高橋哲哉
1965 創価学会の研究——玉野和志
1977 天皇陛下の全仕事——山本雅人
1978 思考停止社会——郷原信郎
1985 日米同盟の正体——孫崎享
2068 財政危機と社会保障——鈴木亘
2073 リスクに背を向ける日本人　山岸俊男　メアリー・C・ブリントン
2079 認知症と長寿社会——信濃毎日新聞取材班

2115 国力とは何か——中野剛志
2117 未曾有と想定外——畑村洋太郎
2123 中国社会の見えない掟　加藤隆則
2130 ケインズとハイエク　松原隆一郎
2135 弱者の居場所がない社会　阿部彩
2138 超高齢社会の基礎知識　鈴木隆雄
2152 鉄道と国家——小牟田哲彦
2183 死刑と正義——森炎
2186 民法はおもしろい——池田真朗
2197 「反日」中国の真実——加藤隆則
2203 ビッグデータの覇者たち——海部美知
2246 愛と暴力の戦後とその後——赤坂真理
2247 国際メディア情報戦——高木徹

2294 安倍官邸の正体——田崎史郎
2295 福島第一原発事故 7つの謎　NHKスペシャル『メルトダウン』取材班
2297 ニッポンの裁判——瀬木比呂志
2352 警察捜査の正体——原田宏二
2358 貧困世代——藤田孝典
2363 下り坂をそろそろと下る　平田オリザ
2387 憲法という希望——木村草太
2397 老いる家 崩れる街　野澤千絵
2413 アメリカ帝国の終焉　進藤榮一
2431 未来の年表——河合雅司
2436 縮小ニッポンの衝撃　NHKスペシャル取材班
2439 知ってはいけない——矢部宏治
2455 保守の真髄——西部邁

日本史Ⅰ

Ⓖ

日本史Ⅱ

世界史Ⅰ

世界史Ⅱ

日本語・日本文化